Заключительный отчёт Сорок первого Консультативного совещания по Договору об Антарктике

КОНСУЛЬТАТИВНОЕ СОВЕЩАНИЕ ПО ДОГОВОРУ ОБ АНТАРКТИКЕ

Заключительный отчёт Сорок первого Консультативного совещания по Договору об Антарктике

Буэнос-Айрес, Аргентина
13–18 мая 2018 года

ТОМ I

Секретариат Договора об Антарктике
Буэнос-Айрес
2018 г.

Издатель:

Secretariat of the Antarctic Treaty
Secrétariat du Traité sur l' Antarctique
Секретариат Договора об Антарктике
Secretaría del Tratado Antártico

Maipú 757, Piso 4
C1006ACI Ciudad Autónoma
Buenos Aires - Argentina
Tel: +54 11 4320 4260
Fax: +54 11 4320 4253

Данный документ также можно получить по адресу: *www.ats.aq* (цифровая
версия) и экземпляры, приобретенные через Интернет

ISSN 2346-9919
ISBN (Том I): 978-987-4024-70-1
ISBN (полный сборник): 978-987-4024-66-4

Содержание

ТОМ I

ТОМ II

Акронимы и сокращения

ЧАСТЬ II. МЕРЫ, РЕШЕНИЯ И РЕЗОЛЮЦИИ (ПРОДОЛЖЕНИЕ)

4. Планы управления

Особо охраняемый район Антарктики № 108 «Остров Грин» (острова Бертелот, Антарктический полуостров): пересмотренный План управления

Особо охраняемый район Антарктики № 117 «Остров Авиан» (залив Маргерит, Антарктический полуостров): пересмотренный План управления

Особо охраняемый район Антарктики № 132 «Полуостров Поттер» (остров Кинг-Джордж [Ватерлоо], Южные Шетландские острова): пересмотренный План управления

Особо охраняемый район Антарктики № 147 «Оазис Аблейшен и Возвышенность Ганимид» (Земля Александра I): пересмотренный План управления

Особо охраняемый район Антарктики № 170 «Нунатаки Марион» (остров Шарко, Антарктический полуостров): пересмотренный План управления

Особо охраняемый район Антарктики № 172 «Низовье ледника Тейлора и Кровавый водопад» (оазисы Земли Виктории «Сухие долины», Мак-Мёрдо): пересмотренный План управления

ЧАСТЬ III. ВЫСТУПЛЕНИЯ НА ОТКРЫТИИ И ЗАКРЫТИИ, ОТЧЁТЫ И ДОКЛАДЫ

1. Выступления на открытии и закрытии

Речь Министра иностранных дел и вероисповедания Аргентины, Его Превосходительства г-на Хорхе Фаури (Jorge Faurie), на церемонии открытия КСДА

2. Доклады Депозитариев и Наблюдателей

Доклад США как Правительства-депозитария Договора об Антарктике и Протокола к нему

Доклад Австралии как Правительства-депозитария АНТКОМ

Доклад Австралии как Правительства-депозитария АКАП

Доклад Великобритании как Правительства-депозитария КОАТ

Доклад Наблюдателя от АНТКОМ

Доклад Секретариата АКАП

Доклад СКАР

Доклад КОМНАП

3.Доклады экспертов

Доклад ВМО

Доклад АСОК

Доклад МААТО

ЧАСТЬ IV. ДОПОЛНИТЕЛЬНЫЕ ДОКУМЕНТЫ XLI КСДА

1. Перечень документов
Рабочие документы

Информационные документы

Документы Секретариата

Вспомогательные документы

2. Список участников
Консультативные Стороны

Неконсультативные Стороны

Наблюдатели, эксперты и гости

Секретариат принимающей страны

Секретариат Договора об Антарктике

Акронимы и сокращения

АКАП	Соглашение о сохранении альбатросов и буревестников
ЗБРА	Заповедные биогеографические регионы Антарктики
ОУРА	Особо управляемый район Антарктики
АСОК	Коалиция по Антарктике и Южному океану
ООРА	Особо охраняемый район Антарктики
СДА	Система Договора об Антарктике или Секретариат Договора об Антарктике
КСДА	Консультативное совещание по Договору об Антарктике
СЭДА	Совещание экспертов Договора об Антарктике
ВР	Вспомогательный документ
АНТКОМ	Конвенция о сохранении морских живых ресурсов Антарктики и (или) Комиссия по сохранению морских живых ресурсов Антарктики
КОАТ	Конвенция о сохранении тюленей Антарктики
CCRWP	Рабочая программа ответных мер в отношении изменения климата
ВООС	Всесторонняя оценка окружающей среды
КООС	Комитет по охране окружающей среды
КОМНАП	Совет управляющих национальных антарктических программ
ОВОС	Оценка воздействия на окружающую среду
СЭОИ	Система электронного обмена информацией
ИМП	Историческое место и памятник
МААТО	Международная ассоциация антарктических туристических операторов
КОТ	Ключевая орнитологическая территория
ИКАО	Международная организация гражданской авиации
МКГ	Межсессионная контактная группа
ПООС	Первоначальная оценка окружающей среды
IGP&I Clubs	Международная группа ассоциаций (клубов) взаимного страхования
МГО	Международная гидрографическая организация
ИМО	Международная морская организация
МОК	Межправительственная океанографическая комиссия
Фонды IOPC	Международные фонды для компенсации ущерба от загрязнения нефтью
IP	Информационный документ
МГЭИК	Межправительственная группа экспертов по изменению климата
МСОП	Международный союз охраны природы
МАРПОЛ	Международная конвенция по предотвращению загрязнения с судов
МОР	Морской охраняемый район
СКЦ	Спасательно-координационный центр
SAR	Поиск и спасание
СКАР	Научный комитет по антарктическим исследованиям
НК-АНТКОМ	Научный комитет АНТКОМ
SGCCR	Вспомогательная группа по ответным мерам в отношении изменения климата
ВГПУ	Вспомогательная группа по планам управления
СОЛАС	Международная конвенция по охране человеческой жизни на море
SOOS	Система наблюдений Южного океана
SP	Документ Секретариата

БПЛА/ДПАС	Беспилотный летательный аппарат / дистанционно пилотируемая авиационная система
ЮНЕП	Программа ООН по окружающей среде
РКИК ООН	Рамочная конвенция ООН об изменении климата
ВМО	Всемирная метеорологическая организация
WP	Рабочий документ
ВТО	Всемирная туристическая организация

ЧАСТЬ I
ЗАКЛЮЧИТЕЛЬНЫЙ ОТЧЁТ

1. Заключительный отчёт

Заключительный отчёт Сорок первого Консультативного совещания по Договору об Антарктике

Буэнос-Айрес, Аргентина, 16–18 мая 2018 года

(1) В соответствии со Статьёй IX Договора об Антарктике представители Консультативных Сторон (Австралии, Аргентины, Бельгии, Болгарии, Бразилии, Великобритании, Германии, Индии, Испании, Италии, Китая, Нидерландов, Новой Зеландии, Норвегии, Перу, Польши, Республики Корея, Российской Федерации, Соединённых Штатов Америки, Украины, Уругвая, Финляндии, Франции, Чешской Республики, Чили, Швеции, Эквадора, Южно-Африканской Республики и Японии) собрались в г. Буэнос-Айресе в период с 16 по 18 мая 2018 года с целью обмена информацией, проведения консультаций и обсуждения и выработки рекомендаций своим правительствам в отношении мер, направленных на осуществление принципов и целей Договора.

(2) В работе Совещания также приняли участие делегации следующих участников Договора, не являющихся Консультативными Сторонами: Беларуси, Венесуэлы, Канады, Колумбии, Малайзии, Португалии, Румынии, Турции и Швейцарии.

(3) В соответствии с Правилами 2 и 31 Правил процедуры в работе Совещания приняли участие Наблюдатели от Комиссии по сохранению морских живых ресурсов Антарктики (АНТКОМ), Научного комитета по антарктическим исследования (СКАР) и Совета управляющих национальных антарктических программ (КОМНАП).

(4) В соответствии с Правилом 39 Правил процедуры в работе Совещания приняли участие Эксперты от следующих международных и неправительственных организаций: Коалиции по Антарктике и Южному океану (АСОК), Секретариата Соглашения о сохранении

альбатросов и буревестников (АКАП), Международной ассоциации антарктических туристических операторов (МААТО) и Всемирной метеорологической организация (ВМО).

(5) Аргентина в качестве принимающей страны выполнила все требования в отношении информационного обеспечения Сторон Договора, Наблюдателей и Экспертов путём рассылки информационных бюллетеней и писем Секретариата и размещения информации на специально предназначенном для этих целей веб-сайте Секретариата.

Пункт 1. Открытие Совещания

(6) Официальное открытие Совещания состоялось 16 мая 2018 года. От имени правительства страны-организатора и в соответствии с Правилами 5 и 6 Правил процедуры Глава Секретариата страны-организатора г-н Хуан Антонио Баррето (Juan Antonio Barreto) открыл Совещание и предложил кандидатуру полпреда Марии Терезы Краликас (María Teresa Kralikas) в качестве Председателя XLI КСДА. Предложение было принято.

(7) Председатель тепло поприветствовала все Стороны, Наблюдателей и Экспертов, собравшихся в Аргентине. В своём выступлении Председатель подчеркнула имеющую историческое значение целенаправленную работу Аргентины, посвящённую Антарктике, в рамках Системы Договора об Антарктике. Она отметила необычные обстоятельства, в которых было организовано XLI КСДА и XXI заседание КООС в уплотнённом формате, и поблагодарила делегацию Аргентины и Секретариат Договора об Антарктике за организацию заседаний в столь сжатых временных рамках. Председатель особо отметила, что данное совещание проводится в нетипичном и нестандартном формате, поэтому оно не должно стать прецедентом для последующих совещаний. Она пожелала делегатам успешного рассмотрения рабочих вопросов и выразила надежду на плодотворность работы совещания.

(8) Делегаты почтили минутой молчания память покойных вице-коммодора Карлоса Роландо (Carlos Rolando) (Аргентина), Шри Субхаджита Сена (Shri Subhajit Sen) (Индия), капитана фрегата Хавьера Монтохо Саласара (Javier Montojo Salazar) (Испания) и руководителя по судовым операциям г-на Бигбоя Джозефа (Bigboy Joseph) (ЮАР). Делегаты

также почтили память д-ра Хосе Валенсиа (José Valencia), ведущего чилийского антарктического орнитолога, и генерала Хорхе Эдгара Леаля (Jorge Edgar Leal), возглавлявшего первую наземную экспедицию Аргентины на Южный полюс и основавшего станцию Эсперанса.

(9) Его Превосходительство Хорхе Фаури (Jorge Faurie), Министр иностранных дел и вероисповедания Аргентины, присоединился к Совещанию и тепло поприветствовал всех делегатов в Буэнос-Айресе. Выражая почтение, с которым Аргентина принимает на своей территории делегатов Совещания, он с признательностью отметил огромные усилия, приложенные Министерством иностранных дела Аргентины, Секретариатом принимающей страны и Секретариатом Договора об Антарктике, для организации Совещания в такой короткий срок. Его Превосходительство напомнил о длительном и постоянном присутствии Аргентины в Антарктике и подчеркнул непрекращающуюся целенаправленную работу Аргентины по реализации принципов и целей Системы Договора об Антарктике.

(10) Он подчеркнул то, каким образом Договор стал плодом амбициозных достижений в успешной дипломатической работе на протяжении почти 60 лет. Будучи представителем одной из 12 первоначальных сторон, подписавших Договор об Антарктике, количество членов которого возросло до 53, он отметил непрекращающуюся целенаправленную работу Аргентины, проводимую для укрепления мира, научной деятельности, международного сотрудничества и охраны окружающей среды в регионе. Отмечая участие научных работников, логистического персонала и дипломатов Аргентины во всех аспектах Системы Договора об Антарктике, он назвал Аргентину одним из лидеров, занимающихся решением всего спектра задач, связанных с деятельностью в Антарктике. Признавая, что рост туристической деятельности в Антарктике имеет перспективы для развития экономического роста и в то же время может оказать нежелательное воздействие на окружающую среду, он подчеркнул важность рекомендаций, разработанных Комитетом по охране окружающей среды, которые являются фундаментальными основами Системы Договора об Антарктике. Отдавая должное международному сотрудничеству, он также напомнил о более чем 20 соглашениях о сотрудничестве, подписанных между Аргентиной и другими Сторонами, в том числе Великобританией и Уругваем, на полях данного КСДА.

(11)   Осознавая ключевую роль, которую играет узловой город и порт Ушуая, являющийся воротами Аргентины в Антарктику, он отметил организационные мероприятия для лиц, следующих транзитом через Аргентину для проведения научных исследований в Антарктике. Он также отметил роль Аргентины в качестве члена АНТКОМ и предложение Аргентины в сотрудничестве с Чили касательно Морского охраняемого района (МОР) «Западный регион Антарктического полуострова – Южно-Антильский хребет» Он также подчеркнул, что Аргентина понимает особо важную роль АНТКОМ в части охраны окружающей среды в глобальных масштабах и обеспечения экологической и социально-экономической устойчивости деятельности в регионе и что такие совещания как это продемонстрировали, что Стороны могут эффективно решать новые задачи, оставаясь приверженными изначальным принципам Договора. В завершение своего выступления он подчеркнул, что все Стороны обязательно должны работать сообща, руководствуясь принципами сохранения мира и поддержания сотрудничества в качестве фундаментальной основы всей деятельности в Антарктике в долгосрочной перспективе. Он пожелал всем Сторонам плодотворного совещания. Полный текст выступления Его Превосходительства Хорхе Фаури (Jorge Faurie) можно найти в Томе II, Часть III.1.

(12)   Г-жа Сеголен Руаяль (Ségolène Royal), посол Франции по делам Арктики и Антарктики, выступила с речью по вопросам последствий изменения климата в Антарктике и роли Антарктики в климатической системе.

Пункт 2. Назначение должностных лиц

(13)   Заместителем Председателя был избран д-р Мартин Смолек (Martin Smolek), глава делегации Чешской Республики, являющейся принимающей страной XLII КСДА, В соответствии с Правилом 7 Правил процедуры функции Секретаря Совещания были возложены на г-на Альберта Льюбераса Бонабу (Albert Lluberas Bonaba), Исполнительного секретаря Секретариата Договора об Антарктике. Обязанности Помощника секретаря были возложены на г-на Хуана Антонио Баррето (Juan Antonio Barreto), руководителя Секретариата принимающей страны. Г-н Юэн Мак-Айвор (Ewan McIvor), представитель Австралии, продолжил выполнять функции Председателя Комитета по охране

окружающей среды. Председатель отметила, что г-н Мак-Айвор в этом году завершил свою работу в качестве Председателя КООС, и поблагодарила его за выполненную работу. Она также отметила, что следующим Председателем КООС была избрана г-жа Биргит Ньостад (Birgit Njåstad) из Норвегии.

(14) Отметив сокращённый формат работы Совещания, Председатель пояснила, что КСДА будет проведено в формате пленарного заседания и что Председатели каждой Рабочей группы возьмут на себя руководство проведением дискуссий по пунктам повестки дня, распределённым на рассмотрение в их Рабочих группах, в ходе пленарных заседаний. Пункты повестки дня по концептуальным, правовым и институциональным вопросам рассматривались под председательством г-жи Терезы Йохансен (Therese Johansen) из Норвегии, а пункты повестки дня по вопросам операционной, научной и туристической деятельности рассматривались под председательством профессора Джейн Фрэнсис (Jane Francis) из Великобритании и г-на Максимо Гоуланда (Máximo Gowland) из Аргентины.

Пункт 3. Принятие Повестки дня

(15) Была принята следующая Повестка дня:

1. Открытие Совещания
2. Назначение должностных лиц
3. Принятие Повестки дня
4. Работа Системы Договора об Антарктике:
   a) отчёты и доклады Сторон, Наблюдателей и Экспертов;
   b) ходатайство Венесуэлы о предоставлении ей статуса Консультативной стороны;
   c) срочные вопросы по работе Секретариата и финансовым делам.
5. Биопроспектинг в Антарктике
6. Инспекции в рамках Договора об Антарктике и Протокола по охране окружающей среды
7. Туризм и неправительственная деятельность в районе действия Договора об Антарктике:
   a) тенденции и характер деятельности;
   b) экологические последствия.

8. Многолетний стратегический план работы
9. Отчёт Комитета по охране окружающей среды
10. Подготовка XLII КСДА
11. Прочие вопросы
12. Принятие Заключительного отчёта
13. Закрытие Совещания

(16) Совещание одобрило следующее распределение пунктов Повестки дня:

- Пленарные заседания: Пункты 1, 2, 3, 4a, 9, 10, 11, 12, 13
- Рабочая группа 1: пункты 4b, 4c и 5
- Рабочая группа 2: пункты 6 и 7
- Рабочая группа 1 и 2: пункт 8

(17) Участники Совещания также приняли решение направлять проекты нормативных актов, которые могут быть подготовлены по результатам работы Комитета по охране окружающей среды и Рабочих групп, в группу правовых консультаций для рассмотрения правовых и институциональных аспектов данных документов.

Пункт 4а. Работа Системы Договора об Антарктике: отчёты и доклады Сторон, Наблюдателей и Экспертов

(18) Во исполнение Рекомендации XIII-2 на Совещании были отмечены доклады от правительств-депозитариев и их секретариатов. Председатель сообщил, что ввиду ограниченного времени Информационные документы будут приняты как представленные и сообщил, что:

- Турция ратифицировала Протокол по охране окружающей среды, который для Турции вступил в силу 27 октября 2017 г. (Информационный документ IP 6);
- Украина сообщила о том, что она одобрила Меру 4 (2004 г.), Меру 1 (2005 г.) и Меру 15 (2009 г.) (Информационный документ IP 16);
- Австралия, выступая в качестве Правительства-депозитария Конвенции о сохранении морских живых ресурсов Антарктики (АНТКОМ), проинформировала о том, что со времени завершения работы XL КСДА к Конвенции не присоединилось ни одно новое государство (Информационный документ IP 39);
- Великобритания в качестве Правительства-депозитария Конвенции о сохранении тюленей Антарктики (КОАТ) не получила ни одной

заявки на присоединение к Конвенции, равно как и ни одного документа о присоединении, со времени завершения работы XL КСДА (Информационный документ IP 1 rev. 1).

- Австралия, выступая в качестве Правительства-депозитария Соглашения о сохранении альбатросов и буревестников (АКАП), проинформировала о том, что со времени завершения работы XL КСДА ни одно новое государство не присоединилось к Соглашению (Информационный документ IP 38).

- Совет управляющих национальных антарктических программ (КОМНАП) в своём Ежегодном отчёте сообщил, что он отметил своё 30-летие (Информационный документ IP 11);

- КОМНАП также представил свой Ежегодный отчёт (Информационный документ IP 40).

(19) США проинформировали Совещание о том, что сообщение Украины о её одобрении Меры 4 (2004 г.), Меры 1 (2005 г.) и Меры 15 (2009 г.) ещё не дошло до депозитария и официально ещё не зарегистрировано. США пояснили, что как только они получат сообщение по официальным каналам депозитария, они сообщат об одобрении всем Сторонам Договора об Антарктике.

(20) Председатель предложил СКАР обратиться к Сторонам в связи с его 60-й годовщиной.

(21) СКАР рассказал о своей истории, а также об исключительном и чрезвычайном вкладе, который его члены и их учёные вносили на протяжении последних шести десятилетий. СКАР напомнил Совещанию о том, что он является органом Международного совета научных союзов, который организует научную деятельность в области исследования Антарктики и Южного океана, а также предоставляет рекомендации Сторонам Договора об Антарктике, другим органам Системы Договора об Антарктике и другим организациям. СКАР отметил, что в 1957 году Международный совет научных союзов учредил Комитет и попросил его подготовить план научного исследования Антарктики. Своё первое заседание СКАР провёл 3–5 февраля 1958 года в Гааге (Нидерланды). С тех пор масштабы деятельности СКАР и количество его членов значительно увеличились. СКАР признаёт продуктивные рабочие отношения со Сторонами Договора об Антарктике, Комитетом по охране окружающей среды, органами Системы Договора об Антарктике, Наблюдателями, Экспертами и гражданским обществом. И наконец, СКАР отметил,

что он ожидает дальнейшего сотрудничества со Сторонами, особенно при рассмотрении важных научных проблем и вопросов глобальной ответственности, которые стоят перед антарктическим сообществом.

(22) Совещание поздравило СКАР с его 60-й годовщиной и КОМНАП с его 30-й годовщиной. Отметив Информационный документ IP 11, ряд Сторон поблагодарили КОМНАП за разработку Каталога антарктических станций КОМНАП, который является полезным и хорошо разработанным инструментом повышения эффективности работы.

(23) Совещание без зачитывания приняло представленные документы в соответствии с Рекомендацией XIII-2:

- Информационный документ IP 1 rev. 1 *Доклад Правительства-депозитария Конвенции о сохранении тюленей Антарктики (КОАТ) во исполнение пункта 2(D) Рекомендации XIII-2* (Великобритания). Великобритания, выступая в качестве Правительства-депозитария Конвенции о сохранении тюленей Антарктики (КОАТ), проинформировала о том, что после завершения работы XL КСДА к ней не поступало никаких ходатайств о присоединении к Конвенции и никаких документов о присоединении.

- Информационный документ IP 6 *Доклад Правительства-депозитария Договора об Антарктике и Протокола к нему во исполнение положений Рекомендации XIII-2* (США). Соединённые Штаты Америки, выступая в качестве Правительства-депозитария Договора об Антарктике и Протокола по охране окружающей среды, сообщили о том, что в течение прошлого года к Протоколу присоединилось одно государство: Турция сдала на хранение документ о присоединении к Протоколу 27 сентября 2017 года. Протокол вступил в силу для Турции 27 октября 2017 г. Было отмечено, что на текущий момент Сторонами Договора являются 53 государства и 40 государств являются Сторонами Протокола.

- Информационный документ IP 11 *Ежегодный отчёт Совета управляющих национальных антарктических программ (КОМНАП) за 2017/18 г.* (КОМНАП). В документе обращается внимание на то, что 30-я годовщина КОМНАП будет отмечаться в сентябре 2018 года. В документе было отмечено, что в настоящее время в состав членов КОМНАП входят 30 Национальных антарктических программ и четыре программы Наблюдателей, что является самым большим количеством в истории КОМНАП. В документе сообщается, что Патрис Годон (Patrice Godon) (Институт полярных исследований Франции – IPEV) и Хенри Вэлентайн (Henry Valentine) (САНАП) были награждены Инаугурационной Медалью КОМНАП. Документ проинформировал Совещание о том, что 29-е Ежегодное общее совещание КОМНАП состоялось в 2017 году в г. Брно (Чешская Республика), принимающей стороной выступил университет им. Масарика, были проведены тематические сессии по безопасности и воздушной деятельности, управлению в кризисных ситуациях (социальная перспектива), морским перевозкам и Полярному кодексу, а также семинар по экономии энергии и инновационным технологиям. В документе было отмечено, что 30-е Ежегодное общее совещание КОМНАП и 18-й симпозиум будут проведены в июне 2018 года в г. Гармиш-Партенкирхен (Германия), а принимающей стороной выступит Институт им. Альфреда Вегенера. На Ежегодном общем совещании будут проведены тематические дискуссии по телемедицине, предотвращению харассмент, поддержке морских наук и содействию сотрудничеству на международном уровне, а также заседание по вопросам охраны окружающей среды.

- Информационный документ IP 26 *Ежегодный доклад Научного комитета по антарктическим исследованиям (СКАР) за 2017/18 г. XLI Консультативному совещанию по Договору об Антарктике* (СКАР). В данном документе отмечается, что СКАР находится в процессе разработки нового комплекса научно-исследовательских программ. СКАР указал на то, что это является возможностью изучить способы включения научных приоритетов, обсуждаемых Сторонами, в научно-исследовательскую программу СКАР. Документ информирует Совещание о том, что XXXV Совещание делегатов и Открытая научная конференция СКАР пройдёт с 15 по 26 июня 2018 г. в г. Давосе (Швейцария). Совещание будет проводиться одновременно с международной конференцией «Неделя арктической науки» 2018 г., рабочими заседаниями Международного арктического научного комитета (IASC) и будет известно как Polar 2018 *Место, где сходятся полюса*. СКАР рассказал о последних событиях, происходящих в организации, в частности о том, что: д-р Чандрика Нат (Chandrika Nath) станет новым Исполнительным директором в июле 2018 года; вышестоящий орган СКАР, которым является Международный совет научных союзов (ICSU), объединился с Международным советом по социальным наукам (ISSC) и образовал Международный совет по науке (МСН); в 2020 году СКАР проведёт своё XXVI Совещание делегатов и Открытую научную конференцию в г. Хобарте (Австралия).

- Информационный документ IP 38 *Доклад Правительства-депозитария Соглашения о сохранении альбатросов и буревестников (АКАП)* (Австралия). Австралия, выступая в качестве Правительства-депозитария АКАП, проинформировала о том, что со времени завершения работы XL КСДА ни одно новое государство не присоединилось к Соглашению и на настоящий момент участниками данного Соглашения являются 13 государств.

- Информационный документ IP 39 *Доклад Правительства-депозитария Конвенции о сохранении морских живых ресурсов Антарктики (АНТКОМ)* (Австралия). Австралия, выступая в качестве Правительства-депозитария АНТКОМ, проинформировала о том, что со времени завершения работы XL КСДА к Конвенции не присоединилось ни одно новое государство. Австралия отметила, что на данный момент участниками Конвенции являются 36 государств.

- Информационный документ IP 40 *Доклад наблюдателя АНТКОМ для Сорок первого Консультативного совещания по Договору об Антарктике* (АНТКОМ). В данном документе представлен краткий обзор результатов работы 36-го Ежегодного совещания АНТКОМ, состоявшегося в г. Хобарте (Австралия) в период с 16 по 27 октября 2017 года. Совещание проходило под председательством д-ра Монде Маекисо (Monde Mayekiso) (Южно-Африканская Республика). В совещании приняли участие двадцать три Страны-члена, две присоединяющиеся Страны, две Страны-наблюдателя и Наблюдатели от девяти неправительственных организаций. В докладе были освещены основные итоги совещания, представляющие интерес для КСДА, включая вопросы текущей деятельности в отношении перезаключения соглашения о предоставлении данных системы определения местоположения судов (СОМС) АНТКОМ для оказания помощи при поиске и спасании (SAR) в районе действия Конвенции АНТКОМ. В нём представлены данные по регулируемому АНТКОМ промыслу клыкача и криля в сезоне 2017/18 г. и о ходе работ по определению МОР. В докладе особо отмечена текущая работа по планированию МОР в районе Антарктического полуострова и моря Уэдделла, а также прогресс в научно-исследовательской работе и мониторинге МОР в море Росса и МОР южного шельфа Южных Оркнейских островов. Доклад информирует Совещание о том, что 12 июля 2017 г. произошла значительная убыль морского льда с шельфового ледника Ларсена С в Статистическом подрайоне 48.5. Комиссия одобрила рекомендацию Научного комитета о том, что Особый район научных исследований, изначально определённый как Особый район 1-й степени согласно Охранной мере 24-04, должен получить статус Особого района 2-й степени. Срок действия данного определения был рассчитан на десять лет. Было отмечено, что Комиссия, её вспомогательные органы и Научный комитет рассмотрели Доклад комиссии по проведению второй оценки эффективности деятельности (PR2). В ключевые рекомендации, получившие поддержку на XXXVI совещании АНТКОМ, вошли следующие вопросы: продолжение усилий по изучению вариантов получения дохода и сокращения расходов, работа по усилению мобилизующих мер, а также учреждение Бюро Комиссии и Бюро Научного комитета. Доклад информирует Совещание о том, что отчёт размещён в свободном доступе на веб-сайте Комиссии.

(24) В рамках положений пункта 2 Статьи III Договора об Антарктике на Совещании были отмечены доклады, представленные другими международными организациями по данному пункту повестки дня. Председатель отметил, что данные Информационные документы будут приняты как представленные:

- Информационный документ IP 47 *Ежегодный доклад ВМО за 2017/18 г.* (ВМО). В данном документе описана деятельность ВМО со времени завершения работы XL КСДА. В документе отмечается, что приоритетная деятельность ВМО в полярных и высокогорных регионах способствует реализации и координированию соответствующих наблюдений, научных исследований и обслуживания, осуществляемых различными государствами и группами государств в Антарктике, Арктике и высокогорных районах. Документ информирует Совещание о том, что Глобальная служба криосферы (ГСК) является стержнем полярных инициатив ВМО, а её система наблюдений является одним из четырёх основных компонентов Интегрированной глобальной системы наблюдений ВМО, куда также входит Антарктическая сеть наблюдений (AntON), обслуживаемая ВМО и СКАР. ВМО отметила, что проект «Год полярного прогноза» (YOPP) рассчитан на 2017–2019 годы и для Антарктики в нём предусматривается особый период наблюдений с 16 ноября 2018 года по 15 февраля 2019 года (см. Информационный документ IP 48). ВМО уведомила Совещание о том, что она разрабатывает концепцию антарктической сети Полярного регионального климатического центра (ПРКЦ) на основе опыта создания Арктической ПРКЦ-сети и что семинар по определению подлежащих изучению вопросов предварительно намечен на май 2019 года. Представители КСДА и КООС будут приглашены на этот семинар. ВМО обратила внимание, что в рамках Всемирной программы исследования погоды, которая осуществляется под эгидой ВМО, в настоящее время составляются новые проекты Стратегических планов и планов мероприятий. Ключевыми аспектами данных планов являются вопросы климата в полярных регионах. ВМО также отметила запуск Программы предоставления стипендий и грантов для начинающих учёных ВМО-СКАР (Информационный документ IP 44).

- Информационный документ IP 56 *Liability Annex: Financial Security [Приложение о материальной ответственности: финансовое обеспечение]* (IGP&I Clubs). В данном документе сообщается о том, что ассоциация совместного андеррайтинга, образованная 13 основными страховыми компаниями и составляющая Международную группу ассоциаций (клубов) взаимного страхования (IGP&I Clubs), обеспечивает страхование ответственности перед третьими лицами в отношении около 90 % мирового тоннажа морских судов, в том числе целого ряда судов, эксплуатируемых в водах Антарктики. Документ информирует Совещание о том, что Международная группа продолжает анализировать вопросы, поднятые в Информационном документе IP 87 на XL КСДА, и будет приветствовать дополнительную возможность принять участие в следующем КСДА в 2019 году, чтобы оказать помощь в реализации и применении Приложения VI.

- Информационный документ IP 57 *Доклад АСОК на КСДА* (АСОК). В данном документе содержится краткий обзор деятельности АСОК в течение прошлого года и изложение ряда вопросов, имеющих первостепенную важность для данного КСДА. В документе отмечается, что на протяжении истекшего года АСОК и представители организаций-членов принимали активное участие в межсессионных обсуждениях вопросов на форумах КСДА и КООС, а также в работе ряда международных совещаний. АСОК указала на то, что её приоритетными вопросами для КСДА являются расширение сети охраняемых районов; повышение эффективности Рабочей программы ответных мер в отношении изменения климата (CCRWP); усовершенствование контроля выполнения положений и требований Всесторонней оценки окружающей среды (ВООС); реагирование на прогнозируемый рост туристической деятельности в Антарктике; увязка интересов ООРА и ОУРА с интересами МОР АНТКОМ и разработка методических материалов по предотвращению вмешательства судов в жизнедеятельность морских млекопитающих. АСОК отметила, что в течение последних лет она сотрудничала с АНТКОМ и целым рядом других партнёров, в том числе с МААТО, СКАР, Коалицией законных операторов промысла клыкача (COLTO) и Фондом исследований дикой природы Антарктики (AWR), в целях всестороннего анализа сильных и слабых сторон в методах и практических подходах, используемых в рамках Системы Договора об Антарктике, и выработки предложений по восполнению имеющихся пробелов.

- Информационный документ IP 70 *Доклад Международной ассоциации антарктических туроператоров за 2017/18 г.* (МААТО). *В данном документе* МААТО вновь подтвердила свою приверженность активной поддержке и содействию экологически безопасного посещения района действия Договора об Антарктике на основе принципов экологической ответственности и выразила готовность использовать любые возможности для сотрудничества с другими организациями. В документе отмечается, что с 2010 года МААТО представляет практически все пассажирские суда, которые эксплуатируются в водах Антарктики и подпадают под действие Международной конвенции по охране человеческой жизни на море (СОЛАС). В документе также сообщается о деятельности МААТО в течение сезона 2017/18 г. В документе сообщается о том, что в сезоне 2017/18 г. общее количество посетителей, путешествующих с операторами МААТО, составило 51 707 человек. Это на 17 % больше, чем в предыдущем сезоне, а также новый рекорд, который превзошёл предыдущие пиковые показатели сезона 2007/08 года (46 265 человек). В документе отмечены недавние исследования и деятельность, среди которых: запуск СКАР и МААТО совместного двухлетнего научно-исследовательского проекта по разработке комплексного плана сохранения окружающей среды Антарктического полуострова; инвестирование в оценку полевых сотрудников, понимая важность их роли в выполнении соглашений в рамках Договора и в соблюдении стандартов и руководящих принципов МААТО, а также совместная работа с КОМНАП и системой автоматического сопровождения полёта воздушного судна США для повышения безопасности воздушного движения. Далее в документе отмечается, что в течение сезона 2017/18 г. операторами МААТО на условиях оптимальных затрат или безвозмездно было перевезено на станции, участки и в перевалочные порты и обратно 211 научных работников, работников из числа технического персонала и специалистов по сохранению культурного наследия, а также оборудование и запасы для них.

- Информационный документ IP 73 rev. 1 *Заявление Секретариата Соглашения о сохранении альбатросов и буревестников* (АКАП) В документе подтверждаются обязательства АКАП по сотрудничеству в рамках Договора об Антарктике и сопутствующих соглашений в отношении внедрения мероприятий, нацеленных на усиление природоохранного статуса указанных видов и их среды обитания. АКАП сообщает о Шестой сессии Совещания Сторон АКАП, проходившей с 7 по 11 мая в городе Скукуза (Южно-Африканская Республика), на которой рассматривались вопросы разработки и обновления принципов обеспечения сохранности в рамках биологической безопасности, истребления интродуцированных видов, исследований и отбора образцов, а также рекомендации по использованию передового опыта по снижению побочной смертности птиц, связанной с рыбным промыслом. Было подчёркнуто значение района действия Договора об Антарктике для АКАП, поскольку практически все виды, указанные в настоящее время в АКАП, либо размножаются, либо добывают пищу в данном районе. АКАП выражает надежду на продолжение обоюдного сотрудничества в рамках Договора об Антарктике и сопутствующих соглашений.

(25) В рамках данного пункта повестки дня были также поданы и приняты как представленные следующие документы:

- Информационный документ IP 16 *Ukraine's Approval of Measure 4 (2004), Measure 1 (2005), and Measure 15 (2009) [Одобрение Украиной Меры 4 (2004 г.), Меры 1 (2005 г.) и Меры 15 (2009 г.)]* (Украина). В данном документе сообщается о том, что Украина одобрила три Меры: Меру 4 (2004 г.) *Страхование и планирование действий в чрезвычайных ситуациях при осуществлении туристической и неправительственной деятельности в Районе Договора об Антарктике*, Меру 1 (2005 г.) *Приложение VI к Протоколу по охране окружающей среды к Договору об Антарктике: Материальная ответственность, возникающая в результате чрезвычайных экологических ситуаций* и Меру 15 (2009 г.) *Высадка людей на берег с пассажирских судов в районе действия Договора об Антарктике.* В документе отмечается, что законодательство по реализации данных мер – Решение Правительства Украины № 441 *О реализации мер, одобренных Консультативным совещанием по Договору об Антарктике* – вступило в силу 21 июня 2017 г.

- Документ Секретариата SP 3 *Перечень мер со статусом «Ещё не вступила в силу».* В данном документе сообщается о том, что согласно информации, содержащейся в базе данных СДА, имеется ряд Мер, всё ещё не вступивших в силу.

(26) Аргентина представила Рабочий документ WP 8 *Типология консультативных совещаний: необходимость в дополнительных определениях.* Учитывая особые обстоятельства, возникшие при организации XLI КСДА, Аргентина описала Сторонам процесс, по которому она в очень короткий срок организовала совещание. Аргентина сообщила о том, что как часть данного процесса она провела со Сторонами консультации о формате совещания, структуре плана работы, а также о том, следует ли рассматривать XLI КСДА и XXI заседание КООС как особые мероприятия. Данный процесс выявил тот факт, что для Совещания экспертов Договора об Антарктике, Специальных консультативных совещаний нет специальных правил процедуры, как и нет финансирования КСДА или заседания КООС при возникновении

таких чрезвычайных обстоятельств. Аргентина рекомендовала Сторонам обсудить в межсессионный период необходимость более эффективной организации практических аспектов КСДА и потенциального включения специальных вопросов в Правила процедуры.

(27) Совещание поблагодарило Аргентину за её документ и выразило Аргентине и Секретариату глубокую благодарность за то, что они взяли на себя ответственность за организацию и проведение XLI КСДА в таких уникальных и сложных обстоятельствах. Многие Страны выразили решительную поддержку Рабочему документу WP 8 и признали ценность межсессионных обсуждений для того, чтобы использовать наилучшим образом опыт, полученный Аргентиной, и обеспечить наличие соответствующих механизмов в будущем. Многие стороны выразили заинтересованность в участии в межсессионных обсуждениях данного вопроса.

(28) Ряд Сторон, подчёркивая важность обсуждения и поиска путей совершенствования организационных аспектов КСДА, считают, что обстоятельства, возникшие при организации XLI КСДА, являются уникальным исключением, которое вряд ли будет происходить часто. Указанные Стороны подчёркивают важность осторожного подхода, чтобы не создать прецедент и не поощрять Стороны к отказу от своих обязательств по Договору об Антарктике. Также было отмечено, что действующие Правила процедуры в равной степени применяются к КСДА или Специальному консультативному совещанию.

(29) Эквадор выразил сожаление о том, что в связи с принятием Эквадором Декрета 135 он не смог принять XLI КСДА. Он поблагодарил Аргентину за то, что она взяла на себя ответственность за проведение XLI КСДА, и вновь подтвердил свою приверженность принципам Договора.

(30) Совещание приняло решение создать МКГ по организационным аспектам КСДА и утвердило для МКГ следующее Техническое задание:

1. Изучить последствия и опыт организации XLI КСДА и XXI заседания КООС, в том числе:
   - влияние на рабочие вопросы КСДА и КООС, поскольку они относятся к обеспечению эффективного управления деятельностью в Антарктике или техническим обеспечением Системы Договора об Антарктике;
   - влияние на ресурсы Секретариата.
2. Рассмотреть варианты наиболее эффективного управления будущими сценариями, в которых ввиду исключительных обстоятельств при организации КСДА и заседания КООС не придерживаются

существующей практики ротации Консультативных сторон (за исключением случаев, когда изменение в ротации было организовано заранее), включая, например:

- полезность представления Информационного документа Принимающей страной следующего КСДА во время предыдущего совещания, а также его содержания;

- прогнозирование, регулярность и сроки представления (неофициальных) отчётов о ходе работы принимающей страны Секретариату Договора об Антарктике в отношении организации КСДА;

- рассмотрение преимуществ создания гарантийного фонда (возможно, с особым взносом следующей страны-организатора КСДА) для покрытия любых непредвиденных расходов, которые берёт на себя СДА и которые требуются для организации КСДА не в той стране, которая была первоначально согласована;

- любые возможные последствия для Правил процедуры КСДА и КООС;

- любые возможные рекомендации для реализации любых таких будущих сценариев;

- за исключением случаев *форс-мажорных* обстоятельств, возможность принятия мер в отношении Сторон, не соблюдающих обязательства по организации КСДА (например, дополнительная плата для компенсации непредвиденных расходов, утрата прав на следующих двух КСДА и т. п.).

(31) Совещание также пришло к согласию в отношении того, что:

- обмен информацией будет открыт только для Консультативных сторон;

- Секретариат должен разработать форум для электронных дебатов и оказывать содействие МКГ;

- Аргентина будет выступать в качестве координатора и представит отчёт о результатах работы МКГ на следующем КСДА.

Пункт 4b. Работа Системы Договора об Антарктике: ходатайство Венесуэлы о предоставлении ей статуса Консультативной стороны

(32) Венесуэла проинформировала Совещание о том, что во исполнение Решения 2 (2017 г.) она обратилась с новой просьбой к Правительству-депозитарию Договора об Антарктике о предоставлении ей статуса

Консультативной стороны. Венесуэла отметила, что она продвинулась вперёд в научно-исследовательской деятельности в Антарктике и расширила двусторонние соглашения в Южной Америке, демонстрируя приверженность принципам международного сотрудничества. Венесуэла сообщила о том, что за прошедшее десятилетие она внесла вклад в научные знания об Антарктике и указала на то, что она взяла на себя обязательства активизировать научную и логистическую деятельность в будущем. Она создала центр по исследованию Антарктики, работа которого сосредоточена на вопросах изменения климата, микробиологии и экологии, а в 2014 году стала ассоциированным членом СКАР и наблюдателем КОМНАП. Она также отметила свой вклад в образовательную и информационно-просветительскую деятельность путём распространения информации в школах и в широких кругах общественности.

(33) Совещание рассмотрело просьбу Венесуэлы в свете требований, установленных в Договоре об Антарктике и в Руководстве, приложенном к Решению 2 (2017 г.). Ряд Сторон отметили прогресс, достигнутый Венесуэлой в разработке Программы антарктических исследований. Ряд Сторон отметил, что Программа антарктических исследований Венесуэлы всё ещё находится в стадии формирования и нуждается в дальнейшей разработке, пока она не будет соответствовать требованиям, выполнение которых необходимо для получения статуса Консультативной стороны. Поэтому на данный момент согласия о предоставлении статуса Консультативной стороны достигнуто не было.

(34) Совещание призвало Венесуэлу продолжать разработку и расширение её программы научных исследований в Антарктике в сотрудничестве с другими заинтересованными Сторонами.

Пункт 4c. Работа Системы Договора об Антарктике: срочные вопросы по работе Секретариата и финансовым делам

(35) Исполнительный секретарь представил Документ Секретариата SP 4 rev. 1 *Отчёт Секретариата за 2017/18 г.* с подробной информацией о деятельности Секретариата в период 2017/18 финансового года (с 1 апреля 2017 года по 31 марта 2018 года).

(36) Исполнительный секретарь представил Совещанию оперативную информацию о взаимодействии и контактах Секретариата с другими организациями, использовании информационных технологий,

публикации Заключительного отчёта XL КСДА, доведении информации до широкой общественности, а также сведения о штате Секретариата и данные по финансовым вопросам. Секретариат Договора об Антарктике продемонстрировал два новых предлагаемых проекта веб-сайта Секретариата Договора об Антарктике. Оба проекта направлены на то, чтобы ещё более облегчить делегатам и широкой общественности доступ к информации на веб-сайте и улучшить эстетический вид веб-сайта.

(37) Совещание поблагодарило Секретариат Договора об Антарктике за его работу по обновлению и улучшению веб-сайта. Было отмечено, что в обоих предлагаемых вариантах рассматриваются выявленные проблемы действующего веб-сайта.

(38) Также была продемонстрирована новая версия базы данных контактной информации. В этой версии для доступа ко всем защищённым паролем разделам веб-сайта можно использовать один и тот же пароль.

(39) Исполнительный секретарь представил Документ Секретариата SP 5 rev. 1 *Программа работы Секретариата на 2018/19 финансовый год*. В документе в общих чертах представлены вопросы планируемой деятельности Секретариата в 2018/19 финансовом году (с 1 апреля 2018 года по 31 марта 2019 года). Исполнительный секретарь подчеркнул, что большая часть предлагаемой программы связана с: улучшением работы веб-сайта; сотрудничеством с КОМНАП с целью сокращения, дублирования информации и повышения совместимости баз данных; а также оказания поддержки принимающим странам предстоящих заседаний КСДА и КООС.

(40) Исполнительный секретарь проинформировал Совещание о том, что последний договор с аудитором (Sindicatura General de la Nación — SIGEN) закончился и что в следующем году он будет заключать новый договор на период 2018-2021 финансовых годов.

(41) Исполнительный секретарь также представил Документ Секретариата SP 6 *Прогнозный пятилетний финансовый план на 2019/20 – 2023/24 финансовые годы*, в котором приводится план бюджета Секретариата на 2019-2024 годы. Было отмечено, что, несмотря на продолжающиеся поправки на рост стоимости жизни в долларах США, в прогнозном финансовом плане предполагается нулевое номинальное увеличение взносов до 2023/24 г. Исполнительный секретарь также отметил факт погашения многих неоплаченных взносов, что значительно уменьшило задолженности перед Секретариатом, а также факт снижения затрат, связанных с проведением XLI КСДА и XXI заседания КООС, в

сравнении с предыдущими годами ввиду необычного и сокращённого формата этого совещания. При этом в связи с изменением места проведения совещания с Эквадора на Аргентину чистые расходы для Секретариата составили приблизительно 110 000 долларов США.

(42) Япония отметила, что она поддерживает использование общего фонда для организации проведения XLI КСДА и XXI заседания КООС и понимает значение использования фонда для таких экстренных случаев. Япония также отметила, что такое расходование средств приводит к уменьшению размера фонда, который в противном случае показал бы постепенный рост.

(43) Исполнительный секретарь представил Документ Секретариата SP 7 *Политика в области кадрового обеспечения Секретариата Договора об Антарктике*. В нём напоминается о Решении 3 (2003 г.), которое определяет вопросы, связанные с кадровым обеспечением, посредством Положений о персонале. Исполнительный секретарь отметил несколько вопросов в связи с этими Положениями о персонале и предложил Сторонам рассмотреть вопросы, поднятые в документе.

(44) Совещание поблагодарило Исполнительного секретаря за такое полезное представление вопросов политики в области кадрового обеспечения Секретариата Договора об Антарктике. Совещание обратилось с просьбой к Секретариату подготовить более подробное предложение, в частности, по вопросам, касающимся оценки качества работы, карьерного роста и продвижения по службе, а также пенсионного возраста, что может быть обсуждено Сторонами неофициально в межсессионный период. Совещание также предложило Секретариату рассмотреть вопрос о том, можно ли рассматривать в качестве модели положения о персонале, уже действующие в секретариате АНТКОМ. Аргентина согласилась провести неформальные обсуждения на Дискуссионном форуме КСДА.

(45) Совещание пришло к согласию о необходимости дальнейшего обсуждения изменений, вносимых в Систему электронного обмена информацией (СЭОИ), и включило данный вопрос в Многолетний стратегический план работы.

(46) Совещание отметило, что в связи с сокращённым форматом данного совещания вопросы материальной ответственности и прогресса в части ратификации Приложения 6 не были включены в повестку дня в этом году. Совещание приняло решение разослать приглашение Международной группе ассоциаций (клубов) взаимного страхования (IGP&I Clubs), Международной морской организации (ИМО) и

Международным фондам для компенсации ущерба от загрязнения нефтью (Фондам IOPC) принять участие в обсуждении вопросов материальной ответственности на XLII КСДА.

(47)   После дальнейшего обсуждения Совещание приняло Решение 1 (2018 г.) *Отчёт, Программа и Бюджет Секретариата* и Решение 2 (2018 г.) *Возобновление договора с внешним аудитором*.

Пункт 5. Биопроспектинг в Антарктике

(48)   Аргентина представила Рабочий документ WP 25 *Биопроспектинг в Антарктике – необходимость в уточнённой информации и рассмотрении на КСДА*, подготовленный совместно с Норвегией, Францией и Чили. В документе напоминается о том, что на XL КСДА Совещание пришло к согласию о необходимости дальнейшего обсуждения данной темы на XLI КСДА и включило биопроспектинг в Многолетний стратегический план работы.

(49)   Нидерланды представили Информационный документ IP 29 *Biological Prospecting in the Antarctic Treaty Area [Биопроспектинг в районе действия Договора об Антарктике]*. В данном документе представлены обновлённые данные о состоянии и тенденциях биопроспектинга в районе действия Договора об Антарктике и краткий обзор соответствующих обсуждений в структурах Системы Договора об Антарктике. Нидерланды обратили внимание на различные уже существующие фармацевтические и промышленные патенты, относящиеся к району действия Договора об Антарктике, и патенты, приходящиеся на криль. В документе также рассматриваются вопросы, относящиеся к отчётности, доступу к образцам, извлечению прибыли и определениям, а также представлена обновлённая информация о последних событиях в области выработки стратегии развития на международных форумах. В документе приведены аргументы в пользу того, чтобы КСДА взяло на себя руководящую роль в вопросе биопроспектинга в районе действия Договора об Антарктике, и напоминается о том, что в Системе Договора об Антарктике существует традиция рассматривать вопросы с упреждением, предвидеть проблемы и разрабатывать ответные действия на них до их возникновения.

(50)   Совещание поблагодарило авторов Рабочего документа WP 25 и Информационного документа IP 29. Многие Стороны отметили

важность вопроса биопроспектинга для Системы Договора об Антарктике, отражённого в его статусе как постоянный пункт повестки дня КСДА.

(51) США, выражая свою благодарность за данные документы, указали, что у них есть серьёзные сомнения в том, что КСДА может полноценно справиться с этой задачей при обсуждении многих аспектов данного вопроса. По мнению США, основной вопрос о том, что у нас вызывает беспокойство, остаётся без ответа. Правительство США не финансирует биопроспектинг в Антарктике при любом разумном определении данного термина. Кроме того, у данного термина всё ещё нет общепринятого на международном уровне определения. По мнению США, необходимо рассмотреть контекст в связи с обсуждением в ООН нового юридически обязывающего инструмента, относящегося к биоразнообразию вне национальной юрисдикции (BBNJ). По мнению США, некоторые районы Южного океана могут быть охвачены новым инструментом BBNJ; при этом США хотели бы, чтобы обсуждения BBNJ сыграли дополнительную роль до того, как КСДА пошлёт какие-либо сигналы о том, что морские генетические ресурсы в районе действия Договора об Антарктике или в районе действия Конвенции АНТКОМ должны быть исключены из BBNJ.

(52) Большинство делегаций выразили мнение о том, что в рамках Системы Договора об Антарктике необходимо продолжать рассматривать вопрос биопроспектинга независимо от вопроса BBNJ, учитывая специфическую компетенцию этой системы, касающуюся всей деятельности в Антарктике. Была подчёркнута необходимость выполнения КСДА своих обязанностей. Ряд делегаций выделили аспекты сбора и использования биологических организмов, сохранения и возможных последствий патентования при свободном доступе к научным наблюдениям и результатам, как предусмотрено в Статье III Договора об Антарктике. Большинство делегаций поддержало создание МКГ, как предлагается в Рабочем документе WP 25.

(53) АСОК поблагодарила авторов Рабочего документа WP 25 и Информационного документа IP 29, отметив, что в них чётко проиллюстрирована распространённость деятельности в области биопроспектинга, относящейся к Антарктике, и ещё раз подчеркнула необходимость для КСДА действовать с упреждением в данном вопросе. АСОК полагает, что существует необходимость в большей ясности и прозрачности того, как осуществляется деятельность в

области биопроспектинга в Антарктике и как такая деятельность прямо или косвенно влияет на окружающую среду Антарктики и другие ценности Антарктики. АСОК призвала Стороны поддержать дальнейшие обсуждения по данному вопросу и внедрить требования к обмену информацией, содержащиеся в Резолюции 7 (2005 г.) и Резолюции 6 (2013 г.).

(54) Бразилия внесла на рассмотрение Рабочий документ WP 27 *Расширенное определение биопроспектинга в Антарктике.* Напомнив о Рабочем документе WP 12 XXXVII КСДА и отметив сложность исследования природных ресурсов в Антарктике, Бразилия предложила Сторонам обсудить рабочее определение понятия биопроспектинга организмов Антарктики и использования биопроспектинга в качестве источника биотехнологических биопродуктов.

(55) Совещание поблагодарило Бразилию за представленный ею документ. В то время как ряд Сторон приветствовали предложение работать в направлении практического определения биопроспектинга в Антарктике, некоторые Стороны выразили озабоченность тем, что определение, предлагаемое в Рабочем документе WP 27, слишком узкое по охвату и что может быть непродуктивным повторно поднимать данный вопрос. Бразилия выразила готовность рассмотреть своё предложение, содержащееся в Рабочем документе WP 27, в рамках обсуждений, предлагаемых в Рабочем документе WP 25, если они будут организованы.

(56) Совещание напомнило о Резолюциях 7 (2005 г.), 9 (2009 г.) и 6 (2013 г.), приняло решение о продолжении работы по сбору и использованию биологического материала в следующем году на XLII КСДА и отметило, что данный пункт повестки дня включён в Многолетний стратегический план работы.

(57) Призвав Стороны представить соответствующие Рабочие документы для продолжения данной работы, Совещание приняло решение о следующем:

- В межсессионный период на форуме КСДА проводить неформальный обмен информацией между Консультативными Сторонами об осуществляемой деятельности, касающейся сбора и использования биологического материала в Антарктике, и её возможных последствиях для свободного доступа к научным наблюдениям и результатам, как предусмотрено в Статье III Договора об Антарктике.

- Обратиться к СКАР с просьбой представить на XLII КСДА обновлённую информацию по его докладу, содержащемуся в Рабочем документе WP 2 *Биологическая разведка в антарктическом регионе. Общая консервативная оценка современных исследований*, представленном на XXXIII КСДА.

(58) СКАР принял просьбу и подтвердил своё желание внести вклад в работу КСДА.

(59) В рамках данного пункта был также подан и принят как представленный следующий документ:

- Информационный документ IP 32 rev. 1 *Diversity, resilience and applicative potential of microcosm from Antarctic icy habitats [Разнообразие, устойчивость и практический потенциал микрокосма из антарктических ледовых сред обитания]* (Румыния). В документе представлены результаты биопроспектинга, проведённого на острове Кинг-Джордж (Ватерлоо) в 2015/16 г. исследователями из румынского Национального института исследования и развития биологических наук и Корейского института полярных исследований.

Пункт 6. Инспекции в рамках Договора об Антарктике и Протокола по охране окружающей среды

(60) Норвегия представила Рабочий документ WP 26 *Краткий обзор результатов и размышлений о тенденциях по итогам инспекций, проведённых Норвегией, в соответствии с положениями Статьи VII Договора об Антарктике и Статьи 14 Протокола по охране окружающей среды*. Инспекции проводились с 9 по 17 февраля 2018 г. на семи объектах – четырёх научно-исследовательских станциях (Халли VI, Ноймайер III, САНАЭ IV и Принцесса-Элизабет), одной полевой станции/базе материально-технического обеспечения/электронной базе (летняя станция САНАП) и двух объектах поддержки деятельности национальных антарктических программ (аэродром Новолазаревская, авиабаза «Ново» и взлётно-посадочная полоса «Персей»). Норвегия проинформировала о том, что инспекционной группе обеспечивался беспрепятственный доступ ко всем посещавшимся участкам и объектам станций и в ходе инспекций всех объектов не было обнаружено каких-либо вооружения и боеприпасов, военной деятельности, ядерных материалов или их захоронений. В документе отмечается, что

инспекторской группе были представлены все разрешения и другие разрешительные документы на все объекты, и, как представляется инспекционной группе, все правила техники безопасности, правила поведения при угрозе и возникновении чрезвычайных ситуаций и соответствующие средства на большинстве объектов в целом удовлетворяют требованиям, за некоторыми исключениями, отмеченными в отчёте. В документе также отмечается о сохраняющейся тенденции перехода к использованию более сложных технологий с расширенными возможностями дистанционного управления. Норвегия отметила, что это открывает новые, небывалые возможности, к примеру, в области повышения эффективности эксплуатации объектов, использования автономных объектов и систем дистанционного сбора данных. В документе также отмечается, что вышеупомянутая тенденция может быть сопряжена с риском более высокой уязвимости и зависимости станций от специализированного персонала, а также с подверженностью киберрискам. Норвегия подчеркнула, что в общем и целом на инспекционную группу произвели весьма глубокое впечатление высокие стандарты и уровень внедрения новых технологий, и призвала Стороны к дальнейшему обмену информацией о накопленном опыте в области передовой практики.

(61) Норвегия также проинформировала о соображениях инспекционной группы в отношении общих изменений и тенденций в Антарктике, отмеченных в ходе инспекций. В частности, к этим соображениям относятся: необходимость обмена информацией и передовой практикой между национальными программами, операторами и персоналом антарктических научно-исследовательских станций, особенно в отношении экологизации станций и технологических решений при проведении научных исследований и наблюдений в Антарктике; потенциальные возможности для расширения взаимодействия и обмена данными между станциями; обеспечение доступности соответствующей информации о принадлежности и структурах управления в отношении всей осуществляемой деятельности в Антарктике; вопросы поиска и спасания и обеспечения безопасности полётов в связи с увеличением воздушного движения в регионе; вопросы сроков проведения инспекций. Норвегия отметила, что анализ полученного опыта свидетельствует о том, что проведение инспекций в период загруженности целого ряда станций работами по консервации по окончании летнего сезона и в условиях высокой интенсивности движения представляется не совсем подходящим. Тем не менее Норвегия особо отметила тёплый приём,

оказанный инспекционной группе на всех станциях, и выразила признательность инспектировавшимся Сторонам за содействие в выполнении целей и задач инспекций.

(62) Инспектировавшиеся Стороны выразили признательность Норвегии за представленный отчёт и профессиональное отношение к проведению инспекций. Инспектировавшиеся Стороны заявили о своей приверженности выполнению рекомендаций, представленных в отчёте.

(63) Совещание поблагодарило Норвегию за успешное проведение инспекций и тщательно подготовленный отчёт о проведённых инспекциях. Стороны подтвердили важность функционирования инспекционного режима для Договора об Антарктике и приняли во внимание затраты и материально-технические усилия, необходимые для проведения инспекций.

(64) Целый ряд Сторон отметили особенно важные моменты, вытекающие из отчёта, а именно: увеличение интенсивности воздушного движения в Антарктике; вопросы компетентности и применимости поиска и спасания; важность долговременной последовательности наблюдений; более широкое использование передовых технологий и возобновляемых источников энергии; наличие контактных данных по каждой станции; обмен информацией и научно-исследовательское взаимодействие.

(65) В отношении вопросов обеспечения безопасности воздушного движения, затронутых в отчёте, МААТО подчеркнула необходимость дальнейшего критического анализа вопросов безопасности полётов в условиях увеличения воздушного движения и соответствующей нагрузки в области ПСО. МААТО обратила особое внимание всех Сторон на необходимость оборудования своих летательных аппаратов самолётными системами сопровождения и средствами связи с общеантарктической системой оперативного контроля. МААТО выразила признательность КОМНАП за перевод Руководства по полётной информации в Антарктике (AFIM) в электронный формат (e-AFIM), что позволило повысить эффективность его обновления. Всем операторам рейсов МААТО и другим операторам рейсов было настоятельно рекомендовано активно участвовать в оперативном слежении за полётами и обновлении e-AFIM.

(66) КОМНАП подчеркнул приверженность национальных антарктических программ обмену информацией о технологиях, направленных на повышение энергоэффективности, через Экспертную группу

КОМНАП по вопросам окружающей среды и отметил, что наряду с обменом информацией нередко требуется финансирование внедрения технологий. По вопросу поиска и спасания КОМПАП отметил, что перед ним была поставлена задача разработки Руководства по полётной информации в Антарктике, и напомнил Сторонам о своей готовности к получению новой или уточнённой информации о выполнении полётов в воздушном пространстве. КОМНАП также упомянул представленный им Информационный документ IP 4 о предстоящем семинаре по SAR в Новой Зеландии.

(67) АСОК выразила признательность Норвегии за представленный Рабочий документ WP 26 и выразила своё мнение о важности проведения инспекций в отношении получения информации о ходе как правительственной, так и неправительственной деятельности на внутренней территории и в удалённых районах, а также для обеспечения прозрачности и соблюдения положений Договора об Антарктике и Протокола по охране окружающей среды. АСОК отметила, что в отчёте указывается на ряд представляющих интерес тенденций, заслуживающих дальнейшего анализа, в особенности в отношении увеличения интенсивности воздушного движения, в том числе связанного с туризмом.

(68) Секретариат представил Документ Секретариата SP 8 *Доработка базы данных об инспекциях и картографическая система* и напомнил об отчёте и рекомендациях МКГ по вопросам проведения инспекций в Антарктике (XL КСДА, Рабочий документ WP 40). В ответ на обращения Сторон Секретариат представил информацию о доработках базы данных СДА об инспекциях, включая новый «Перечень объектов», позволяющий пользователям без труда получать информацию, связанную с инспекциями по каждому объекту, и создавать свои оптимизированные под требования пользователя перечни, в том числе перечень ранее никогда не инспектировавшихся станций. Секретариат также представил доработки в отношении отображения пояснений и рекомендаций, содержащихся в отчётах об инспекциях, а также данных по контролю их выполнения.

(69) Секретариат также дал пояснения в отношении процесса выбора Географической информационной системы и проинформировал Совещание о том, что ему удалось получить право на использование программного обеспечения выбранной ГИС за символическую плату. Секретариат отметил, что данный инструмент обеспечивает

возможность отображения и другой географической информации, имеющейся в базах данных Секретариата.

(70) Совещание поблагодарило Секретариат за дальнейшую доработку столь полезного инструмента и за представление подробного отчёта.

(71) АСОК также выразила признательность Секретариату за краткий обзор последних доработок Базы данных об инспекциях и картографической системы, которые, по мнению АСОК, являются полезными инструментами в вопросах управления окружающей средой.

(72) В рамках данного пункта Повестки дня были также представлены указанные ниже документы.

- Вспомогательный документ ВР 1 *Follow-up to the Recommendations of the Inspections at the Eco-Nelson Facility [Контроль выполнения рекомендаций по результатам инспекций объекта Эко-Нельсон]* (Чешская Республика).
- Вспомогательный документ ВР 23 *Follow-up to the Recommendations of the Inspection at the Johann Gregor Mendel Czech Antarctic Station [Контроль выполнения рекомендаций по результатам инспекции чешской антарктической станции Иоганн-Грегор-Мендель]* (Чешская Республика).

Пункт 7а. Туризм и неправительственная деятельность в районе действия Договора об Антарктике: тенденции и характер деятельности

(73) МААТО представила Информационный документ IP 71 *IAATO Overview of Antarctic Tourism: 2017-18 Season and Preliminary Estimates for 2018-19 Season [Краткий обзор МААТО по антарктическому туризму: сезон 2017/18 г. и предварительный прогноз на сезон 2018/19 г.]* Документ содержит данные, собранные МААТО на основании Форм отчёта о посещении оператором МААТО в сезоне 2017/18 г. Данные о посещениях операторами, не являющимися членами МААТО, не включены в данный отчёт. Подавляющее большинство туристических операторов негосударственного сектора, включая все коммерческие суда, отвечающие требованиям СОЛАС, по-прежнему представлены членами МААТО. Все операторы МААТО представили Оценку воздействия на окружающую среду или равноценные документы своих национальных полномочных органов, устанавливающие эксплуатационные требования. В антарктическом туризме по-прежнему преобладают традиционные путешествия на коммерческих туристических судах в район Антарктического полуострова,

на которые приходится свыше 95 % всей туристической деятельности с высадкой на сушу. В сезоне 2017/18 г. количество туристов, сходивших на берег, составило 42 576 человек, включая туристов наземных туроператоров МААТО, что превысило показатели предшествующего сезона. МААТО отметила, что это частично связано с использованием судов большей пассажировместимости, а также то, что процветание туристической отрасли объясняется высокими темпами мирового экономического роста. Дополнительная информация по конкретным участкам была представлена МААТО в Информационном документе IP 72. По оценкам МААТО, в соответствии с мировой тенденцией к путешествиям в удалённые и высокоширотные места количество путешествующих пассажиров возрастёт в сезоне 2018/19 г. примерно до 55 764 человек. В сезоне 2017/18 г. туристы, посетившие Антарктику, представляли свыше 100 стран. Наибольшее количество туристов составляли граждане США (33 %), Китая (16 %) и Австралии (11 %), за которыми следуют Германия, Великобритания, Канада, Франция, Швейцария и Нидерланды; на граждан всех других стран приходится 14 %. МААТО проинформировала, что в сезоне 2018/19 г. её запрет на рекреационное использование ДПАС в богатых дикими животными прибрежных районах остаётся в силе. МААТО подтвердила приверженность своим обязательствам ежегодно предоставлять КООС и КСДА исчерпывающую информацию о деятельности своих операторов.

(74) Совещание выразило признательность МААТО за представленный Сторонам документ с кратким обзором тенденций в секторе туризма как в общем, так и в развёрнутом виде. Совещание пришло к согласию о том, что данная информация является для Сторон прочной базой для рассмотрения вопросов антарктического туризма, и особо отметило аспекты, на которых им следует заострить внимание в отношении управления туристической деятельностью.

(75) Стороны согласились с тем, что тенденция увеличения количества туристов и диверсификация туристической деятельности заслуживают их внимания. Австралия выразила мнение о том, что важным является не только выявление тенденций, но и рассмотрение и изучение последствий роста туризма. Аргентина заострила внимание на проблемах наличия операторов, не являющихся членами МААТО, при решении вопросов координирования деятельности как в отношении сбора точных статистических данных по туризму, так и в отношении соблюдения мер КСДА по туризму, и также указала на необходимость выработки Сторонами чёткой стратегии в отношении операторов, не

являющихся членами МААТО, с рассмотрением вопроса о включении данной задачи в Многолетний стратегический план работы КСДА.

(76) Ряд Сторон обратился к представленному Российской Федерацией Информационному документу IP 53, содержащему краткое изложение проблем, связанных с предупреждением и противодействием неразрешённой деятельности в Антарктике. В качестве примера Российская Федерация проинформировала о происшествии, имевшем место в летнем антарктическом сезоне 2017/18 г., согласно которому экипаж и пассажиры судна под флагом Мальты с капитаном, являющимся гражданином России, были замечены в нарушении сразу нескольких мер КСДА и Правил поведения для посетителей участков. Российская Федерация сообщила, что ей стало известно о данной неразрешённой деятельности только после уведомления от МААТО о нарушениях, которые были подтверждены фото и видео материалами действий экипажа и пассажиров яхты и выложены в сеть.

(77) Стороны выразили глубокую обеспокоенность по поводу происшествия, о котором проинформировала Российская Федерация, отметив при этом, что наличие неразрешённой деятельности в Антарктике является серьёзной проблемой, требующей их внимания и действия.

(78) Совещание отметило сложности в отношении регламентирования плавания судов, действий отдельных лиц и деятельности, не разрешённой Сторонами Договора об Антарктике. Совещание подчеркнуло важность постоянного и эффективного обмена информацией между Сторонами в целях своевременного и надлежащего информирования Сторон о планируемой и осуществляемой деятельности их физическими и юридическими лиц. Совещание отметило важность работы, проводимой Контактной группой по вопросам полномочных органов, подчеркнуло необходимость максимально оперативной загрузки информации о разрешённой туристической деятельности в СЭОИ и призвало Стороны к дальнейшему участию в работе Контактной группы.

(79) Отметив важность расширения обмена информацией, ряд Сторон выразил мнение о необходимости принятия упреждающих мер для предупреждения неразрешённых плаваний яхт в Антарктику. Аргентина акцентировала внимание как на ответственности государства флага, так и на ответственности гражданина страны, являющегося капитаном или владельцем судна, отметив при этом, что государство порта не вправе препятствовать выходу судов из порта отплытия с возможным прибытием в Антарктику, если они соответствуют требованиям международного

морского права. Великобритания заявила, что обсуждение на КСДА вопроса о яхтах представляется весьма своевременным, особенно с учётом количества яхт, не имеющих разрешения согласно данным, содержащимся в Информационном документе IP 55. Новая Зеландия особо отметила, что ряд яхт, посещающих Антарктику без разрешения, являются неоднократными нарушителями, и призвала Стороны обеспечить наличие соответствующего законодательства для возможности принятия мер к таким нарушителям. Отметив, что не имеющие разрешения операторы часто воспринимаются широкой публикой в выгодном свете, Бельгия предложила Сторонам найти общий язык со средствами массовой информации в целях повышения информированности и сознательности общества в отношении вредного воздействия такой деятельности.

(80) СКАР напомнил о подготовленном совместно с МААТО Информационном документе IP 166, представленном на XL КСДА, в котором говорилось об их намерении взаимодействовать в разработке комплексного плана сохранения окружающей среды Антарктического полуострова, в особенности в расчёте на управление долгосрочной устойчивостью антарктического туризма. СКАР проинформировал Совещание о продвижении данной работы.

(81) Франция обратила внимание на то, что многие идеи уже были представлены в Рабочих документах и на Совещаниях КСДА в предшествующие годы и могут служить хорошей основой для дальнейшей проработки этих вопросов. Франция выразила готовность собрать воедино и осовременить эти идеи с целью их представления на следующем КСДА.

(82) В рамках данного пункта повестки дня были также представлены и приняты к сведению указанные ниже документы.

- Информационный документ IP 53 *К вопросу о регулировании яхтенного плавания в антарктических водах* (Российская Федерация). В документе напоминается о предложении, выдвинутом Российской Федерацией на XL КСДА, в отношении подготовки «черных списков» парусно-моторных яхт, нарушающих основные положения Протокола по охране окружающей среды к Договору об Антарктике при осуществлении антарктического плавания. В документе приводится ряд событий, имевших место в летнем антарктическом сезоне 2017/18 г., и содержится предложение Сторонам вновь вернуться к предложению, внесённому на XL КСДА, или выработать новое согласованное решение по данному вопросу.

- Информационный документ IP 55 *Data Collection and Reporting on Yachting Activity in Antarctica in 2017-18 [Сбор данных и предоставление информации о деятельности яхт в Антарктике в сезоне 2017/18 г.]* (Аргентина, Великобритания, Чили и МААТО). В документе представлена собранная соавторами документа сводная информация о яхтах, замеченных в Антарктике, или свидетельствующая о намерении осуществления плавания в Антарктику в сезоне 2017/18 г.

- Информационный документ IP 63 *Report on Antarctic tourist flows and cruise ships operating in Ushuaia during the 2017/2018 Austral summer season [Отчёт о потоках антарктических туристов и круизных судах, осуществлявших плавание из порта Ушуая, в летнем сезоне 2017/18 г. в Южном полушарии]* (Аргентина). В документе представлена информация о потоке пассажиров и судах, посетивших Антарктику в летнем сезоне 2017/18 г. в Южном полушарии с осуществлением плавания из порта Ушуая. В документе также представлены собранные данные о количестве имевших место рейсов, пассажиров и их гражданстве, среднем количестве членов экипажа на судно, штате экспедиции и порте приписки судна.

- Информационный документ IP 72 *Report on IAATO Operator Use of Antarctic Peninsula Landing Sites and ATCM Visitor Site Guidelines, 2017-2018 Season [Отчёт об использовании операторами МААТО мест высадки на Антарктическом полуострове и Правил поведения для посетителей участков, разработанных КСДА, в сезоне 2017/18 г.]* (МААТО). В документе содержится информация о высадках на берег, имевших место в регионе Антарктического полуострова, с судов операторов – членов МААТО при осуществлении путешествий главным образом на коммерческих туристических судах, на которые приходится свыше 95 % всей туристической деятельности с высадкой на сушу. Общее количество пассажиров судов, сходивших на берег, составило 41 417 человек и превысило данный показатель за предшествующий сезон. МААТО проинформировала о том, что, несмотря на увеличение объёма деятельности, только два участка в среднем посещались свыше двух раз в день в течение всего сезона, благодаря чему все операции выполнялись в пределах пропускной способности каждого конкретного участка, предусмотренной соответствующими Правилами поведения для посетителей участков. МААТО отметила, что посещение всех наиболее посещаемых участков регламентировалось конкретными планами управления, а использование планировщика расписания движения судов МААТО обеспечило эффективное регулирование всех заходов судов в соответствии с Правилами поведения для посетителей участков, разработанными КСДА, МААТО или национальными антарктическими программами.

Пункт 7b. Туризм и неправительственная деятельность в районе действия Договора об Антарктике: воздействие на окружающую среду

(83) Великобритания представила Рабочий документ WP 22 *Практический подход к управлению антарктическим туризмом*, подготовленный совместно с США. В документе отмечается, что в общем и целом туризм является положительным явлением, в особенности при его надлежащем управлении, для обеспечения не более чем незначительного или ограниченного по времени воздействия на окружающую среду. В документе также отмечается, что туризм не должен оказывать отрицательного влияния на деятельность национальных антарктических программ, должен полностью соответствовать положениям Договора об Антарктике и Протокола по охране окружающей среды как в практическом плане, так и по духу и способствовать появлению посланников Антарктики. В документе даётся критический анализ выполнения Резолюции 7 (2009 г.) и делается вывод о том, что в общем и целом управление туризмом находится на достаточно хорошем уровне, обеспечивающем минимальное воздействие на окружающую среду. При этом отмечается наличие существенных проблем в области управления туризмом, ожидающих решения КСДА, включая вопросы осуществления туристической деятельности без наличия разрешения, увеличения потока туристов и расширения видов туристической деятельности. Великобритания подчеркнула, что важные меры, принятые КСДА и призванные обеспечить регулирование и повышение эффективности управления туристической деятельностью, всё ещё не вступили в силу, в том числе: Мера 4 (2004 г.), Мера 1 (2005 г.) и Мера 15 (2009 г.).

(84) Соавторы документа рекомендуют Сторонам прилагать дальнейшие усилия для улучшения взаимодействия в вопросах выдачи разрешений, обеспечения включения действующих норм и правил в национальные законодательства и возбуждения соответствующих судебных преследований; призывают Стороны к поддержке научных исследований в области воздействия туристической деятельности и настаивают на продолжении деятельности КООС в области изучения длительного

воздействия туристической деятельности на окружающую среду; призывают к принятию всех Мер, утверждённых в рамках Договора об Антарктике, на национальном уровне; предлагают рассмотреть вопросы возможных последствий роста туризма и деятельности операторов, не являющихся членами МААТО, для Системы Договора об Антарктике.

(85) Совещание выразило признательность Великобритании и США за совместно подготовленный документ и вновь подтвердило свою приверженность стратегическому подходу к вопросам управления туристической деятельностью, отметив при этом, что при надлежащем управлении туризм является положительным явлением для Антарктики. Стороны выразили широкую поддержку рекомендаций, содержащихся в Рабочем документе WP 22. Совещание отметило, что отмечаемая в 2019 году 60-я годовщина Договора об Антарктике может способствовать направлению усилий на выработку стратегического подхода к туристической деятельности и стать побудительным мотивом для Сторон в осуществлении ещё не вступивших в силу Мер КСДА, направленных на регламентирование и совершенствование управления туристической деятельностью.

(86) Нидерланды подчеркнули важность вопросов, поднятых в Рабочем документе WP 22, и необходимость уделения особого внимания вопросам кумулятивного воздействия на окружающую среду Антарктики. В этой связи Нидерланды подчеркнули важность уделения внимания воздействию на ценности дикой природы Антарктики. Нидерланды отметили, что эти ценности прямо упомянуты в Статье 3 Протокола по охране окружающей среды и в *Общих принципах антарктического туризма* (Резолюция 7 [2009 г.]).

(87) Совещание с одобрением восприняло сообщение Нидерландов о намерении провести в межсессионный период неофициальный семинар по вопросам управления туристической деятельностью, а также информацию Китая о подвижках в разработке национального законодательства в отношении китайской туристической деятельности в Антарктике.

(88) Совещание приняло к сведению ряд вопросов первоочередной важности, поднятых в ходе обсуждения, а именно:

- обеспокоенность в отношении увеличения нагрузки на окружающую среду, в особенности нагрузки на места высадки на берег и поисково-спасательные ресурсы, в связи с ожидаемым увеличением объёмов туристической деятельности как в отношении количества судов, так и в отношении количества посетителей и развитием экстремального туризма с высоким уровнем риска;

• необходимость учёта кумулятивного воздействия при оценке воздействия туристической деятельности, включая деятельность как членов МААТО, так и операторов, не являющихся членами МААТО;

• намерение сохранить ценности дикой природы;

• важность обеспечения национальных органов надлежащими правовыми инструментами и механизмами противодействия нерегламентированной и неразрешённой деятельности в Антарктике;

• необходимость поиска дополнительных механизмов совершенствования контроля туристической деятельности;

• необходимость рассмотрения последствий возможного увеличения SAR-нагрузки на деятельность национальных антарктических программ и их персонал в связи с увеличением объёмов деятельности в Антарктике;

• дальнейшее рассмотрение определения терминов «непостоянный», «полупостоянный» и «постоянный» в свете положений Протокола по охране окружающей среды в отношении ОВОС;

• целесообразность совершенствования механизмов обмена информацией, в частности оперативности обмена информацией между Сторонами по вопросам туристической деятельности, с учётом полезности, но недостаточности Форума полномочных органов в этом отношении;

• целесообразность разработки интерактивного картографического инструмента на вебсайте СДА (на основе инструментальных средств Географической информационной системы, представленной для базы данных об инспекциях), способного обеспечивать представление динамики посещения участков, посещение которых регламентируется Правилами поведения.

(89) АСОК представила Информационный документ IP 61 *Anticipated growth of Antarctic tourism: Effects on existing regulation [Ожидаемый рост туризма в Антарктике: влияние на действующую систему регулирования]* (АСОК). Отметив ожидаемый рост полярного туризма, АСОК подняла вопрос о том, как ответить на это в рамках действующей системы регулирования антарктического туризма, и сама же сделала первую попытку ответить на этот вопрос. АСОК рекомендует Совещанию провести критический анализ действующей системы регулирования и управления туристической деятельностью

в Антарктике для обеспечения её надлежащей устойчивости и эффективности в будущем, включая принятие и (или) пересмотр Правил поведения для посетителей участков; рассмотреть пути и способы совершенствования системы оценки и контроля кумулятивного воздействия, особенно в отношении наиболее посещаемых участков и в региональном масштабе; продолжить деятельность по расширению сети ООРА и ОУРА с учётом роста туризма на региональной основе. АСОК также отметила, что с ожидаемым увеличением количества посетителей участков и других сопутствующих показателей роста туризма, а также при постоянной нацеленности на посещение конкретных участков КСДА необходимо выработать более целенаправленный подход к посещаемым участкам для обеспечения минимального воздействия туристической деятельности.

(90) В рамках данного пункта повестки дня были также представлены и приняты к сведению указанные ниже документы.

• Информационный документ IP 14 *Notification of the presence of an unauthorized sailing vessel in the Antarctic, with a non-indigenous species on board [Уведомление о нахождении в Антарктике не имеющей разрешения моторно-парусной яхты с неместным видом на борту]* (Франция). В документе сообщается о французской моторно-парусной яхте с курицей на борту, вошедшей в район действия Договора об Антарктике в феврале 2018 года, не имея какого-либо разрешения национального полномочного органа. В документе заявляется, что французские власти возбудили административное производство в соответствии с национальным законодательством, и обращается внимание Сторон на необходимость продолжения деятельности по предупреждению и принятию мер наказания в отношении подобных происшествий. В документе подчёркивается, что незаконная деятельность в Антарктике представляет угрозу для окружающей среды и безопасности других операторов, и содержится рекомендация Сторонам продолжить деятельность по данным вопросам в соответствии с приоритетными задачами в отношении туризма, предусмотренными в Многолетнем стратегическом плане работы.

• Информационный документ IP 41 *Плавание яхты «Windrose of Amsterdam» декабрь 2017 года* (Испания). В документе сообщается о плавании в районе Антарктического полуострова в декабре 2017 года яхты *«Windrose of Amsterdam»* без какого-либо разрешения национального полномочного органа с несколькими гражданами Испании на борту. В документе обращается внимание на серьёзную обеспокоенность Испании в отношении отсутствия нормативноправовой базы, применимой к таким судам, и также отмечается, что наряду с отсутствием соответствующего разрешения эти суда совершают плавание в районе действия Договора об Антарктике под флагом государств, не являющихся Сторонами Договора. В документе подчёркивается отсутствие в нормах права определения надлежащей юрисдикции в отношении такой деятельности и необходимость решения данного вопроса.

Пункт 8. Многолетний стратегический план работы

(91) Совещание рассмотрело Многолетний стратегический план работы, принятый на XL КСДА (вложение к Документу Секретариата SP 1 rev. 1). Совещание обсудило пути и способы продвижения деятельности по каждому наиболее важному вопросу в ближайшие годы и целесообразность исключения из плана текущих приоритетных задач и включения в него новых неотложных задач.

(92) По итогам обсуждения Совещание уточнило Многолетний стратегический план работы и приняло Решение 3 (2018 г.) *Многолетний стратегический план работы Консультативного совещания по Договору об Антарктике.*

(93) В рамках данного пункта повестки дня были также представлены и приняты к сведению указанные ниже документы.

• Информационный документ IP 13 *Korea's 3rd Basic Plan for the Promotion of Research Activities in Antarctica (2017-2022) [Третий базовый план содействия научным исследованиям в Антарктике Республики Корея (2017-2022 гг.)]* (Республика Корея). Документ информирует о Третьем базовом плане Республики Корея, выдвинутом в 2017 году и включающем в себя концепцию Республики Корея «стать государством-лидером в научных исследованиях в Антарктике, способствующим решению проблем глобальных изменений, стоящих перед человечеством». В документе определяются главные цели Республики Корея, а именно: расширение спектра антарктических научно-исследовательских проектов в отношении глобальных проблем, таких как изменение климата; сохранение экосистемы; содействие развитию базы поддержки научных исследований; повышение роли Республики Корея в вопросах организации управления Антарктикой и осуществления научно-исследовательской деятельности.

- Информационный документ IP 37 *Future Antarctic Science Challenges. Progress Report on Informal Intersessional Discussions on future Antarctic science challenges [Будущие задачи научных исследований в Антарктике. Отчёт о результатах неформальных межсессионных дискуссий по вопросам будущих задач научных исследований в Антарктике]* (Австралия). Документ информирует о ходе неофициального межсессионного обсуждения будущих задач научных исследований в Антарктике, предложенного на XL КСДА. В документе сообщается, что межсессионное обсуждение способствовало полезному обмену информацией о целях и задачах научных исследований в Антарктике, основных предметах исследований, целевых географических районах и нынешнем международном сотрудничестве. Австралия заявила о своём намерении продолжить неофициальное обсуждение в следующем межсессионном периоде и представить отчёт вниманию XLII КСДА.

Пункт 9. Отчёт Комитета по охране окружающей среды

(94) Г-н Юэн Мак-Айвор, Председатель Комитета по охране окружающей среды, представил отчёт XXI заседания КООС. КООС рассмотрел 30 Рабочих документов. Кроме того, в рамках пунктов Повестки дня КООС были представлены 40 Информационных документов, 3 Документа Секретариата и 4 Вспомогательных документа. Председатель КООС остановился на вопросах, по которым КООС выработал конкретные рекомендации для КСДА, однако при этом призвал Стороны ознакомиться со всеми разделами отчёта КООС.

Открытие заседания (Пункт 1 повестки дня КООС)

(95) Председатель КООС сообщил, что Комитет с удовлетворением принял в свои ряды Турцию и Швейцарию в качестве новых Членов КООС.

Проекты документов по Всесторонней оценке окружающей среды (Пункт 3 повестки дня КООС)

(96) Председатель КООС проинформировал о рассмотрении Комитетом проекта Всесторонней оценки окружающей среды (ВООС), представленного Китаем в отношении предлагаемого строительства и эксплуатации новой китайской научно-исследовательской станции в районе Земли Виктории в Антарктике, отчёт МКГ открытого

состава под руководством США по рассмотрению проекта ВООС и два Информационных документа, представленных Китаем, с дополнительной информацией в качестве ответа на вопросы, поднятые МКГ. Комитет с одобрением воспринял доработку первоначального проекта ВООС, представленного в 2014 году, в том числе ответы на замечания и предложения Членов Комитета на тот период. Комитет с одобрением воспринял намерение Китая учесть в своей окончательной редакции ВООС все поднятые МКГ вопросы и замечания и предложения Членов Комитета, высказанные в ходе заседания.

(97) Комитет принял решение проинформировать КСДА о том, что проект документа по ВООС в целом отвечает требованиям Статьи 3 Приложения I к Протоколу. В случае принятия Китаем решения приступить к осуществлению предлагаемой деятельности, окончательную редакцию ВООС следует сделать более весомой включением в неё дополнительной информации и пояснений по ряду аспектов, представленных в отчётах КООС и МКГ и в обобщённой информации, представленной КООС для КСДА. Китаю следует рассмотреть детальные замечания и предложения участников МКГ, краткий обзор которых представлен в докладе МКГ, и вопросы, поднятые в ходе XXI заседания КООС, краткий обзор которых представлен в Отчёте КООС. Информация, представленная в проекте ВООС, позволяет сделать вывод о том, что строительство станции может иметь более чем незначительное или ограниченное по времени воздействие на окружающую среду; следует отметить, что проект ВООС является хорошо написанным и логически структурированным документом; при этом ряд незначительных доработок будут способствовать дальнейшему повышению уровня основательности документа.

(98) Новая Зеландия выразила признательность Китаю за представленный проект ВООС, отметив, что его подготовка, безусловно, была сопряжена с большим объёмом работ, и заявила, что с нетерпением ожидает налаживания тесного сотрудничества с Китаем в регионе моря Росса. Китай выразил свою готовность к сотрудничеству с Новой Зеландией во всех отношениях.

(99) Председатель КООС проинформировал также о рассмотрении Комитетом проекта Всесторонней оценки окружающей среды в отношении предлагаемой реконструкции причала на мысе Ротера и укрепления береговой линии, представленного Великобританией, и отчёт МКГ открытого состава по рассмотрению проекта ВООС под руководством Норвегии. Комитет подчеркнул исчерпывающий характер и высокое качество проекта ВООС и с одобрением воспринял

постоянную доработку предложения в плане дальнейшего снижения воздействия на окружающую среду предлагаемой деятельности. Комитет с удовлетворением воспринял намерение Великобритании учесть в полном объёме в окончательной редакции ВООС все вопросы, поднятые МКГ и в ходе обсуждения на заседании.

(100) Комитет принял решение проинформировать КСДА о том, что проект ВООС в общем и целом соответствует требованиям Статьи 3 Приложения I к Протоколу по охране окружающей среды к Договору об Антарктике. В случае принятия Великобританией решения приступить к осуществлению предлагаемой деятельности окончательную редакцию ВООС следует сделать более исчерпывающей включением в неё дополнительной информации или пояснений по ряду аспектов (даже принимая во внимание существенный объём уже предоставленной детальной информации о воздействии и смягчении воздействия всех аспектов деятельности), краткий обзор которых представлен в отчётах КООС и МКГ и в обобщённой информации, представленной КООС для КСДА. Великобритании следует рассмотреть детальные замечания и предложения участников МКГ, а также краткий обзор основных вопросов, представленных в докладе МКГ, и вопросы, поднятые в ходе XXI заседания КООС, краткий обзор которых представлен в Отчёте КООС. Информация, представленная в проекте ВООС, позволяет сделать вывод о том, что ряд видов деятельности в рамках проекта могут иметь более чем незначительное или ограниченное по времени воздействие на окружающую среду, а также следует принять к сведению, что данный уровень ОВОС соответствует требованиям в отношении данного проекта. Проект ВООС является основательным, последовательным, чётким и ясным, хорошо структурированным и хорошо представленным документом; при этом следует отметить, что ряд незначительных доработок будут способствовать дальнейшему повышению уровня основательности документа.

(101) Совещание выразило признательность КООС за проделанную работу. Совещание выразило своё понимание, что подготовка ВООС сопряжена с выполнением большого объёма работ, и отметило атмосферу взаимодействия и сотрудничества при подготовке предложений.

Планы управления (Пункт 4 повестки дня КООС)

(102) Председатель КООС проинформировал о рассмотрении Комитетом шести пересмотренных Планов управления Особо охраняемыми

районами Антарктики (ООРА) и принятии Комитетом решения направить все пересмотренные Планы управления на утверждение КСДА в рамках принятия соответствующей Меры.

(103) В соответствии с рекомендациями КООС Совещание приняло следующие Меры в отношении ООРА и ОУРА:

- Мера 1 (2018 г.) *Особо охраняемый район Антарктики № 108 «Остров Грин» (острова Бертелот, Антарктический полуостров): пересмотренный План управления*

- Мера 2 (2018 г.) *Особо охраняемый район Антарктики № 117 «Остров Авиан» (залив Маргерит, Антарктический полуостров): пересмотренный План управления*

- Мера 3 (2018 г.) *Особо охраняемый район Антарктики № 132 «Полуостров Поттер» (остров Кинг-Джордж [Ватерлоо], Южные Шетландские острова): пересмотренный План управления*

- Мера 4 (2018 г.) *Особо охраняемый район Антарктики № 147 «Оазис Аблейшен и Возвышенность Ганимид» (Земля Александра I): пересмотренный План управления*

- Мера 5 (2018 г.) *Особо охраняемый район Антарктики № 170 «Нунатаки Марион» (остров Шарко, Антарктический полуостров): пересмотренный План управления*

- Мера 6 (2018 г.) *Особо охраняемый район Антарктики № 172 «Низовье ледника Тейлора и Кровавый водопад» (оазисы Земли Виктории «Сухие долины», Мак-Мёрдо): пересмотренный План управления*

(104) Комитет принял решение проинформировать КСДА о проведении на пятилетней основе пересмотра Планов управления в отношении указанных ниже ООРА в соответствии с требованиями Статьи 6.3 Приложения V к Протоколу по охране окружающей среды и оставлении в силе указанных ниже действующих Планов управления с их последующим пересмотром в 2023 году:

1. ООРА № 137 «Северо-Западная Часть Возвышенности Уайт» (залив Мак-Мёрдо);

2. ООРА № 138 «Терраса Линней» (хребет Асгард, Земля Виктории);

3. ООРА № 156 «Бухта Льюис» (гора Эребус, полуостров Росса).

(105) Председатель КООС также призвал Стороны ознакомиться с результатами обсуждения Комитетом других вопросов в рамках данного пункта Повестки дня, в частности в отношении:

- предварительной оценки предлагаемых ООРА на островах Леони (бухта Райдер, Антарктический полуостров) и на острове Инекспрессибл;

- отчёта о соответствии своему статусу ООРА № 144 «Бухта Чили (бухта Дисковери)», представленного Чили, и его возможном упразднении в свете руководства и критериев по упразднению ООРА, находящихся в процессе разработки.

(106) В отношении определения ООРА на острове Инекспрессибл Италия вновь, как и ранее на заседании КООС, подтвердила свою готовность присоединиться к инициативе Китая в качестве соинициатора ООРА, принимая во внимание научно-исследовательскую деятельность, осуществляемую Италией в этом районе в течение трёх десятилетий и продолжающуюся и сегодня. Напомнив о принципах, заложенных в Договоре об Антарктике и Протоколе по охране окружающей среды, в отношении делового сотрудничества и содействия осуществлению совместных программ по охране окружающей среды Антарктики и зависящих от неё и связанных с ней экосистем, Италия выразила глубокое убеждение в том, что совместная работа над этим предложением является единственно правильным путём к началу плодотворного взаимодействия и сотрудничества с сегодняшними и будущими странами - соседями по району. Исходя из этих позиций, Италия вновь подтвердила свою готовность выступить в качестве соинициатора данного предложения.

(107) Китай выразил признательность Италии за проделанную работу в районе в предшествующие десятилетия. Китай подчеркнул, что не видит каких-либо препятствий к международному сотрудничеству в подготовке предложения об определении ООРА и приветствовал совместную с Италией работу над предложением.

Правила поведения для посетителей участков (Пункт 5 повестки дня КООС)

(108) Председатель КООС проинформировал о рассмотрении Комитетом семи пересмотренных и трёх новых Правил поведения для посетителей участков. Комитет принял решение представить пересмотренные

Правила поведения для посетителей участков утес Браун-Блафф, остров Девил, остров Хаф-Мун, остров Полет, бухта Пендьюлум, бухта Телефон и бухта Уэйлерс для принятия на КСДА. Комитет также принял решение представить новые Правила поведения для посетителей участков остров Астролаб, мыс Жорж, остров Ронже и мыс Портал для принятия.

(109) Совещание рассмотрело и приняло семь пересмотренных Правил поведения для посетителей участков и три новых Правил поведения для посетителей участков в рамках Резолюции 1 (2018 г.) *Правила поведения для посетителей участков.*

(110) Председатель Комитета также призвал Совещание ознакомиться с результатами обсуждения других вопросов в рамках данного пункта Повестки дня, в частности в отношении:

- дальнейшей деятельности по разработке официального контрольного перечня в качестве вспомогательного методического материала при пересмотре Правил поведения для посетителей участков в будущем и созданию онлайн-хранилища фотоматериалов участков, посещение которых регламентируется Правилами поведения для посетителей участков, в помощь текущему мониторингу и официальному пересмотру участков;

- ожидаемого увеличения объёмов туристической деятельности и рассмотрения мер, направленных на сведение к минимуму экологических последствий увеличения количества туристов, высаживающихся на сушу для посещения участков.

(111) Совещание с одобрением восприняло деятельность КООС по разработке Правил поведения для посетителей участков, в особенности в отношении участков, подверженных увеличивающейся нагрузке от туристов. Совещание выразило признательность Великобритании за оказание помощи в организации посещений участков для подготовки новых и пересмотра действующих Правил поведения для посетителей участков.

Отчёты об инспекциях (Пункт 6 повестки дня КООС)

(112) Председатель КООС проинформировал о рассмотрении Комитетом в рамках данного пункта Повестки дня экологических аспектов отчёта об инспекциях, проведённых Норвегией в феврале 2018 года. Комитет

с одобрением воспринял в общем и целом положительные выводы инспекционной группы в отношении экологических вопросов.

Отчёты вспомогательных органов и межсессионных контактных групп (Пункт 7 повестки дня КООС)

(113) Председатель КООС проинформировал о рассмотрении Комитетом отчёта МКГ по разработке методического руководства по определению подходов к сохранению наследия Антарктики в контексте необходимых мер по управлению, представленного Великобританией и Норвегией. Комитет одобрил *Руководство по методике оценки и управления наследием Антарктики* и принял решение представить его вниманию КСДА для принятия проекта Резолюции, поддерживающей и поощряющей использование Руководства.

(114) Комитет также одобрил уточнённую редакцию *Руководства по представлению Рабочих документов, содержащих предложения, касающиеся Особо охраняемых районов Антарктики, Особо управляемых районов Антарктики или Исторических мест и памятников*, согласующуюся с *Руководством по методике оценки и управления наследием Антарктики* и содержащую методические материалы по предоставлению информации, необходимой для подготовки предложений об определении Исторических мест и памятников (ИМП), и принял решение представить материалы вниманию КСДА для принятия проекта Резолюции об уточнении Руководства.

(115) Комитет также напомнил о своей рекомендации на XXXVIII КСДА о приостановке рассмотрения подаваемых предложений об определении новых ИМП до тех пор, пока не будет разработано методическое руководство по оценке и управлению наследием Антарктики. Комитет принял решение рекомендовать КСДА возобновить рассмотрение в установленном порядке предложений об определении новых ИМП в случае принятия *Руководства по методике оценки и управления наследием Антарктики*.

(116) Совещание выразило признательность КООС за проделанную работу по вопросам управления в отношении Исторических мест и памятников. Великобритания отметила, что в преддверии знаменательных годовщин достижений исторического масштаба Сторонам следовало бы

рассмотреть возможности выхода с предложениями о предоставлении соответствующим местам статуса ИМП.

(117) Следуя рекомендации КООС, Совещание приняло Резолюцию 2 (2018 г.) *Руководство по методике оценки и управления наследием Антарктики* и Резолюцию 3 (2018 г.) *Пересмотренное Руководство по представлению Рабочих документов, содержащих предложения, касающиеся Особо охраняемых районов Антарктики, Особо управляемых районов Антарктики или Исторических мест и памятников*, отражающее методические требования Руководства по методике оценки и управления наследием Антарктики.

(118) Комитет признал целесообразность дальнейшего рассмотрения ряда важнейших вопросов, поднятых в ходе работы МКГ, а именно: формата перечня ИМП; юридических вопросов, связанных с правом собственности и возможным вывозом объектов для сохранения ex situ, отметив, что для этого могут потребоваться рекомендации КСДА; вопросов привлечения экспертов в области исторического наследия при оценке вариантов управления наследием; вопросов возможной необходимости включения документации ОВОС в предложения об определении новых ИМП.

(119) Председатель КООС проинформировал о рассмотрении Комитетом представленного Германией отчёта о работе МКГ по разработке Руководства по экологическим аспектам использования дистанционно пилотируемых авиационных систем (ДПАС) в Антарктике, созданной на XX заседании КООС. Комитет одобрил *Руководство по экологическим аспектам использования дистанционно пилотируемых авиационных систем (ДПАС) в Антарктике* и принял решение представить его вниманию КСДА для принятия проекта Резолюции, поддерживающей и поощряющей использование и дальнейшую доработку Руководства.

(120) Комитет отметил важность пересмотра и уточнения Руководства по мере необходимости для отражения в нём текущего состояния научных знаний о воздействии ДПАС на окружающую среду и их преимуществах и призвал поддерживать и поощрять дальнейшие исследования в этой области. Комитет также признал целесообразным принимать во внимание результаты любого обсуждения на КСДА вопросов, связанных с использованием ДПАС, включая вопросы, связанные с запрещением или разрешением использования ДПАС в рекреационных целях.

(121) Совещание с удовлетворением восприняло деятельность КООС по разработке Руководства по использованию ДПАС. На Совещании было отмечено, что Портал окружающей среды может служить хранилищем информации об использовании и воздействии ДПАС, а при пересмотре и уточнении Руководства по мере необходимости КООС следует взаимодействовать с КОМНАП и СКАР для создания единого методического руководства по использованию ДПАС в Антарктике.

(122) Ряд делегаций высказали мнение о желательности нормативного закрепления запрета МААТО на использование ДПАС в рекреационных целях в богатых дикими животными прибрежных районах Антарктики и предложили КООС и КСДА уделять особое внимание вопросам рекреационного использования ДПАС при пересмотре и уточнении Руководства.

(123) Следуя рекомендациям КООС, Совещание приняло Резолюцию 4 (2018 г.) *Руководство по экологическим аспектам использования дистанционно пилотируемых авиационных систем (ДПАС) в Антарктике.*

(124) Председатель КООС также проинформировал о принятии Комитетом плана работы Вспомогательной группы по планам управления (ВГПУ) на 2018/19 г.

Пятилетний план работы (Пункт 8 повестки дня КООС)

(125) Председатель КООС проинформировал о рассмотрении Комитетом *Экологического кодекса поведения при осуществлении наземных научных полевых исследований в Антарктике*, разработанного СКАР и представленного им в соответствующем документе. Комитет одобрил разработанный СКАР *Экологический кодекс поведения при осуществлении наземных научных полевых исследований в Антарктике* и принял решение представить на утверждение КСДА проект Резолюции по оказанию содействия в его распространении и использовании.

(126) Следуя рекомендациям КООС, Совещание приняло Резолюцию 5 (2018 г.) *Экологический кодекс поведения при осуществлении наземных научных полевых исследований в Антарктике, разработанный СКАР.*

(127) Председатель КООС также проинформировал о рассмотрении Комитетом документа, представленного Председателем КООС, который вытекает из результатов обсуждения в ходе XX заседания КООС о

путях и способах обеспечения условий для того, чтобы КООС и впредь являлся надёжным органом, располагающим всеми возможностями для оказания помощи и поддержки усилий Сторон в их деятельности по всесторонней охране окружающей среды Антарктики.

(128) В соответствии с положениями Статьи 12 (k) Протокола по охране окружающей среды и принимая во внимание приоритетные задачи Многолетнего стратегического плана работы КСДА в отношении стратегически важных научных исследований, Комитет принял решение проинформировать КСДА о включении перечня потребностей КООС в научных исследованиях и данных в Пятилетний план работы КООС и проведении регулярного (по мере необходимости) анализа и уточнения этих потребностей в научных исследованиях и данных.

(129) Председатель КООС также отметил, что Комитет признал, что наличие умеренного финансирования будет способствовать обеспечению КООС возможностью предоставления высококачественных и своевременных консультаций и рекомендаций по вопросам первоочередной важности в соответствии с функциями Комитета, изложенными в Статье 12 Протокола по охране окружающей среды, и принял решение обратиться за консультацией к КСДА по вопросу потенциальных возможностей привлечения такого финансирования. При этом Комитет отметил, что в рамках Рабочего документа WP 17 представлен предлагаемый порядок рассмотрения предложений о финансировании деятельности КООС, который будет способствовать обеспечению конкретности и адресности предложений о финансировании в рамках согласованных первоочередных задач.

(130) Председатель КООС проинформировал, что Комитет не рассчитывает на большое количество предложений о финансировании, и выразил признательность Членам Комитета и Наблюдателям за предшествующую и текущую бескорыстную поддержку деятельности КООС.

(131) Совещание выразило готовность рассматривать поступающие предложения о финансировании индивидуально в каждом отдельном случае для оказания помощи КООС в осуществлении им приоритетной деятельности.

(132) Председатель КООС проинформировал о том, что Комитет активно поддержал предложение о проведении совместного семинара СКАР и КООС по вопросам дальнейшего развития системы охраняемых районов Антарктики, утвердил Техническое задание для семинара

и с удовлетворением воспринял предложение Чешской Республики выступить в роли принимающей стороны семинара в Праге в преддверии XXII заседания КООС.

(133) Председатель КООС также проинформировал об уточнении Комитетом Пятилетнего плана работы с включением в него мероприятий, выработанных в ходе заседания.

Общие вопросы (Пункт 10 Повестки дня КООС)

(134) Председатель КООС призвал Совещание ознакомиться с результатами обсуждения Комитетом вопросов в рамках данного пункта Повестки дня, в частности в отношении:

- обсуждения на КСДА и КООС документов по вопросам изменения климата;
- предложения о создании МКГ по координации мероприятий и программ по охране морской среды в рамках Системы Договора об Антарктике;
- отчёта Китая о неофициальном межсессионном обсуждении разработки проекта Кодекса поведения при осуществлении изыскательской и научно-исследовательской деятельности в районе Купола А в Антарктике;
- предоставления обломкам судна сэра Эрнеста Шеклтона *«Endurance»* статуса охраняемого объекта в соответствии с Резолюцией 5 (2001 г.) в случае их обнаружения;
- информации Колумбии о ходе ратификации Протокола по охране окружающей среды.

Выборы должностных лиц (Пункт 11 повестки дня КООС)

(135) Председатель КООС проинформировал об избрании Комитетом г-жи Патрисии Ортусар (Patricia Ortúzar) (Аргентина) заместителем Председателя КООС на второй двухлетний срок, избрании г-жи Биргит Ньостад (Birgit Njåstad) (Норвегия) Председателем КООС и назначении заместителя Председателя КООС Кевина Хьюза (Kevin Hughes) (Великобритания) координатором Вспомогательной группы по ответным мерам в отношении изменения климата (SGCCR).

(136) Совещание выразило искреннюю признательность г-ну Юэну Мак-Айвору (Ewan McIvor) за безупречное руководство работой КООС на

протяжении четырёх лет и высокий профессионализм в организации и проведении заседаний КООС.

(137) Совещание поздравило г-жу Биргит Ньостад с избранием Председателем КООС и г-жу Патрисию Ортусар с избранием заместителем Председателя КООС на второй срок.

Подготовка следующего заседания (Пункт 12 повестки дня КООС)

(138) Председатель КООС сообщил о принятии Комитетом Предварительной повестки дня XXII заседания КООС.

(139) Совещание поблагодарило г-на Юэна Мак-Айвора (Ewan McIvor) за исчерпывающий отчёт о деятельности КООС и выразило признательность докладчикам, устным и письменным переводчикам за их работу.

Пункт 10. Подготовка XLII КСДА

a. Дата и место

(140) Совещание приветствовало любезное предложение правительства Чешской Республики принять XLII КСДА в Праге в период с 1 по 11 июля 2019 года.

(141) В целях обеспечения возможности планирования на будущее Совещание приняло к сведению следующий предполагаемый план-график предстоящих КСДА:

- 2020 г. – Финляндия.
- 2021 г. – Франция.

b. Приглашение международных и неправительственных организаций

(142) В соответствии с установленной практикой, участники Совещания согласились, что следующим организациям, имеющим научные или технические интересы в Антарктике, будет предложено направить своих экспертов на XLII КСДА: АКАП, АСОК, МААТО, Международная организация гражданской авиации (ИКАО), Международная группа ассоциаций (клубов) взаимного страхования (IGP&I Clubs), МГО, ИМО, МОК, Международный фонд для компенсации ущерба от загрязнения нефтью, МГЭИК, Международный союз охраны природы (МСОП), ЮНЕП, РКИК ООН, ВМО и Всемирная туристическая организация (ВТО).

c. Подготовка Повестки дня XLII КСДА

(143) Совещание одобрило предварительную Повестку дня XLII КСДА (см. Приложение 1).

(144) Чешская Республика представила Рабочий документ WP 24 *Декларация в ознаменование 60-й годовщины подписания Договора об Антарктике*, в котором Консультативным Сторонам было предложено принять на XLII КСДА Декларацию по случаю 60-летия подписания Договора. Было предложено приступить к разработке текста Пражской декларации на дискуссионном онлайн-форуме СДА.

(145) Совещание поблагодарило Чешскую Республику и выразило свою полную поддержку в отношении данного предложения. Совещание отметило, что Пражская декларация даёт Сторонам прекрасную возможность ещё раз подтвердить и продемонстрировать широкой общественности принципы Договора об Антарктике и его неизменные преимущества, важность и актуальность. Она также даёт возможность подчеркнуть достижения Системы Договора об Антарктике и его удивительную способность развиваться и адаптироваться в условиях текущих проблем, возникающих за последние 60 лет. Многие Стороны выразили свою заинтересованность в участии в составлении текста декларации и отметили ценность получения информации от Консультативных и Неконсультативных Сторон, а также от Экспертов и Наблюдателей.

(146) Совещание пришло к согласию, что в Пражской декларации также важно отметить многие изменения, произошедшие в Антарктике за последние 60 лет. Совещание обратилось к СКАР с просьбой принять участие в составлении текста декларации с целью привлечения внимания широкой общественности к важности научной деятельности в Антарктике для остальной части мировой общественности. Было отмечено, что логистическая поддержка научных исследований в Антарктике также претерпела значительные изменения за последние 60 лет и что в этом вопросе вклад КОМНАП будет представлять определённую ценность.

(147) СКАР выразил своё желание внести свой вклад в декларацию в контексте того, как научные исследования в Антарктике изменились за последние 60 лет.

(148) Чешская Республика поблагодарила Стороны за предоставленную поддержку. Она призвала Консультативные Стороны и Наблюдателей принять участие в разработке текста Пражской декларации на дискуссионном онлайн-форуме СДА.

(149) Франция напомнила о том, что в адрес Секретариата пришло официальное письмо (за № DG/2/18/419) от Одри Азуле (Audrey Azoulay), Генерального директора ЮНЕСКО, касающееся инициативы *Защитим память льда*. Франция пояснила, что эта инициатива появилась в ходе реализации франко-итальянского проекта, запущенного в 2015 году с целью создания хранилища ледяного керна в Антарктике. В рамках проекта предусмотрено сохранение образцов ледяного керна из ряда ледников по всему миру с целью обеспечения достаточного количества высококачественного льда для учёных, которые будут проводить исследования и делать открытия в будущем. Франция, при поддержке Италии, подчеркнула, что все этапы проекта в Антарктике будут проводиться в соответствии с Договором об Антарктике и Протоколом по охране окружающей среды к нему. Инициаторы призвали Стороны принять участие в неформальных межсессионных дискуссиях, проводимых Францией и Италией для обсуждения этой инициативы, и выразили надежду на предоставление новой информации Сторонам на XLII КСДА.

(150) Совещание поблагодарило Францию и Италию за вынесение этого вопроса на повестку дня. Была отмечена важность этого проекта, и многие Стороны выразили свою заинтересованность в участии в нём. Совещание приветствовало замечание Франции и Италии о том, что все антарктические аспекты инициативы Защитим память льда будут реализованы в соответствии с Договором об Антарктике и Протоколом по охране окружающей среды к нему.

(151) Совещание согласилось направить письмо в ответ на официальное письмо, отправленное г-жой Азуле в адрес Секретариата. Также был одобрен следующий текст письма.

> Уважаемый Генеральный директор!
>
> Я имею честь подтвердить получение Вашего письма от 14 марта 2018 года, которое было доведено до сведения Консультативных Сторон Договора об Антарктике. Благодарю Вас за предоставление уточнённой информации касательно сути и статуса проекта «Защитим память льда».
>
> Я хотел бы воспользоваться возможностью подчеркнуть особый правовой статус Антарктики, установленный в Договоре об Антарктике от 1959 года и в других документах Системы Договора об Антарктике (СДА), а также напомнить о том, что СДА

является компетентной структурой для обращения по вопросам, касающихся Антарктики. В рамках СДА были разработаны надлежащие процедуры по данным вопросам, в которых в том числе предусмотрена оценка воздействия на окружающую среду согласно Протоколу по охране окружающей среды к Договору об Антарктике.

Неформальное обсуждение проекта в контексте необходимых мер, предпринимаемых в соответствии с Договором об Антарктике и Протоколом по охране окружающей среды к Договору об Антарктике, будет проведено Сторонами перед XLII КСДА и XXII заседанием КООС, которое состоится с 1 по 11 июля 2019 года, и по результатам этого обсуждения впоследствии будет представлен отчёт на КСДА.

Исполнительный секретарь

Секретариат Договора об Антарктике

d. Организация XLII КСДА

(152) В соответствии с Правилом 11 Правил процедуры Совещание решило предложить для XLII КСДА такие же Рабочие группы, как изначально было запланировано для данного Совещания. Совещание приняло решение назначить г-жу Терезу Йохансен (Therese Johansen) из Норвегии председателем Рабочей группы № 1 на 2019 год. Также было принято решение назначить профессора Джейн Фрэнсис (Jane Francis) из Великобритании и г-на Максимо Гоуланда (Máximo Gowland) из Аргентины сопредседателями Рабочей группы № 2 в 2019 году.

e. Лекция СКАР

(153) Принимая во внимание серию полезных лекций, прочитанных СКАР на ряде предыдущих КСДА, Совещание приняло решение пригласить СКАР прочитать ещё одну лекцию по научным вопросам, относящимся к XLII КСДА.

Пункт 11. Прочие вопросы

(154) Аргентина, отмечая свой статус узловой страны, являющейся воротами в Антарктику, сослалась на Информационный документ IP 65 и вкратце проинформировала Совещание о результатах работы, проведённой ею с целью оптимизации процесса выдачи миграционных виз для

международных учёных и технического персонала, следующих транзитом через порты Аргентины для проведения научных исследований в Антарктике. Она подчеркнула, что лицам, связанным с национальными антарктическими программами, или университетам, осуществляющим деятельность по антарктическим программам, теперь будут предоставляться визы со сроком действия один год. Аргентина ожидает, что увеличение срока действия виз устранит большинство проблем, связанных с просрочкой аргентинских виз антарктическим персоналом во время работы в Антарктике.

(155) Беларусь поблагодарила Аргентину за проделанную работу по оптимизации миграционного процесса и отметила, что эксперты из Беларуси недавно имели положительный опыт транзитного проезда через Аргентину. Она поблагодарила Аргентину и все узловые страны, являющиеся воротами в Антарктику, за упрощение доступа в Антарктику. Она также поблагодарила ряд национальных антарктических программ и КОМНАП за оказание помощи в возвращении Антарктического персонала в случае возникновения проблем. Она выразила признательность антарктическому сообществу за его готовность оказать помощь в случае необходимости.

(156) Колумбия сослалась на Информационный документ IP 21 и Вспомогательные документы ВР 14–22 и поблагодарила Стороны, сотрудничавшие с ней и оказавшие содействие в её деятельности в Антарктике. Она также поблагодарила Аргентину за подготовку Информационного документа IP 65 и оптимизацию миграционного процесса.

(157) В рамках данного пункта повестки дня были поданы и приняты как представленные следующие документы:

- Информационный документ IP 2 *Future Antarctic Science Challenges – Ukrainian Perspective [Будущие проблемные аспекты научной деятельности в Антарктике – украинская перспектива]* (Украина). Напоминая о продвижении определения приоритетных областей научно-исследовательской деятельности на XL КСДА, в документе представлено видение Украины касательно научно-исследовательской деятельности Украины в Антарктике в будущем. В нём вновь подтверждена потребность всех Сторон в предоставлении информации об их научно-исследовательских приоритетах, а также в принятии решения о том, когда и как Совещание будет получать, приоретизировать и реализовывать научные рекомендации в последующие годы. Украина отметила своё желание участвовать в международных исследовательских консорциумах по данной теме и выразила свою готовность принять участие в дальнейшей дискуссии научно-исследовательских приоритетов других Сторон.

- Информационный документ IP 4 *COMNAP Search and Rescue (SAR) Workshop IV [Семинар КОМНАП по вопросам поиска и спасания (SAR) IV]* (КОМНАП). Со ссылкой на Резолюцию 4 (2013 г.) *Усовершенствованное сотрудничество по поиску и спасанию (SAR) в Антарктике* в документе сообщается о том, что следующий Семинар КОМНАП по вопросам SAR (Семинар IV) пройдёт в Новой Зеландии с 14 по 17 мая 2019 года. Семинар будет организован при тесном сотрудничестве со Спасательно-координационным центром Новой Зеландии, Морским управлением Новой Зеландии и Антарктическим управлением Новой Зеландии.

- Информационный документ IP 7 *Информация о деятельности Республики Беларусь в районе действия Договора об Антарктике: X Белорусская антарктическая экспедиция 2017-2018 гг.* (Беларусь). В данном документе представлен отчёт о деятельности Республики Беларусь в районе действия Договора об Антарктике в 2017-2018 гг., в которую, помимо прочего, входили научные исследования в пяти областях деятельности, а также работы по монтажу инфраструктуры белорусской научно-исследовательской станции во время X Белорусской антарктической экспедиции 2017-2018 гг.

- Информационный документ IP 18 *Brazilian XXXVI Antarctic Operations [XXXVI бразильская антарктическая операция]* (Бразилия). В данном документе сообщается о деятельности Бразилии в Антарктике между октябрём 2017 года и апрелем 2018 года, в рамках которой было реализовано 24 научно исследовательских проекта при участии 260 научно-исследовательских работников, специализирующихся в таких областях, как океанография, гляциология, геология и изменение климата.

- Информационный документ IP 19 *Reconstruction of Brazil Comandante Ferraz Antarctic Station [Реконструкция бразильской антарктической станции Команданти-Феррас]* (Бразилия). В данном документе представлена обновлённая информация о реконструкции антарктической станции Команданти-Феррас. В документе отмечается, что в первоначальный график были внесены поправки с учётом задержек в ходе производства и предварительной сборки. Были завершены три из четырёх запланированных этапов.

- Информационный документ IP 20 *Turkish Antarctic Science Program Application to COMNAP [Применение Турецкой антарктической научно-исследовательской программы в КОМНАП]* (Турция). В данном документе представлен краткий отчёт о Турецкой антарктической научно-исследовательской программе и её взаимодействии с КОМНАП.

- Информационный документ IP 21 *Avances y proyección del Programa Antártico Colombiano-PAC* (Колумбия). В данном документе сообщается о результатах работы и достижениях в рамках деятельности Колумбии в Антарктике за предыдущий год и об утверждении Протокола по охране окружающей среды парламентом Колумбии. В документе сообщается, что этот документ о ратификации вскоре будет направлен Правительству – депозитарию Договора об Антарктике.

- Информационный документ IP 34 F*atal Accident during convoy operation at Indian Barrier, Maitri Station, East Antarctica* *[Несчастный случай со смертельным исходом во время движения транспортной колонны вблизи грузовой площадки (Indian Barrier) станции Мейтри, Восточная Антарктика]* (Индия). В данном документе сообщается о гибели 26 марта 2018 года 23-летнего студента Субхаджита Сена (Subhajit Sen), участвовавшего в XXXVII индийской научно-исследовательской экспедиции в Антарктику (ISEA), в результате автомобильной аварии.

- Информационный документ IP 43 *COMNAP Antarctic Remotely Piloted Aircraft Systems (RPAS) Operator's Handbook [Руководство КОМНАП для операторов дистанционно пилотируемых авиационных систем (ДПАС) в Антарктике]* (КОМНАП). В данном документе представлено руководство в действующей редакции, впервые представленное на XXXIX КСДА (2016 год). КОМНАП призвал национальные антарктические программы, использующие ДПАС в Антарктике, разработать свои собственные руководства по конкретным особенностям применения конкретных типов ДПАС на конкретных участках и отметил, что многие страны разработали национальные процедуры по использованию ДПАС. В документе отмечается, что Рабочая группа КОМНАП по дистанционно пилотируемым летательным аппаратам (ДПЛА) продолжает пересмотр руководства и внесёт изменения с учётом новых данных по вопросам безопасности, стремительно растущих технологий, а также по другим аспектам эксплуатации ДПАС в антарктическом регионе.

- Информационный документ IP 51 *Подготовка к вводу в эксплуатацию взлётно-посадочной полосы Персей в районе горы Ромнес, Земля Королевы Мод* (Российская Федерация). В данном документе сообщается, что 25 мая 2017 года Федеральная служба по гидрометеорологии и мониторингу окружающей среды России выдала официальное разрешение российской компании ALCI NORD на техническое обслуживание сезонной взлётно-посадочной полосы в районе горы Ромнес, Земля Королевы Мод. В нём отмечается, что работы по техническому обслуживанию начались в декабре 2017 года.

- Информационный документ IP 65 *Gateways to Antarctica: facilitation of access to Antarctica for purposes of scientific and technical activities in the framework of the Antarctic Treaty [Ворота в Антарктику: облегчение доступа в Антарктику в целях научно-исследовательской и технической деятельности в рамках Договора об Антарктике]* (Аргентина). В данном документе напоминается о дискуссиях, проведённых на XXXIX КСДА и XL КСДА, касательно облегчения доступа в Антарктику в целях научно-исследовательской и технической деятельности. Аргентина сообщила об установлении новых правил для лиц, посещающих Антарктику, с целью получения транзитной визы, которая позволит пребывать в Аргентине сроком до одного года с возможностью многократного въезда и выезда.

- Информационный документ IP 68 *Current cooperation of Romania with Argentina in Antarctica [Насущные аспекты сотрудничества Румынии с Аргентиной в Антарктике]* (Румыния). В данном документе сообщается о развитии сотрудничества между Румынией и Аргентиной. В нём описывается новое предложение о сотрудничестве, представленное Румынией Аргентине в феврале 2018 года, в том числе результаты научной деятельности, связанной с исследованием присутствия водных вирусоподобных частиц на острове Десепшен (Тейля) на основании данных, полученных от экспедиции RONARE в марте 2017 года, проведённой при логистической поддержке Аргентины, а также представлены планы на будущее по двум новым проектам, предложенным в сфере морской и континентальной водной экологии, и рассмотрены вопросы по экстремальной медицине человека. Румыния поблагодарила Аргентину за логистическую и научную поддержку, предоставленную во время экспедиции.

- Информационный документ IP 69 *Japan's Antarctic Research Highlights 2017–18 [Основные достижения Японии в исследовании Антарктики в 2016/17 г.]* (Япония). В данном документе сообщается о трёх темах: наземном исследовании с помощью ледового радара и бурении ледяного керна на мелководье, проведённом с целью поиска цельных прослоек льда возрастом миллион лет возле японской антарктической станции Дом-Фуджи; бурение при помощи горячей воды, проведённое для получения доступа к воде подо льдом в районе конца ледника Лангховде, необходимое для понимания взаимодействия океана с ледником в условиях изменяющейся окружающей среды; а также отслеживание тюленей Уэдделла с апреля по сентябрь для изучения последствий изменения климата в Антарктике.

(158) В рамках данного пункта Повестки дня были также представлены следующие документы:

- Вспомогательный документ ВР 2 *Libro-juego: No al cambio climático - #EmpiezoPorMí* (Венесуэла).

- Вспомогательный документ ВР 3 *Libro Un viaje al sexto continente: La Antártida* (Венесуэла).

- Вспомогательный документ ВР 4 Exposición pictórica: De Mérida a la Antártida, Una mirada desde la pintura (Венесуэла).

- Вспомогательный документ ВР 5 *Exposición: "Venezuela en la Antártida"* (Венесуэла).

- Вспомогательный документ ВР 6 *Turkish Antarctic Expedition (TAE - II) 2017 – 2018 [Турецкая антарктическая экспедиция (TAE - II) 2017–2018 гг.]* (Турция).

- Вспомогательный документ ВР 7 Highlights of the Turkish Antarctic Science Program 2018-2022 [Основные факты о Турецкой программе научных исследований в Антарктике] (Турция).

- Вспомогательный документ ВР 8 *Children's book: Celebrating Antarctica translated into Turkish [Книга для детей: Праздник в честь Антарктики в переводе на турецкий язык]* (Турция).

- Вспомогательный документ ВР 9 *SCAR awarded visiting professor from Korean Polar Research Institute (KOPRI) to Turkish Polar Research Center (PolReC) for 2017 [СКАР пригласил профессора из Корейского института полярных исследований (KOPRI) для работы в Турецком центре полярных исследований (PolReC) в 2017 году]* (Турция).

- Вспомогательный документ ВР 10 *Scientific Collaboration in Antarctica [Научное сотрудничество в Антарктике]* (Турция).

- Вспомогательный документ ВР 12 *Estado cartografía náutica internacional Antártica editada y publicada por Chile* (Чили).

- Вспомогательный документ ВР 13 *Experiencias de Chile en la Antártica, respecto a la obtención de un panorama de superficie confiable y actualizado en función de actividades de Búsqueda y Salvamento Marítimo y/o Evacuaciones Médicas* (Чили).

- Вспомогательный документ ВР 14 IV *Expedición Científica de Colombia a la Antártica "Almirante Tono"* (Колумбия).

- Вспомогательный документ ВР 15 *Actualización de la Agenda Científica Antártica de Colombia 2014-2035* (Колумбия).

- Вспомогательный документ ВР 16 *V Expedición Científica de Colombia a la Antártica "Almirante Campos"* (Колумбия).

- Вспомогательный документ ВР 17 *Aspectos operacionales relevantes en el desarrollo de expediciones científicas de Colombia en la Antártida* (Колумбия).

- Вспомогательный документ ВР 18 *Cooperación Internacional del Programa Antártico Colombiano 2014-2018* (Колумбия).

- Вспомогательный документ ВР 19 *Aportes de Colombia al estudio de tardígrados y bacterias asociadas provenientes de la Antártica* (Колумбия).

- Вспомогательный документ ВР 20 *La Historia de Tiempo Presente y su implementación como estrategia para la difusión del Programa Antártico Colombiano* (Колумбия).

- Вспомогательный документ ВР 21 *Coordinación de Colombia con Chile y Reino Unido para la generación de cartografía náutica en la Antártica* (Колумбия).

- Вспомогательный документ ВР 22 *Campaña de Educación y Cultura: "Todos Somos Antártica"* (Колумбия).

- Вспомогательный документ ВР 24 *Scientific and Science-related Cooperation with the Consultative Parties and the Wider Antarctic Community [Научное и связанное с наукой сотрудничество с Консультативными Сторонами и расширение антарктического сообщества]* (Республика Корея).

- Вспомогательный документ ВР 25 *Cartografía Aeronáutica Antártica* (Чили).

- Вспомогательный документ ВР 26 *The first experience of Ukraine-Latvia Scientific Collaboration in Antarctica [Первый опыт научного сотрудничества Украины и Латвии в Антарктике]* (Украина).

- Вспомогательный документ ВР 27 *Progress of Ukraine on the fulfilment of the State Antarctic Research Program for 2011-2020 [Результаты работы Украины по реализации Государственной программы научных исследований в Антарктике на 2011–2020 гг.]* (Украина).

- Вспомогательный документ ВР 28 *Campaña Antártica Ecuatoriana 2017-2018 (ECUANTAR XXII)* (Эквадор).

- Вспомогательный документ ВР 29 *Fortalecimiento de las capacidades para la Estación Científica "Pedro Vicente Maldonado"* (Эквадор).

- Вспомогательный документ ВР 30 *Incremento de la seguridad antártica en la Estación Maldonado* (Эквадор).

- Вспомогательный документ ВР 31 *Jornadas Antárticas 2017* (Эквадор).

- Вспомогательный документ ВР 32 *Circulación Costera en la Ensenada Guayaquil-Isla Greenwich, Verano Austral 2017-2018* (Эквадор).

- Вспомогательный документ ВР 33 *Evidencias geológicas sobre cambios climáticos y antropización en la Isla Greenwich (Эквадор).*

- Вспомогательный документ ВР 36 *Campaña Antártica ANTAR XXV Verano austral 2017 – 2018* (Перу).

Пункт 12. Принятие Заключительного отчёта

(159) Совещание приняло Заключительный отчёт 41-го Консультативного совещания по Договору об Антарктике. Председатель Совещания полпред Мария Тереза Краликас (María Teresa Kralikas) выступила с заключительным словом.

Пункт 13. Закрытие Совещания

(160) Совещание было закрыто в пятницу, 18 мая 2018 года, в 17:24.

2. Отчёт XXI заседания КООС

Содержание

Отчёт Двадцать первого заседания Комитета по охране окружающей среды (КООС XXI)

Буэнос-Айрес, Аргентина, 13–15 мая 2018 года

(1) В соответствии с положениями Статьи 11 Протокола по охране окружающей среды к Договору об Антарктике в период с 13 по 15 мая 2018 года в г. Буэнос-Айресе, Аргентина, состоялось заседание представителей государств – участников Протокола (Австралии, Аргентины, Беларуси, Бельгии, Болгарии, Бразилии, Великобритании, Венесуэлы, Германии, Индии, Испании, Италии, Канады, Китая, Малайзии, Нидерландов, Новой Зеландии, Норвегии, Перу, Польши, Португалии, Республики Корея, Российской Федерации, Румынии, США, Турции, Украины, Уругвая, Финляндии, Франции, Чешской Республики, Чили, Швейцарии, Швеции, Эквадора, ЮАР и Японии) по вопросам предоставления консультаций и выработки рекомендаций для Сторон в отношении осуществления целей и положений Протокола.

(2) В соответствии с положениями Правила 4 Правил процедуры КООС в работе заседания в статусе Наблюдателей приняли участие представители:

- Колумбии, являющейся государством-участником Договора об Антарктике и не являющейся Стороной Протокола;

- Научного комитета по антарктическим исследованиям (СКАР), Научного комитета Комиссии по сохранению морских живых ресурсов Антарктики (НК-АНТКОМ) и Совета управляющих национальных антарктических программ (КОМНАП);

- научных, экологических и технических организаций: Коалиции по Антарктике и Южному океану (АСОК), Международной ассоциации антарктических туристических операторов (МААТО) и Всемирной метеорологической организации (ВМО).

Пункт 1. Открытие заседания

(3) Председатель КООС г-н Юэн Мак-Айвор (Ewan McIvor) (Австралия) открыл заседание в воскресенье 13 мая 2018 года и выразил признательность Аргентине за организацию и проведение заседания в г. Буэнос-Айресе.

(4) Председатель отметил, что в 2018 году исполняется 20 лет со времени вступления в силу Протокола по охране окружающей среды, и особо подчеркнул всё более важную роль Комитета в поддержке усилий Сторон по обеспечению всесторонней охраны окружающей среды Антарктики.

(5) От имени Комитета Председатель приветствовал Швейцарию и Турцию в качестве новых Членов Комитета после их присоединения к Протоколу, соответственно, 1 июня 2017 года и 27 октября 2017 года. Председатель отметил, что в настоящее время КООС насчитывает 40 Членов.

(6) Председатель подвёл итоги работы в межсессионный период (Информационный документ IP 67 *Committee for Environmental Protection (CEP): summary of activities during the 2017/18 intersessional period [Комитет по охране окружающей среды (КООС): краткая информация о деятельности в межсессионный период 2017/18 г.]* Он отметил существенный прогресс в решении вопросов, поднятых на XX заседании КООС, и обратил внимание на то обстоятельство, что рассмотрение ряда ранее запланированных вопросов переносится на XXII заседание КООС в связи с сокращённым форматом текущего заседания.

Пункт 2. Принятие Повестки дня

(7) Комитет принял представленную ниже Повестку дня и утвердил распределение 30 Рабочих документов (WP), 40 Информационных документов (IP), 3 Документов Секретариата (SP) и 4 Вспомогательных документов (BP) по пунктам Повестки дня.

1. Открытие заседания
2. Принятие Повестки дня
3. Проекты документов по Всесторонней оценке окружающей среды
4. Планы управления
5. Правила поведения для посетителей участков
6. Отчёты об инспекциях
7. Отчёты вспомогательных органов и межсессионных контактных групп
8. Пятилетний план работы
9. Сотрудничество с другими организациями
10. Общие вопросы
11. Выборы должностных лиц

12. Подготовка следующего заседания

13. Принятие Отчёта

14. Закрытие заседания

Пункт 3. Проекты документов по Всесторонней оценке окружающей среды

(8) Китай представил Рабочий документ WP 13 *Проект Всесторонней оценки окружающей среды в связи с предлагаемым строительством и эксплуатацией новой китайской научно-исследовательской станции в районе Земли Виктории в Антарктике*. В данном Рабочем документе представлено краткое изложение нетехнических вопросов по новому проекту ВООС, в котором учтены замечания и предложения по итогам обсуждения Комитетом ранее представленного проекта ВООС вниманию XVIII заседания КООС (2014 г.). В документе Китай также ссылается на Информационный документ IP 23 rev. 1 *The Initial Responses to the Comments on the second Draft CEE for the construction and operation of the New Chinese Research Station, Victoria Land, Antarctica [Ответы на первоначальные замечания и предложения по второму проекту ВООС в связи со строительством и эксплуатацией новой китайской научно-исследовательской станции в районе Земли Виктории в Антарктике]* и на Информационный документ IP 25 *The Updated Draft Comprehensive Environmental Evaluation for the construction and operation of the New Chinese Research Station, Victoria Land, Antarctica [Доработанный проект Всесторонней оценки окружающей среды в связи со строительством и эксплуатацией новой китайской научно-исследовательской станции в районе Земли Виктории в Антарктике]*.

(9) В кратком изложении вопросов, касающихся предлагаемого строительства и эксплуатации новой научно-исследовательской станции, Китай особо отметил свои намерения в отношении сведения к минимуму использования сухопутных транспортных средств, использования технологий с низким уровнем выбросов и возобновляемых источников энергии, сведения к минимуму площади, занимаемой станцией, строгого соблюдения положений Руководства по неместным видам, использования системы оборотной воды и разработки программы управления отходами. В документе также отмечается перенос места расположения предлагаемой станции на два километра южнее участка, ранее определённого в проекте ВООС 2014 года в качестве предпочтительного, во избежание

79

какого-либо возможного воздействия на колонию пингвинов Адели, а также намерение выйти с предложением о создании ООРА для обеспечения охраны данной колонии. По результатам проведения ОВОС, Китай пришёл к заключению о том, что потенциальные выгоды от научно-исследовательской деятельности и мониторинга, а также открывающиеся возможности для международного сотрудничества при наличии новой китайской антарктической станции перевешивают более чем незначительное и ограниченное по времени воздействие строительства и эксплуатации станции на окружающую среду Антарктики, и осуществление предлагаемой деятельности является полностью оправданным.

(10) США представили Рабочий документ WP 28 *Доклад открытой Межсессионной контактной группы по рассмотрению проекта ВООС «Предлагаемое строительство и эксплуатация новой китайской научно-исследовательской станции в районе Земли Виктории в Антарктике»*. США отметили положительный отзыв членов МКГ в отношении ряда аспектов проекта ВООС, о чём подробно изложено в докладе МКГ. По мнению МКГ проект ВООС в целом является чётко сформулированным, хорошо структурированным и представленным документом, который в общем и целом соответствует требованиям Статьи 3 Приложения I к Протоколу.

(11) США проинформировали о предложениях ряда участников МКГ в отношении дальнейшей доработки рассматриваемого документа путём включения в конкретные тематические разделы дополнительной информации. В докладе обращается внимание на рекомендацию ряда участников МКГ инициаторам предлагаемой деятельности рассмотреть вопросы кумулятивного воздействия на суше и на море научно-исследовательских станций Германии, Италии и Кореи, расположенных в непосредственной близости от предлагаемой китайской станции. В докладе также говорится о возникновении вопросов, связанных с предположением о том, что некоторые принадлежности были подготовлены заранее, и была ли проведена Первоначальная оценка окружающей среды (ПООС) деятельности, осуществлённой до планируемого первого строительного сезона (2018/19 г.). МКГ проинформировала о том, что информация, содержащаяся в проекте ВООС, подтверждает вывод инициатора о том, что строительство и эксплуатация предлагаемой новой китайской станции, вероятно, будет иметь более чем незначительное или ограниченное по времени воздействие на окружающую среду. МКГ также выразила мнение о том, что в случае принятия Китаем решения приступить к

осуществлению предлагаемой деятельности окончательную редакцию ВООС следует сделать более весомой включением в неё дополнительной информации и пояснений по ряду аспектов согласно Рабочему документу WP 28. МКГ призвала Китай рассмотреть подробные замечания и предложения участников МКГ, а также их краткий обзор, представленный в докладе МКГ.

(12) Комитет поблагодарил Китай за подготовку проекта ВООС и исчерпывающий обзор документа, представленный вниманию заседания. Комитет с одобрением воспринял доработку первоначального проекта ВООС, представленного в 2014 году, в том числе ответы на замечания и предложения Членов Комитета на тот период. Комитет также поблагодарил Китай за предоставление дополнительной подробной информации в отношении предлагаемой деятельности и ответы на первоначальные замечания и предложения участников МКГ. Комитет также поблагодарил Полли Пенхейл (Polly Penhale) (США) за безупречную работу в качестве координатора работы МКГ и в целом выразил поддержку в отношении результатов работы и выводов МКГ.

(13) Китай поблагодарил участников МКГ за их работу по анализу проекта ВООС и выразил признательность Полли Пенхейл (США) за её безупречную работу по организации и координированию обсуждения. Китай отметил, что уже представил конкретные ответы на все замечания и предложения МКГ в Информационных документах IP 23 rev.1 и IP 25. Китай напомнил об обсуждении, имевшем место на XVII заседании КООС, в ходе которого Комитет пришёл к выводу о соответствии проекта ВООС в общем и целом положениям Протокола, и подчеркнул, что после этого проект был доработан и дополнен новой информацией.

(14) Члены Комитета с одобрением восприняли ответы Китая на первоначальные замечания и предложения МКГ, а также стремление Китая в отношении максимального использования возобновляемых источников энергии и принятия других мер по сведению к минимуму воздействия строительства и эксплуатации предлагаемой станции на окружающую среду, в том числе перенос станции на большее удаление от колонии пингвинов Адели. Ряд Членов Комитета, имеющих свои объекты и осуществляющих деятельность в заливе Терра Нова и на более широкой территории в районе моря Росса, выразили готовность к сотрудничеству с Китаем по вопросам научных исследований и логистики, а также по вопросу определения предлагаемого ООРА на острове Инекспрессибл.

(15) Члены Комитета также обратили внимание на вопросы, которые следовало бы рассмотреть при дальнейшей подготовке окончательной редакции ВООС в случае принятия Китаем решения приступить к осуществлению предлагаемой деятельности, в том числе:

- рассмотрение результатов прошлой и текущей научной деятельности, проводимой другими странами на острове Инекспрессибл и в окрестностях;

- дальнейшее рассмотрение альтернатив строительству новой станции, в том числе отказ от осуществления предлагаемой деятельности и совместное использование существующих объектов;

- проведение дальнейшей оценки риска интродукции неместных видов;

- рассмотрение кумулятивного воздействия, связанного с деятельностью многочисленных национальных программ в заливе Терра-Нова и на более широкой территории в районе моря Росса;

- предоставление более подробной информации для обеспечения более качественной характеристики исходного состояния окружающей среды, в том числе подробной информации о наземных сообществах микроорганизмов и беспозвоночных;

- предоставление подробной информации по оценке воздействия на окружающую среду уже осуществлённой деятельности на острове Инекспрессибл, имеющей отношение к предлагаемому строительству и эксплуатации новой станции.

(16) Ниже представлены ответы Китая на вышеизложенные замечания и предложения.

- Китай отметил, что наличие ряда станций в рассматриваемом районе способствует проведению важных научных исследований, и полагает, что предлагаемая новая станция будет способствовать внесению значительного вклада в научную деятельность в Антарктике, особенно в отношении исследований, связанных с вопросами изменения климата и систем наблюдения за морской средой;

- в отношении обеспокоенности вопросами потенциального кумулятивного воздействия и риска интродукции неместных видов Китай обеспечит полное соответствие положениям Протокола и строгое соблюдение всех соответствующих руководств и рекомендаций КООС и КСДА с намерением надлежащей доработки мер по охране окружающей среды при подготовке окончательной редакции ВООС;

- Китай выразил твёрдую приверженность укреплению международного сотрудничества в рамках антарктического сообщества.

(17) Принимая к сведению и признавая проведённую оценку и выводы инициатора предлагаемой деятельности о необходимости создания отдельной станции в этом районе моря Росса, на территории которого уже имеется ряд других станций, Норвегия, пользуясь случаем, ещё раз привлекла внимание к крайне важному вопросу, поднятому в ходе предшествующего и текущего обсуждения как в Комитете, так и на КСДА, в отношении необходимости и потребности в расширении логистического сотрудничества и совместной деятельности для повышения эффективности проводимых мероприятий и снижения воздействия на окружающую среду. Норвегия призвала Стороны продолжить рассмотрение возможностей для такого сотрудничества.

(18) Комитет с одобрением воспринял намерение Китая учесть в своей окончательной редакции ВООС все поднятые МКГ вопросы и замечания и предложения Членов Комитета, высказанные в ходе заседания.

Рекомендации КООС для КСДА в отношении подготовленного Китаем проекта Всесторонней оценки окружающей среды в связи с предлагаемым строительством и эксплуатацией новой китайской научно-исследовательской станции в районе Земли Виктории в Антарктике

(19) Комитет детально обсудил подготовленный Китаем проект Всесторонней оценки окружающей среды (ВООС) в связи с предлагаемым строительством и эксплуатацией новой китайской научно-исследовательской станции в районе Земли Виктории в Антарктике (Рабочий документ WP 13). Комитет обсудил представленный США доклад МКГ, созданной для рассмотрения проекта ВООС в соответствии с Руководством по рассмотрению КООС проектов ВООС в межсессионный период (Рабочий документ WP 28), и информацию, предоставленную Китаем в рамках ответов на первоначальные замечания и предложения МКГ (Информационный документ IP 23 rev 1 и Информационный документ IP 25). Комитет также обсудил дополнительную информацию, предоставленную Китаем в рамках ответов на вопросы, поднятые в ходе заседания.

(20) По итогам рассмотрения проекта ВООС КООС информирует КСДА о нижеследующем.

1) Проект ВООС в общем и целом соответствует требованиям Статьи 3 Приложения I к Протоколу по охране окружающей среды к Договору об Антарктике.

2) В случае принятия Китаем решения приступить к осуществлению предлагаемой деятельности окончательную редакцию ВООС следует сделать более весомой включением в неё дополнительной информации и пояснений по ряду аспектов. В частности, КСДА следует обратить внимание на предложения о включении дополнительной информации в отношении:

   i. описания, воздействия и смягчения экологических последствий всего спектра деятельности, связанной со строительством самой станции, включая: воздушные перевозки; эксплуатацию ледяной взлётно-посадочной полосы и соответствующих объектов; предлагаемое строительство причала; ветровые и солнечные энергетические установки; научные полевые установки и виды деятельности; добычу и переработку местных горных пород; шумы от деятельности в море; управление отходами; транспортировку, обращение с и хранение топлива;

   ii. мер по предотвращению интродукции неместных видов, смягчению последствий использования топлива и производства электроэнергии и возможного причинения беспокойства и воздействия на на наземную и прибрежную флору и фауну и близрасположенные ИМП;

   iii. возможного кумулятивного воздействия эксплуатационной и научно-исследовательской деятельности, осуществляемой в непосредственной близости от других национальных программ.

3) Китаю было предложено рассмотреть подробные замечания, представленные участниками МКГ, а также краткое изложение основных вопросов, обобщенных в докладе МКГ, и вопросы, поднятые в ходе КООС XXI, краткий обзор которых представлен в заключительном докладе.

4) Информация, представленная в проекте ВООС, позволяет сделать вывод о том, что ряд видов деятельности в рамках проекта могут иметь более чем незначительное или ограниченное по времени

воздействие на окружающую среду, а также следует принять к сведению, что данный уровень ОВОС соответствует требованиям в отношении данного проекта.

5) Проект ВООС является хорошо написанным и логически структурированным документом; при этом ряд незначительных доработок будет способствовать большей обоснованности документа.

(21) Великобритания представила Рабочий документ WP 19 *Проект всесторонней оценки окружающей среды (ВООС) для предлагаемой реконструкции причала на мысе Ротера и укрепления береговой линии*, в котором содержится краткое изложение нетехнических вопросов по проекту ВООС, проведённой Антарктическим управлением Великобритании в соответствии с положениями Приложения I к Протоколу. Данный документ одобрен и утверждён Правительством Великобритании. Великобритания пояснила, что реконструкция причала на мысе Ротера является частью более масштабных планов по модернизации станции и необходима для нового ледокола – научно-исследовательского судна Великобритании «Sir David Attenborough». Предлагаемое укрепление береговой линии необходимо для обеспечения безопасной эксплуатации станции. В проекте ВООС даётся описание различных видов строительных и вспомогательных работ, предлагаемых к выполнению в течение двух сезонов (2018–2020 гг.), включая добычу местной каменной породы во временном карьере в пределах территории существующей станции. В документе отмечается, что в состав мер по снижению уровня воздействия на окружающую среду при выполнении строительных работ будут включены меры по недопущению интродукции неместных видов и процедуры, позволяющие избежать загрязнения от разливов, и прочего беспокойства морским млекопитающим. Далее в документе отмечается, что в ходе разработки планов по строительству причала выяснилось, что уровень воздействия на окружающую среду может оказаться ниже изначально предполагавшегося, в частности, благодаря снижению требований к взрывным работам и укреплению береговой линии. Проект ВООС даёт основания полагать, что значительные научные и эксплуатационные преимущества, получаемые в результате реконструкции причала на мысе Ротера, оправдывают более чем незначительное или ограниченное по времени воздействие, предполагаемое в результате осуществления ряда видов предлагаемой деятельности.

(22)   Норвегия представила Рабочий документ WP 23 *Доклад открытой Межсессионной контактной группы по рассмотрению проекта ВООС по «Реконструкции причала на мысе Ротера и укреплению береговой полосы».* МКГ проинформировала КООС о том, что данный проект ВООС в общем и целом соответствует требованиям Статьи 3 Приложения I к Протоколу и является основательным, последовательным, чётким и ясным, хорошо структурированным и хорошо представленным документом. Норвегия отметила положительный отзыв членов МКГ в отношении ряда аспектов проекта ВООС, о чём подробно изложено в докладе МКГ. В докладе отмечается желательность ряда доработок документа с целью большей его обоснованности путём включения в него, помимо прочего, более подробной информации в отношении мер по предотвращению интродукции неместных видов, ущерба от айсбергов, воздействия подводного шума на морскую фауну и воздействия строительства на работу канализации.

(23)   МКГ пришла к выводу о том, что в проекте ВООС упорядоченно и понятно определены воздействия на окружающую среду и в необходимых случаях предложены методы по смягчению воздействия строительных работ. Вместе с тем МКГ подняла ряд вопросов, требующих дополнительного внимания и рассмотрения, в частности вопросов, связанных с воздействием пыли и мониторингом колонии императорских пингвинов на территории ООРА № 107. В докладе говорится, что информация, представленная в проекте ВООС, даёт основания полагать, что некоторые виды деятельности в рамках проекта будут оказывать более чем незначительное или ограниченное по времени воздействие на окружающую среду. МКГ полагает, что в случае принятия Великобританией решения приступить к осуществлению предлагаемой деятельности в окончательную редакцию ВООС следует включить дополнительную информацию или пояснения в отношении ряда аспектов для придания документу надлежащей полноты в соответствии с Рабочим документом WP 23.

(24)   Комитет поблагодарил Великобританию за всеобъемлющий и высококачественный проект ВООС, а также за содержательную презентацию на заседании, в которой были особо отмечены вопросы дальнейшей доработки и предоставления подробной информации по замечаниям и предложениям участников МКГ. Комитет с одобрением воспринял постоянную доработку предложения в плане дальнейшего снижения воздействия на окружающую среду предлагаемой деятельности, а также ответы Великобритании на первоначальные

замечания и предложения МКГ по вопросам интродукции неместных видов, водопользования, воздействия айсбергов, очистки сточных вод, кумулятивного воздействия и чёткости карт и рисунков, освещённым во время презентации.

(25) Комитет также поблагодарил Биргит Ньостад (Birgit Njåstad) (Норвегия) за работу в качестве координатора МКГ, выразил поддержку в отношении выводов и рекомендаций МКГ и особо отметил исчерпывающий характер и высокое качество проекта ВООС.

(26) В ходе заседания Члены Комитета подняли вопросы, требующие дальнейшего рассмотрения при подготовке окончательной редакции ВООС в случае принятия Великобританией решения приступить к осуществлению предлагаемой деятельности, а именно:

- рассмотрение возможных проблем с выполнением предложенной программы и сроков строительства из-за ледовой обстановки в районе;

- предоставление дополнительной подробной информации в отношении возможного кумулятивного воздействия предлагаемой деятельности в свете планируемой более масштабной модернизации станции Ротера;

- предоставление дополнительной подробной информации в отношении альтернативных способов пополнения запасов станции, например использование маломерных судов или вертолётов;

- проведение анализа воздействия шума от предлагаемой деятельности на суше с учётом шума, производимого в результате осуществления текущей деятельности на станции Ротера.

(27) В докладе отмечается, что предлагаемый мониторинг окружающей среды в ООРА № 129 перед началом и после осуществления предлагаемой деятельности может стать хорошим примером для реализации более широких интересов Комитета при рассмотрении подходов к мониторингу природных ценностей на территории ООРА. Члены Комитета также выразили заинтересованность в более глубоком ознакомлении с опытом Великобритании по борьбе с подводным шумом, производимым при осуществлении деятельности, и эффективности мероприятий по снижению воздействия, представленных в проекте ВООС.

(28) Великобритания выразила признательность Биргит Ньостад за работу в качестве координатора МКГ, а также поблагодарила участников МКГ

за их замечания и предложения. В ответ на последовавшие в ходе обсуждения замечания, предложения и вопросы Членов Комитета Великобритания проинформировала о нижеследующем.

- Великобритания тщательно проанализировала возможные проблемы, связанные с ледовой обстановкой в районе, при разработке программы и определении сроков строительства в рамках проекта.

- Великобритания признала необходимость проведения мониторинга окружающей среды в качестве дополнительного средства реализации положений и требований ВООС и указала на то, что предлагаемый мониторинг в соседнем ООРА № 129 не вызывает особых затруднений ввиду близости данного Района к станции.

- Великобритании потребуется дальнейшая разработка более масштабных планов модернизации станции Ротера до представления материалов по оценке воздействия на окружающую среду в рамках этой деятельности, при этом уточнения и доработки по данному вопросу будут включены в окончательную редакцию ВООС.

- Логистика в рамках антарктической программы Великобритании основывается на использовании судов, при этом, однако, в окончательную редакцию ВООС будет включена информацию по дальнейшему рассмотрению альтернативных вариантов.

- Великобритания готова поделиться с Комитетом своим опытом в вопросах борьбы с подводным шумом, производимым при осуществлении деятельности, и осознаёт необходимость проведения анализа возможного воздействия шума на суше с учётом шума, производимого в результате осуществления текущей деятельности на станции Ротера.

- Великобритания готова проинформировать Комитет об эффективности ВООС, отметив при этом, что она обязуется осуществлять контроль всех показателей оценки воздействия на окружающую среду.

(29) Комитет с удовлетворением воспринял намерение Великобритании учесть в полном объёме в окончательной редакции ВООС все вопросы, поднятые МКГ и в ходе обсуждения на заседании.

Рекомендации КООС для КСДА в отношении подготовленного Великобританией проекта Всесторонней оценки окружающей среды по предлагаемой реконструкции причала на мысе Ротера и укреплению береговой полосы

(30) Комитет детально обсудил подготовленный Великобританией проект Всесторонней оценки окружающей среды (ВООС) в отношении предлагаемой реконструкции причала на мысе Ротера и укрепления береговой линии (Рабочий документ WP 19). Комитет обсудил доклад Норвегии о работе МКГ, созданной для рассмотрения проекта ВООС в соответствии с Порядком межсессионного рассмотрения КООС проектов ВООС (Рабочий документ WP 23). Комитет также обсудил дополнительную информацию, предоставленную Великобританией в рамках ответов на замечания и предложения МКГ и вопросы, поднятые в ходе заседания.

(31) По итогам рассмотрения проекта ВООС Комитет информирует КСДА о нижеследующем.

1) Проект ВООС в общем и целом соответствует требованиям Статьи 3 Приложения I к Протоколу по охране окружающей среды к Договору об Антарктике.

2) В случае принятия Великобританией решения приступить к осуществлению предлагаемой деятельности, окончательную редакцию ВООС следует сделать более весомой включением в неё дополнительной информации или пояснений по ряду аспектов согласно данному докладу МКГ. В частности, а также принимая во внимание существенный объём уже предоставленной детальной информации о воздействии и смягчении воздействия всех аспектов деятельности, внимание Комитета акцентируется на предложениях о целесообразности дальнейшего рассмотрения:

   i. дополнительных аспектов в отношении воздействия и смягчения воздействия подводного и наземного шума при осуществлении деятельности;

   ii. дополнительных аспектов в отношении воздействия и смягчения воздействия пыли, образующейся при осуществлении деятельности;

   iii. кумулятивного воздействия, связанного с потенциальной будущей деятельностью и увеличением количества транспорта в данном районе в будущем.

3) Великобритании также следует рассмотреть детальные замечания и предложения участников МКГ, а также краткий обзор вопросов, представленных в докладе МКГ, и вопросы, поднятые в ходе XXI заседания КООС, краткий обзор которых представлен в Отчёте КООС.

4) Информация, представленная в проекте ВООС, позволяет сделать вывод о том, что ряд видов деятельности в рамках проекта могут иметь более чем незначительное или ограниченное по времени воздействие на окружающую среду, а также следует принять к сведению, что данный уровень ОВОС соответствует требованиям в отношении данного проекта.

5) Проект ВООС является основательным, последовательным, чётким и ясным, хорошо структурированным и хорошо представленным документом; при этом ряд незначительных доработок будет способствовать большей обоснованности документа.

(32) АСОК представила Информационный документ IP 62 *Follow-Up of Comprehensive Environmental Evaluations [Контроль выполнения положений и требований Всесторонних оценок окружающей среды]*. АСОК напомнила о положении Резолюции 2 (1997 г.), призывающем Членов КООС предусматривать и осуществлять контроль выполнения положений и требований ВООС. АСОК также отметила, что контроль выполнения положений и требований ВООС предусмотрен в требованиях к мониторингу в Приложении V, Руководстве по ОВОС и в контрольном списке вопросов для проведения инспекций на станциях. АСОК подчеркнула, что на практике проводилось весьма ограниченное количество мероприятий по контролю выполнения положений и требований ВООС, отметив при этом своевременность определения и доведения до сведения экологических показателей деятельности, подлежащей проведению ВООС. АСОК привела хороший пример успешного осуществления контроля выполнения положений и требований ВООС в 2007 году, когда по приглашению Антарктической службы Новой Зеландии был проведён независимый контроль состояния окружающей среды Антарктическим управлением Великобритании и Австралийской антарктической службой в рамках программы инженерно-геологического бурения в заливе Мак-Мёрдо (ANDRILL McMurdo Sound). АСОК рекомендует Членам Комитета, недавно представившим окончательную редакцию ВООС, представлять

отчёты в соответствии с Резолюцией 2 (1997 г.); в документы по ВООС следует включать планы по осуществлению контроля; при этом замечания и соображения по результатам контроля выполнения положений и требований ВООС следует в соответствующих случаях включать в отчёты об инспекциях.

(33) Республика Беларусь поддержала рекомендации АСОК и подчеркнула, что процесс контроля выполнения положений и требований ОВОС должен быть непрерывным.

(34) Комитет принял к сведению указанный ниже Информационный документ, представленный в рамках данного пункта повестки дня.

- Информационный документ IP 15 rev. 1 *Notice of intention to prepare a Comprehensive Environmental Evaluation for redevelopment of Scott Base [Заявление о намерении проведения Всесторонней оценки окружающей среды по проекту реконструкции станции Скотт-Бейс]* (Новая Зеландия), в котором сообщается о планах Новой Зеландии в отношении реконструкции станции Скотт-Бейс (не ранее сезона 2021/22 года). В документе отмечается, что Новая Зеландия намеревается представить проект ВООС по данному проекту в начале 2020 года с использованием практики оценки экологической устойчивости при разработке проектной документации. Новая Зеландия призвала других Членов КООС к участию в обсуждении и внесению вклада в развитие таких подходов и процесса подготовки ВООС.

(35) В рамках данного пункта повестки дня также был представлен указанный ниже документ.

- Документ Секретариата SP 9 *Ежегодный перечень Первоначальных оценок окружающей среды (ПООС) и Всесторонних оценок окружающей среды (ВООС), подготовленных в период с 1 апреля 2017 года по 31 марта 2018 года (СДА).*

Пункт 4. Планы управления

i.) Пересмотренные проекты Планов управления, не рассмотренные Вспомогательной группой по планам управления

(36) Комитет рассмотрел указанные ниже документы, в которых представлены пересмотренные Планы управления Особо охраняемыми

районами Антарктики (ООРА). В каждом случае инициаторы представили обобщённую информацию об изменениях, внесённых в действующий План управления, а также рекомендацию Комитету утвердить его и представить вниманию КСДА для принятия.

- Рабочий документ WP 4 *Пересмотр Плана управления Особо охраняемым районом Антарктики (ООРА) № 117 «Остров Авиан» (залив Маргерит, Антарктический полуостров)* (Великобритания).

- Рабочий документ WP 5 *Пересмотр Плана управления Особо охраняемым районом Антарктики (ООРА) № 170 «Нунатаки Марион» (остров Шарко, Антарктический полуостров)* (Великобритания).

- Рабочий документ WP 6 *Пересмотр Плана управления Особо охраняемым районом Антарктики (ООРА) № 108 «Остров Грин» (острова Бертелот, Антарктический полуостров)* (Великобритания).

- Рабочий документ WP 7 *Пересмотр Плана управления Особо охраняемым районом Антарктики (ООРА) № 147 «Оазис Аблейшен и Возвышенность Ганимид» (Земля Александра I)* (Великобритания).

- Рабочий документ WP 10 *Пересмотренный План управления Особо охраняемым районом Антарктики (ООРА) № 172 «Низовье ледника Тейлора и Кровавый водопад» (оазисы Земли Виктории «Сухие долины», Мак-Мёрдо)* (США).

- Рабочий документ WP 31 *Пересмотр Плана управления Особо охраняемым районом Антарктики (ООРА) № 132 «Полуостров Поттер»* (Аргентина).

(37) Великобритания проинформировала о том, что в соответствии с Рабочим документом WP 4 (ООРА № 117), Рабочим документом WP 5 (ООРА № 170), Рабочим документом WP 6 (ООРА № 108) и Рабочим документом WP 7 (ООРА № 147) в действующие Планы управления предлагается внести только незначительные изменения, а также незначительные уточнения дополнительных материалов, дополнительную информацию о Ключевых орнитологических территориях, положения по использованию ДПАС и незначительные редакционные поправки.

(38) США проинформировали о том, что в соответствии с Рабочим документом WP 10 (ООРА № 172) в действующий План управления предлагается

внести только незначительные изменения редакционного характера, положение об изменении места расположения посадочной площадки для вертолётов вследствие подъёма уровня воды в озёрах, положение о запрете полётов летательных аппаратов над Районом на высоте менее 100 м и дополнительные рекомендации по доступу к леднику.

(39) Аргентина проинформировала о том, что в соответствии с Рабочим документом WP 31 (ООРА № 132) в действующий План управления предлагается внести уточнённую информацию о природных ценностях ООРА, дополнительную научную информацию по мониторингу экосистем, положения по использованию ДПАС в пределах ООРА и управлению отходами.

(40) Комитет одобрил все пересмотренные планы управления, которые не были рассмотрены ВГПУ.

Рекомендации КООС для КСДА в отношении пересмотренных планов управления ООРА

(41) Комитет принял решение направить указанные ниже пересмотренные Планы управления для принятия на КСДА в рамках соответствующей Меры.

№ ООРА	Название ООРА
ООРА № 108	«Остров Грин» (острова Бертелот, Антарктический полуостров)
ООРА № 117	«Остров Авиан» (залив Маргерит, Антарктический полуостров)
ООРА № 132	«Полуостров Поттер» (остров Кинг-Джордж (Ватерлоо), Южные Шетландские острова)
ООРА № 147	«Оазис Аблейшен и Возвышенность Ганимид» (Земля Александра I)
ООРА № 170	«Нунатаки Марион» (остров Шарко, Антарктический полуостров)
ООРА № 172	«Низовье ледника Тейлора и Кровавый водопад» (оазисы Земли Виктории «Сухие долины», Мак-Мёрдо)

ii.) Предварительная оценка предлагаемых новых охраняемых районов

(42) Комитет рассмотрел Рабочие документы в отношении предварительной оценки предлагаемых новых охраняемых районов в соответствии с Рекомендациями: Порядок проведения предварительной оценки для определения ООРА и ОУРА.

(43) Великобритания представила Рабочий документ WP 18 rev. 1 *Предварительная оценка предлагаемого Особо охраняемого района Антарктики на островах Леони (бухта Райдер, Антарктический*

полуостров), подготовленный совместно с Нидерландами. В документе представлена краткая характеристика экологически важных научных, эстетических ценностей и ценностей дикой природы предлагаемого ООРА в составе нескольких участков. В документе отмечается, что предлагаемый ООРА обеспечит охрану 10 % мировой популяции южнополярных поморников, 1,9 % мировой популяции голубоглазых бакланов и участков с богатой растительностью суши. Он также обеспечит надлежащие условия для проведения важных долгосрочных и текущих биологических исследований, а также будет служить контрольным участком для сравнительной оценки антропогенного воздействия на участке научно-исследовательской станции Ротера. В документе отмечается, что предлагаемый район также имеет существенную первозданную и эстетическую ценность.

(44) Комитет с одобрением воспринял представленную в документе исчерпывающую информацию, отвечающую требованиям и положениям *Рекомендаций: Порядок проведения предварительной оценки для определения ООРА и ОУРА*. Комитет согласился с тем, что ценности, имеющиеся на территории предлагаемого ООРА, заслуживают особой охраны и выразил поддержку в отношении разработки проекта Плана управления этим районом под руководством Великобритании и Нидерландов.

(45) Члены Комитета подняли ряд вопросов для дальнейшего рассмотрения инициаторами, а именно:

• рассмотрение вопроса о возможном срыве реализации научных программ в случае определения района в качестве ООРА;

• рассмотрение вопроса о потенциальном воздействии имеющихся на территории района убежищ и их использования на цели использования района в качестве контрольного участка для сравнительной оценки антропогенного воздействия на участкестанции Ротера;

• рассмотрение вопроса о вероятности пересмотра статуса и дальнейшей целесообразности ООРА № 129 в случае определения нового ООРА.

(46) Нидерланды отметили, что их научное сообщество полно энтузиазма в связи с потенциальными возможностями, которые предлагаемый ООРА открывает для реализации научных целей и задач. Великобритания полагает, что предлагаемый ООРА в действительности повысит уровень

безопасности осуществления научной деятельности. Великобритания и Нидерланды проинформировали о том, что они в той или иной степени уже обсуждали вопрос о целесообразности сохранения ООРА № 129 и в дальнейшем продолжат рассмотрение этого вопроса. Великобритания также пояснила, что в состав предлагаемого ООРА входят несколько участков и что убежища не находятся на участке, который рассматривается в качестве потенциального контрольного участка.

(47) Комитет призвал заинтересованных Членов и Наблюдателей к совместной с Великобританией и Нидерландами работе в межсессионный период по подготовке Плана управления с целью его возможного представления на XXII заседании КООС и отметил, что совместные консультации будут способствовать дальнейшему надлежащему рассмотрению вопросов, поднятых в ходе заседания.

(48) Китай представил Рабочий документ WP 30 *Предварительная оценка предлагаемого Особо охраняемого района Антарктики (ООРА) на острове Инекспрессибл*. В документе представлена краткая характеристика экологических, научных и исторических ценностей предлагаемого ООРА и отмечается, что главными целями определения района, определенного Международной ассоциацией по защите птиц в качестве Ключевой орнитологической территории (КОТ) № 178, являются охрана колонии пингвинов Адели и южнополярных поморников от расширяющейся деятельности человека, охрана Исторического места и памятника (ИМП) № 14 Ледяная пещера, в которой зимовали члены британской антарктической экспедиции в 1912 году, а также осуществление долгосрочного мониторинга. Колония пингвинов Адели на острове Инекспрессибл является единственной колонией, которая, насколько известно на сегодняшний день, постоянно пребывает на этом месте на протяжении уже около 7 000 лет. Сохранившиеся в условиях низкотемпературной окружающей среды останки (кости, ткани и скорлупа) представляют собой идеальный материал для научных исследований в области эволюции, изменения климата или условий окружающей среды. Колония южнополярных поморников по численности составляет 1 % мировой популяции этого вида.

(49) Комитет с одобрением воспринял представленную в документе исчерпывающую информацию, отвечающую требованиям и положениям *Рекомендаций: Порядок проведения предварительной оценки для определения ООРА и ОУРА*. Комитет согласился с тем, что в связи с наличием научных, экологических и исторических ценностей

и усиливающимся антропогенным воздействием данный район заслуживает определения в качестве ООРА.

(50)   Члены Комитета подняли ряд вопросов для дальнейшего рассмотрения инициатором, а именно:

- рассмотрение вопроса о наличии результатов научных исследований, проводившихся итальянскими учёными в районе;

- рассмотрение вопроса о целесообразности и значимости проведения дальнейших исследований в отношении распределения популяции поморников;

- рассмотрение вопроса о целесообразности включения в состав ООРА близрасположенных ручья и озера;

- рассмотрение вопроса о включении в материалы дополнительных результатов исследований, полученных на участке во время последнего по времени полевого сезона;

- рассмотрение альтернативных вариантов выделения участка для посетителей на территории предлагаемого ООРА.

(51)   Италия выразила заинтересованность в присоединении к инициативе Китая в качестве соинициатора ООРА. Информация о научно-исследовательской деятельности Италии и рецензируемые литературные данные были недавно представлены в сжатом виде в документе, содержащем обобщённую информацию обо всех научных исследованиях до настоящего времени, который находится в открытом доступе в электронном хранилище со всеми документами по ссылке *https://cloud.cnr.it/owncloud/index.php/s/teEKRd0tQHNqlBe*.

(52)   Ряд Членов Комитета выразили заинтересованность в участии в работе по подготовке Плана управления. МААТО, отметив историческую значимость района, также выразила готовность оказывать содействие в проведении консультаций со своими операторами – членами МААТО, обладающими богатым опытом работы в районе. Комитет призвал заинтересованных Членов и Наблюдателей к совместной с Китаем работе в межсессионный период по подготовке Плана управления с целью его представления вниманию XXII заседания КООС.

(53)   Комитет отметил, что исчерпывающая информация, представленная в Рабочем документе WP 18 rev. 1 и Рабочем документе WP 30, и последующее плодотворное обсуждение в ходе заседания свидетельствуют о безусловной целесообразности проведения предварительной оценки.

(54) Норвегия отметила, что обсуждение вопроса о дальнейшем развитии системы охраняемых районов, которое должно состояться на запланированном семинаре (Рабочий документ WP 16), и текущее обсуждение вопросов КОТ в контексте системы охраняемых районов могут оказать влияние на определение новых охраняемых районов. Норвегия также отметила, что актуальность этого чрезвычайно важного обсуждения следует рассматривать в более широком плане.

(55) АСОК с удовлетворением восприняла Рабочий документ WP 18 rev.1 и Рабочий документ WP 30, содержащие информацию, подтверждающую обоснованность определения нового ООРА, обладающего несомненными научными и экологическими ценностями, а также ценностями дикой природы и характерными примерами экосистем суши. АСОК выразила надежду, что добровольное проведение предварительной оценки будет способствовать определению предлагаемого ООРА. Кроме того, АСОК предложила рассмотреть вопрос об увеличении территории предлагаемого ООРА на острове Инекспрессибл для охраны ранее относительно нетронутого участка, на котором в настоящее время наблюдается расширение инфраструктуры и деятельности человека.

(56) Комитет принял к сведению указанный ниже Информационный документ, представленный в рамках данного пункта Повестки дня.

- Информационный документ IP 42 *Update on the proposed Antarctic Specially Protected Area (ASPA) in the Western Sør Rondane Mountains [Уточнённая информация в отношении предлагаемого Особо охраняемого района Антарктики (ООРА) в западной части гор Сёр-Рондане]* (Бельгия). В продолжение обсуждения на XX заседании КООС в документе представлена обобщённая информация об имеющейся научной литературе и обзорная карта района в качестве следующего этапа предварительной оценки предлагаемого нового ООРА в горах Сёр-Рондане.

iii.) Прочие вопросы, касающиеся планов управления охраняемыми районами

(57) США представили Рабочий документ WP 2 *Пересмотр Планов управления Особо охраняемыми районами Антарктики (ООРА) № 137 «Северо-западная часть Возвышенности Уайт» (залив Мак-Мёрдо) и № 138 «Терраса Линней» (хребет Асгард, Земля Виктории).*

(58) Комитет принял к сведению информацию США о проведении пересмотра Планов управления ООРА № 137 и ООРА № 138 на пятилетней основе в соответствии с требованиями Статьи 6.3 Приложения V к Протоколу по охране окружающей среды и отсутствии необходимости внесения в них каких-либо изменений.

(59) Новая Зеландия представила Рабочий документ WP 15 *Пересмотр Плана управления ООРА № 156 «Бухта Льюис» (гора Эребус, полуостров Росса)*.

(60) Комитет принял к сведению информацию Новой Зеландии о о проведении пересмотра Плана управления ООРА № 156 на пятилетней основе и отсутствии необходимости внесения в него каких-либо изменений.

(61) Комитет принял к сведению ещё один Информационный документ, представленный в рамках данного пункта Повестки дня.

- Информационный документ IP 35 *Review of the Management Plans for Antarctic Specially Protected Areas (ASPAs) 135, 143 and 160 [Пересмотр Планов управления Особо охраняемыми районами Антарктики (ООРА) № 135, № 143 и № 160]* (Австралия). Представленный Австралией документ содержит результаты пересмотра планов управления ООРА № 135, ООРА № 143 и ООРА № 160 на пятилетней основе и выводы об отсутствии необходимости внесения в них каких-либо изменений.

Рекомендации КООС для КСДА в отношении пересмотра планов управления ООРА на пятилетней основе

(62) Комитет принял решение проинформировать КСДА о проведении на пятилетней основе пересмотра Планов управления в отношении указанных ниже ООРА в соответствии с требованиями Статьи 6.3 Приложения V к Протоколу по охране окружающей среды и оставлении в силе действующих Планов управления с их последующим пересмотром в 2023 году.

- ООРА № 137 «Северо-Западная часть Возвышенности Уайт» (залив Мак-Мёрдо);
- ООРА № 138 «Терраса Линней» (хребет Асгард, Земля Виктории);
- ООРА № 156 «Бухта Льюис» (гора Эребус, полуостров Росса).

(63) Чили представила Рабочий документ WP 11 *Статус Особо охраняемого района Антарктики № 144 «Бухта Чили (бухта Дисковери)» (остров Гринвич)*. Данный документ содержит информацию о результатах анализа соответствия Района статусу ООРА № 144, проведённого на основе *Вопросника для проведения инспекций Особо охраняемых районов Антарктики*, принятого в рамках Резолюции 4 (2008 г.) и *Руководства по осуществлению системы формирования охраняемых районов*, принятого в рамках Резолюции 1 (2000 г.). Кроме того, в Информационном документе IP 9 *Analysis of the Current Status of Antarctic Specially Protected Area No. 144, Chile Bay (Discovery Bay), Greenwich Island [Анализ текущего состояния Особо охраняемого района Антарктики № 144 «Бухта Чили (бухта «Дисковери») (остров Гринвич)]* Чили представила подтверждающую информацию. Чили проинформировала о том, что, по её мнению, основание для первоначального определения ООРА в качестве контрольного участка для исследования Порт-Фостера (остров Десепшен (Тейля)) утратило свою актуальность и что в связи с низким уровнем деятельности в данном районе ценности, для охраны которых Район был первоначально определён в качестве ООРА, уже не находятся под угрозой. Чили отметила, что данный район не подвергался существенному антропогенному воздействию, и рекомендовала Комитету рассмотреть вопрос о наличии необходимости продления статуса ООРА в отношении данного района.

(64) Комитет поблагодарил Чили за предоставление результатов всесторонней и систематической оценки состояния ООРА № 144. Комитет принял к сведению выводы Чили по результатам проведённой оценки и признал, что предоставленная информация даёт достаточные основания для пересмотра статуса ООРА в отношении бухты Чили (бухты Дисковери). Комитет напомнил о том, что он ранее признал важность динамического характера системы охраняемых районов Антарктики, а также важность строгого подхода к рассмотрению предложений об упразднении ООРА. Комитет также напомнил о том, что он ранее положительно воспринял предложение Норвегии возглавить разработку руководства и критериев по упразднению ООРА.

(65) Норвегия сообщила о том, что она продолжает работу по разработке руководства и критериев и намерена представить предложение на XXII заседании КООС. Комитет согласился с целесообразностью рассмотрения вопроса о возможном упразднении ООРА № 144 в свете такого руководства.

(66) Члены Комитета также отметили, что было бы целесообразным рассмотреть потенциальную ценность ООРА для других исследований, проводимых на близлежащих участках, а также возможные альтернативные упразднению варианты, такие как пересмотр целей Района.

(67) АСОК подчеркнула, что решение об упразднении ООРА должно быть тщательно взвешенным. АСОК также отметила, что район, который был задокументирован в прошлом и находился в статусе охраняемого длительное время, уже сам по себе является ценностью, заслуживающей продления срока действия статуса охраняемого района.

(68) Комитет с одобрением воспринял готовность Чили продолжать изучение предложения и отметил, что для ВГПУ было бы целесообразным отложить рассмотрение Плана управления до проведения дополнительного обсуждения и принятия решения о возможной отмене статуса Района.

(69) Комитет принял к сведению ещё один Информационный документ, представленный в рамках данного пункта повестки дня.

- Информационный документ IP 8 *Прогресс в процессе пересмотра Плана управления Особо охраняемым районом Антарктики № 133 «Мыс Гармония» (остров Нельсон (Лейпциг), Южные Шетландские острова)* (Аргентина, Чили). Данный документ содержит результаты предварительной оценки, свидетельствующие о необходимости внесения в План управления ООРА № 133 существенных изменений, включая корректировку границ Района. Соавторы документа отметили, что на следующем этапе планируются: дальнейший обмен информацией с научными сотрудниками, работающими над проектами на участке,; полевые работы для оценки имеющихся на сегодняшний день экологических ценностей и сбора дополнительной информации в отношении границ,; составление новых карт и представление совместного Рабочего документа после подготовки проекта пересмотренного Плана управления.

Пункт 5. Правила поведения для посетителей участков

(70) Великобритания представила Рабочий документ WP 32 *Пересмотр Правил поведения для посетителей участков*, подготовленный совместно с Аргентиной, АСОК и МААТО. В документе представлена информация о работе, проделанной в сезоне 2017/18 г., по анализу

состояния участков, посещение которых регламентируется действующими Правилами поведения для посетителей, и ныне часто посещаемых участков с целью определения целесообразности разработки для них этих Правил. Соавторами документа также поднимается ряд вопросов более широкого плана, связанных с Правилами поведения для посетителей участков. Великобритания отметила, что в документе содержатся ряд общих замечаний и рекомендаций по результатам посещения участков, и обратила внимание Комитета на следующие моменты: важность регулярного пересмотра Правил поведения для посетителей участков и необходимость разработки Правил поведения для других участков; наличие оснований для предупредительного пересмотра действующих Правил поведения для посетителей участков на основании соответствующей информации без обязательного посещения участков; создание архивов фотоматериалов участков в качестве вспомогательного средства для осуществления текущего контроля за изменениями; целесообразность разработки контрольного перечня вопросов в качестве вспомогательного инструмента при проведении анализа состояния участков в будущем.

(71) Комитет поблагодарил соавторов документа за проделанную в предшествующем сезоне работу по посещению ряда участков и сбору подтверждающей информации для пересмотра действующих Правил поведения для посетителей участков и рассмотрения необходимости разработки Правил поведения для других участков. В отношении рекомендаций, представленных в Рабочем документе WP 32, Комитет отметил важность регулярного пересмотра существующих Правил поведения для посетителей участков, в том числе по мере уместности, пересмотра на основании соответствующей информации без обязательного посещения участков. Комитет также отметил, что любые предлагаемые изменения Правил поведения для посетителей участков подлежат рассмотрению и согласованию КООС и КСДА в соответствии с принятой практикой.

(72) Комитет выразил поддержку в отношении дальнейшей работы по другим пунктам Рабочего документа WP 32, включая разработку официального контрольного перечня вопросов в качестве вспомогательного инструмента при проведении пересмотра Правил поведения для посетителей участков в будущем, отметив при этом, что такой контрольный перечень может также использоваться исследователями, работающими на данных участках, и создание онлайн-хранилища фотоматериалов участков, посещение которых регламентируется

Правилами поведения, в качестве вспомогательного средства для осуществления текущего контроля и при официальном анализе состояния участков.

(73) Комитет с удовлетворением воспринял готовность МААТО к сотрудничеству в вопросах реализации данных инициатив, продолжению сбора информации и представлению отчётов о посещении участков её операторами.

(74) Российская Федерация выразила обеспокоенность по вопросу регламентирования количества и пассажировместимости судов, которые могут посещать определённые участки.

(75) В ответ на вопрос, поднятый в Рабочем документе WP 32, СКАР сообщил об отсутствии сведений о том, что шестичасовой перерыв или комендантский час мог бы оказать благоприятное воздействие или другим образом положительно сказаться на диких животных на посещаемых участках, и предложил провести дополнительные исследования в данном отношении.

(76) Комитет принял решение направить пересмотренные Правила поведения для посетителей острова Хаф-Мун, представленные в Рабочем документе WP 32, для принятия на КСДА.

(77) Великобритания представила Рабочий документ WP 33 *Предложенные изменения Правил поведения для посетителей участков «Бухта Пендьюлум», «Бухта Телефон» и «Бухта Уэйлерс» (остров Десепшен [Тейля]) в рамках Договора об Антарктике*, подготовленный совместно с Аргентиной, Испанией, Норвегией, США, Чили, АСОК и МААТО. После посещения и анализа состояния данных участков представителями Аргентины, Великобритании, АСОК и МААТО, согласно информации, представленной в Рабочем документе WP 32, Группа управления островом Десепшен (Тейля) предложила провести пересмотр Правил поведения для посетителей трёх участков внутри острова: «Бухта Пендьюлум», «Бухта Телефон» и «Бухта Уэйлерс». Великобритания отметила, что в отношении всех трёх участков требуется внесение изменений в Правила поведения, и заострила внимание на предложении соавторов документа сократить максимальное количество судов, посещающих каждый участок, до двух в день, ограничить пути доступа к различным старым сооружениям и предусмотреть альтернативные маршруты в обход фауны.

(78) Была выражена обеспокоенность по поводу предложенного сокращения количества судов. Соавторы документа пояснили причину такого предложения, отметив, что любые ограничения должны зависеть от количества посетителей, сходящих на берег; предложение основано на предупредительном подходе, учитывающем потенциальное кумулятивное воздействие от посещения этих наиболее часто посещаемых участков туристами и персоналом национальных антарктических программ, а также на наличии особых обстоятельств, связанных с островом Десепшен (Тейля), поскольку он является действующим вулканом.

(79) После внесения в ходе заседания поправок в ежедневное максимально допустимое количество судов (три судна в день, два из которых не должны перевозить более 500 пассажиров каждое и одно – не более 200 пассажиров) Комитет принял решение представить пересмотренные Правила поведения для посетителей участков «Бухта Пендьюлум», «Бухта Телефон» и «Бухта Уэйлерс» (остров Десепшен (Тейля)) для принятия на КСДА. Было отмечено, что Группа управления островом Десепшен (Тейля) продолжит рассмотрение этого вопроса.

(80) Аргентина представила Рабочий документ WP 34 *Пересмотр Правил поведения для посетителей участков на Антарктическом полуострове: пересмотренные Правила поведения для посетителей участка «Остров Полет»*, подготовленный совместно с Великобританией, Норвегией, Швецией, АСОК и МААТО. После посещения и анализа состояния данного участка представителями Аргентины, Великобритании АСОК и МААТО, согласно информации, представленной в Рабочем документе WP 32, соавторы документа представили пересмотренные Правила поведения для посетителей участка «Остров Полет». В документе говорится, что наиболее существенные изменения связаны с увеличением количества и распространением пингвинов на острове, что затрудняет высадку на берег и перемещение по острову, особенно в период оперения пингвинов.

(81) Комитет согласился представить пересмотренные Правила поведения для посетителей участка «Остров Полет» для принятия на КСДА.

(82) Великобритания представила Рабочий документ WP 35 *Пересмотр Правил поведения для посетителей участков на Антарктическом полуострове: новые и исправленные Правила,* подготовленный совместно с Аргентиной, АСОК и МААТО. В документе содержится предложение о внесении изменений в действующие Правила поведения

для посетителей двух участков: утес Браун-Блафф и остров Девил. Кроме того, к документу прилагаются Правила поведения для посетителей трёх других участков: остров Астролаб, мыс Жорж и мыс Портал. Великобритания отметила, что внесение изменений обусловлено фауной, увеличением количества посетителей ранее редко посещавшихся участков и дополнительным ограничением подходов к местам обитания малых снежных буревестников.

(83) Комитет принял решение представить Правила поведения для посетителей других участков (остров Астролаб, мыс Жорж и мыс Портал), а также пересмотренные Правила поведения для посетителей утеса Браун-Блафф и острова Девил для принятия на КСДА.

Рекомендации КООС для КСДА в отношении новых и пересмотренных Правил поведения для посетителей участков

(84) Комитет принял решение направить указанные ниже новые и пересмотренные Правила поведения для посетителей участков для принятия на КСДА.

- остров Астролаб (новые Правила);
- утес Браун-Блафф;
- остров Девил;
- мыс Жорж, остров Ронже (новые Правила);
- остров Хаф-Мун;
- остров Полет;
- бухта Пендьюлум;
- мыс Портал (новые Правила);
- бухта Телефон;
- бухта Уэйлерс.

(85) АСОК представила Информационный документ IP 61 *Anticipated growth of Antarctic tourism: Effects on existing regulation [Ожидаемый рост туризма в Антарктике: влияние на действующую систему регулирования]*. АСОК отметила растущий спрос на туры в Антарктику, в том числе на новых рынках, а также повсеместное увеличение пассажировместимости судов полярного плавания, что может привести к значительному увеличению потока туристов в ближайшие годы. АСОК полагает, что это может в последующем сказаться на устойчивости и эффективности

действующей системы регулирования туризма в Антарктике. АСОК посоветовала Сторонам придерживаться своевременных, упреждающих и предупредительных подходов для решения проблем, связанных с ростом туризма, включая следующие шаги: 1) проведение критического анализа действующей системы регулирования туризма в Антарктике для обеспечения её надлежащей устойчивости и эффективности в будущем, включая принятие и (или) пересмотр Правил поведения для посетителей участков; 2) усовершенствование системы оценки воздействия на окружающую среду и мониторинга состояния окружающей среды, особенно в отношении кумулятивного воздействия; 3) расширение сети ООРА и ОУРА.

(86) В целом Комитет одобрил рекомендации, представленные в Информационном документе IP 61, и призвал Членов Комитета продолжить рассмотрение данных вопросов и представить свои предложения для рассмотрения на последующих заседаниях.

(87) МААТО представила Информационный документ IP 72 *Report on IAATO Operator Use of Antarctic Peninsula Landing Sites and ATCM Visitor Site Guidelines, 2017-18 Season [Отчёт об использовании операторами МААТО мест высадки на Антарктическом полуострове и Правил поведения для посетителей участков, разработанных КСДА, в сезоне 2017/18 г.]*. Документ содержит данные, собранные МААТО на основании Форм отчёта о посещении Оператора МААТО в сезоне 2017/18 г. Данные о посещениях операторами, не являющимися членами МААТО, не включены в данный отчёт. Общее количество пассажиров судов, сходивших на берег на Антарктическом полуострове в сезоне 2017/18 г. (41 517), превысило этот показатель за сезон 2016/17 г. (33 580). Это частично связано с использованием судов большей пассажировместимости, при этом все рейсы судов являются прибыльными в условиях мировой экономической стабильности и практически полностью загружены в течение всего сезона. Предсезонная и сезонная координация работы персонала МААТО на местах была очень эффективной благодаря использованию планировщика расписания движения судов МААТО для регулирования посещений участков в соответствии с Правилами поведения для посетителей участков. Благодаря этому все операции соответствовали нормам посещения, предусмотренным соответствующими Правилами поведения для посетителей участков, посещение всех наиболее посещаемых участков регулировалось конкретными планами управления с использованием либо Правил поведения для посетителей

участков, разработанных КСДА, либо регламентирующих документов национальных программ.

(88) Комитет выразил признательность МААТО за приверженность своим обязательствам по сбору данных и предоставлению информации об использовании операторами МААТО мест высадки и Правил поведения для посетителей участков и поблагодарил МААТО за подробные сведения, представленные в документе и имеющие большое значение для текущего рассмотрения Комитетом вопросов, связанных с решением экологических проблем в области антарктического туризма. Ряд Членов Комитета отметили, что представленная в документе информация подняла интересные вопросы, включая увеличение деятельности на суше и подходы к управлению участками, регулярно посещаемыми большим количеством туристов.

(89) Комитет пришёл к согласию в отношении целесообразности рассмотрения мероприятий, направленных на углубление понимания и решение вопросов, связанных с экологическими последствиями увеличения количества туристов в местах высадки. Комитет напомнил о том, что в *Исследовании в области туристической деятельности, проведённом КООС в 2012 г.: о влиянии туризма и неправительственной деятельности в Антарктике, экологических аспектах и воздействии на окружающую среду* содержатся рекомендации, относящиеся к обсуждаемой теме. Комитет также отметил, что СКАР и МААТО продолжают работы по разработке систематического подхода к природоохранному планированию туризма на полуострове, и призвал Членов Комитета принять участие в этой работе.

(90) Комитет принял к сведению указанный ниже Информационный документ, представленный в рамках данного пункта Повестки дня.

- IP 54 *Recovery Status of Moss Communities Near the Trails of Barrientos Island (Aitcho Islands) [Состояние восстановления сообществ мха возле троп на острове Барриентос (острова Аитчо)]* (Испания, Эквадор). В документе содержатся сведения о текущей ситуации на острове Барриентос после шестилетнего закрытия троп с целью восстановления вытоптанных сообществ мха. Отметив восстановление на береговой тропе и отсутствие значительных изменений на центральной тропе, соавторы документа рекомендуют осуществление дальнейшего долгосрочного контроля за процессом повторного заселения мхов.

Пункт 6. Отчёты об инспекциях

(91) Норвегия представила Рабочий документ WP 26 *Краткий обзор результатов и размышлений о тенденциях по итогам инспекций, проведённых Норвегией, в соответствии с положениями Статьи VII Договора об Антарктике и Статьи 14 Протокола по охране окружающей среды*. Инспекции проводились с 9 по 17 февраля 2018 г. на семи объектах — четырёх научно-исследовательских станциях (Халли VI, Ноймайер III, САНАЭ IV и Принцесса-Элизабет), одной полевой станции/базе логистической поддержки/электронной базе (летняя станция САНАП) и двух объектах, обеспечивающих вспомогательные функции для национальных антарктических программ (аэродром и авиабаза Ново и взлётно-посадочная полоса «Персей»). Норвегия отметила, что в ходе проведения инспекции группа инспекторов оценивала скорее общее состояние объектов, не рассматривая отдельные элементы, и что контрольный лист А использовался в качестве руководства при подготовке к инспекциям и проведении инспекций. Она подчеркнула, что группа инспекторов была впечатлена высокими стандартами и уровнем экологической ответственности станций.

(92) Норвегия сообщила, что, насколько смогла установить инспекционная группа, на всех объектах имелись соответствующие разрешения. Норвегия заметила, что рамочная структура, положения и принципы Протокола оказали общее положительное влияние на осуществление деятельности национальных антарктических программ. Несмотря на отличия, существующие между станциями, группа инспекторов заметила общее стремление использовать более чистые, инновационные и эффективные технологии. Кроме того, она отметила, что происходит непрерывный переход к более сложным технологическим системам, которые в гораздо большей степени, чем раньше, могут управляться удалённо, что, в свою очередь, может положительно сказаться на окружающей среде. В связи с этим Норвегия отметила необходимость постоянного уделения внимания обмену информацией и передовой практикой между национальными программами, операторами и персоналом антарктических станций.

(93) Основываясь на наблюдениях, Норвегия сообщила о том, что в настоящее время многие вспомогательные объекты, например аэродромы, считаются непостоянными или временными. Эти объекты инфраструктуры, как правило, легко удаляются, как и

научно-исследовательские станции, но тем не менее они существуют уже в течение длительного времени и их следует рассматривать как долговременные объекты в соответствии с положениями Протокола по охране окружающей среды. Норвегия предложила Сторонам и в дальнейшем учитывать использование и понимание таких терминов как «непостоянный», «полупостоянный» и «постоянный» в свете положений ОВОС и требований Протокола по охране окружающей среды.

(94) ЮАР поблагодарила Норвегию за инспекцию САНАЭ IV и летней станции САНАП и согласилась с рекомендациями, содержащимися в отчёте. В ответ на одну из проблем, содержащихся в отчёте, в отношении наличия тенденции к финансированию инфраструктуры, а не научно-исследовательской деятельности, ЮАР пояснила, что она расширила объём научно-исследовательских работ и использовала процесс экспертной оценки для выделения и пересмотра грантов на проведение научно-исследовательской работы.

(95) Бельгия выразила глубокую признательность Норвегии за отчёт об инспекции антарктической научно-исследовательской станции Принцесс-Элизабет и согласилась с комментариями группы инспекторов, касающимися производства и потребления энергии. Бельгия отметила, что имеется несколько аспектов, требующих улучшения, и что она примет к сведению рекомендации, содержащиеся в отчёте об инспекции. Она также сообщила о новой системе разрешений, принятой Федеральным Парламентом в июле 2017 года за несколько недель до начала полевого сезона, и пояснила, при каких условиях теперь необходимо запрашивать разрешение у национальной инстанции Бельгии.

(96) Великобритания также поблагодарила Норвегию за её отчёт и отметила, что станция Халли VI была рада принять у себя группу инспекторов. Великобритания выразила заинтересованность в общих замечаниях и комментариях Норвегии, в особенности тех, которые касаются использования и понимания терминов «непостоянный», «полупостоянный» и «постоянный». Кроме того, она отметила, что, несмотря на отсутствие планов по установке возобновляемых источников энергии на Халли VI, она реализует планы по повышению эффективности и достижению аналогичных научных результатов при использовании значительно меньшего количества топлива.

(97) Российская Федерация поблагодарила Норвегию за инспекцию своих двух объектов (аэродром Новолазаревская, авиабаза «Ново» и взлётно-посадочная полоса «Персей») и прокомментировала некоторые замечания и соображения, содержащиеся в отчёте об инспекции. Она указала, что, по её мнению, для упомянутой инфраструктуры нет необходимости в проведении ВООС, поскольку деятельность является сезонной, а не круглогодичной. Альтернативный подход к сезонной инфраструктуре потребует пересмотра существующего порядка проведения ПООС и ВООС. Российская Федерация выразила готовность представить дальнейшие соображения и пояснения, касающиеся отчёта об инспекции.

(98) АСОК поблагодарила Норвегию за представление отчёта об инспекции и отметила положительное заключение Норвегии о том, что Протокол оказал общее положительное влияние на работу станций. Вместе с тем АСОК также отметила представленную в отчёте информацию о том, что не все станции достигли одинакового уровня международной координации и участия в глобальных программах наблюдения, и об увеличении количества взлётно-посадочных полос и количества полётов. В отношении последнего АСОК призвала КООС рассмотреть возможное влияние на окружающую среду увеличения такой деятельности в ходе дальнейших обсуждений воздушных операций.

(99) Норвегия поблагодарила Стороны, прошедшие проверку, за открытость и дружелюбие, с которым её встречали.

(100) Комитет поблагодарил Норвегию за высококачественный отчёт об инспекциях, проведённых в предыдущем сезоне. Кроме того, он отметил ценный вклад инспекций и признал, что они требуют логистических и бюджетных усилий от Сторон. Комитет с одобрением воспринял в общем и целом положительные выводы инспекционной группы в отношении охраны окружающей среды, включая наличие необходимых разрешений и допусков, положительное влияние Протокола по охране окружающей среды на работу станций и увеличение количества возобновляемых источников энергии, используемых на станциях. В отношении последнего Комитет обратил внимание на информацию КОМНАП об увеличении использования возобновляемых источников энергии национальными антарктическими программами, а также на то, что на приближающемся ежегодном общем заседании КОМНАП проведёт обсуждение о сокращении потребления ископаемых видов топлива. Кроме того, Комитет отметил замечание, сделанное группой

инспекторов, по поводу рассмотрения использования терминов «непостоянный», «полупостоянный» и «постоянный» и считает, что Комитету следует вернуться к этому вопросу на будущем заседании.

(101) В рамках данного пункта Повестки дня были также представлены указанные ниже документы.

- Вспомогательный документ ВР 1 *Follow-up to the Recommendations of the Inspections at the Eco-Nelson Facility [Контроль выполнения рекомендаций по результатам инспекций объекта Эко-Нельсон]* (Чешская Республика).

- Вспомогательный документ ВР 23 *Follow-up to the Recommendations of the Inspection at the Johann Gregor Mendel Czech Antarctic Station [Контроль выполнения рекомендаций по результатам инспекции чешской антарктической станции Иоганн-Грегор-Мендель]* (Чешская Республика).

Пункт 7. Отчёты вспомогательных органов и межсессионных контактных групп

(102) Патрисия Ортусар (Patricia Ortúzar) (Аргентина), координатор Вспомогательной группы по планам управления (ВГПУ), представила Рабочий документ WP 9 *Отчёт Вспомогательной группы по планам управления о деятельности в межсессионный период 2017/18 г.* В соответствии с Техническими заданиями № 1–3 Группа подготовила к рассмотрению следующие пять проектов Планов управления Особо охраняемыми районами Антарктики (ООРА), предложенные КООС для рассмотрения в межсессионный период:

- ООРА № 125 «Полуостров Файлдс» (остров Кинг-Джордж [Ватерлоо]) (Чили);

- ООРА № 144 «Бухта Чили (Бухта Дисковери)» (остров Гринвич [Лейпциг], Южные Шетландские острова) (Чили);

- ООРА № 145 «Порт-Фостер» (остров Десепшен [Тейля], Южные Шетландские острова) (Чили);

- ООРА № 146 «Южная Бухта острова Доумер» (архипелаг Палмера) (Чили);

- ООРА № 150 «Остров Ардли» (залив Максвелл, остров Кинг-Джордж [Ватерлоо]) (Чили).

(103) ВГПУ сообщила КООС, что пять Планов управления всё ещё находятся на пересмотре у инициаторов и Группа предоставит рекомендации сразу после получения пересмотренных редакций.

(104) В соответствии с Техническими заданиями № 4 и № 5 Группа не получала от Сторон никаких консультативных запросов в отношении пересмотра Планов управления на пятилетней основе и приняла решение отложить пересмотр *Руководства по оценке района в контексте необходимости определения его в качестве Особо управляемого района Антарктики.*

(105) Комитет поблагодарил ВГПУ за предоставленную информацию и призвал Членов Комитета рассмотреть возможность участия в работе Группы. Уругвай выразил намерение активно участвовать в работе ВГПУ. Комитет также с одобрением воспринял информацию Чили о продолжении работы по пересмотру пяти Планов управления ООРА, упомянутых в отчёте ВГПУ, и о вероятном представлении их на рассмотрение позднее в этом году. Чили также сослалась на Рабочий документ WP 11 и Информационный документ IP 9, в которых представлена информация о работе по анализу соответствия статуса ООРА № 144.

(106) Комитет принял представленный ниже план работы ВГПУ на межсессионный период 2018/19 г.

Техническое задание	Предложенные рабочие задания
Пункты 1-3 ТЗ	Рассмотрение проектов Планов управления, предложенных КООС для межсессионного рассмотрения, и выдача рекомендаций их инициаторам
Пункты 4 и 5 ТЗ	Проведение работы с соответствующими Сторонами в целях ускорения хода работ по пересмотру Планов управления с истёкшими сроками обязательного пересмотра на пятилетней основе
	Рассмотрение вопроса дальнейшего улучшения *Руководства по оценке района в контексте необходимости определения его в качестве Особо управляемого района Антарктики*
	Пересмотр и уточнение плана работы ВГПУ
Рабочие документы	Подготовка отчёта ВГПУ для XXII заседания КООС по пунктам 1–3 ТЗ

(107) Великобритания и Норвегия представили Рабочий документ WP 20 *Отчёт межсессионной контактной группы по разработке методического руководства по определению подходов к сохранению наследия Антарктики в контексте необходимых мер по управлению.* В документе представлена информация о работе открытой Межсессионной

контактной группы (МКГ), созданной на XIX заседании КООС (2016 г.) с продлением мандата на XX заседании КООС (2017 г.), по разработке методического руководства по определению подходов к сохранению наследия Антарктики в контексте необходимых мер по управлению.

(108) Великобритания и Норвегия предложили Комитету рассмотреть и принять прилагаемое *Руководство по методике оценки и управления наследием Антарктики*, разработанное МКГ, принять уточнённую редакцию *Руководства по представлению Рабочих документов, содержащих предложения, касающиеся ООРА, ОУРА или ИМП*, и рассмотреть необходимость дальнейшего обсуждения важнейших вопросов, касающихся управления наследием Антарктики, поднятых в ходе работы МКГ.

(109) Комитет поблагодарил Великобританию и Норвегию за координирование работы МКГ и высоко оценил вклад других участвовавших Членов Комитета и Наблюдателей. Комитет отметил, что МКГ провела содержательные и актуальные обсуждения по сложным, но важным для КООС и широкой общественности вопросам. Значение предложенного Руководства было широко признано как для тех, кто проводит первоначальную оценку места или объекта наследия, так и для КООС при оценке документов и предложений, касающихся новых ИМП. Отметив, что в 2020 году исполнится 200 лет с момента первого обнаружения Антарктики, Члены Комитета также признали, что ИМП являются важным средством, позволяющим посетителям и широкой общественности узнать больше об истории Антарктики и антарктической науке.

(110) По мнению АСОК в проекте руководства предлагаются полезные способы оптимизации процесса определения исторических мест в контексте выполнения прочих обязательств согласно Протоколу, при этом АСОК с одобрением отметила, что в процессе обсуждения вопросы охраны окружающей среды всегда оставались в центре внимания. АСОК полагает, что положение об ОВОС в соответствии со Статьёй 8 (3) Протокола применимо в целом ряде случаев при переходе объекта от целевого назначения или статуса в статус исторического объекта или объекта наследия.

(111) После внесения поправок, предложенных в ходе заседания, включая изменение формулировок определений и ссылки на юридические вопросы, связанные с сохранением ex situ, Комитет одобрил *Руководство по методике оценки и управления наследием Антарктики*.

Комитет также принял решение рекомендовать КСДА принять *Руководство по представлению Рабочих документов, содержащих предложения, касающиеся ООРА, ОУРА или ИМП,* с уточнённым шаблоном В. *Сопроводительная записка к рабочему документу по историческому месту или памятнику* согласно Рабочему документу WP 20.

(112) Комитет напомнил о своём решении, принятом на XVIII заседании КООС, о приостановке рассмотрения подаваемых предложений об определении новых ИМП до разработки и принятия методического руководства по оценке и управлению наследием, а также о своём решении, принятом на XIX заседании КООС, отложить рассмотрение двух предложений об определении ИМП. Комитет принял решение о том, что в случае повторного выдвижения отложенных предложений или поступления новых предложений представляется целесообразным, чтобы их подготовка и представление осуществлялись в соответствии с положениями нового Руководства и уточнённого шаблона В.

(113) Комитет признал, что МКГ выявила несколько важнейших вопросов, требующих дальнейшего рассмотрения. В частности, Комитет признал целесообразность дальнейшего рассмотрения формата перечня ИМП; юридических вопросов, связанных с правом собственности и возможным вывозом объектов для сохранения ex situ, отметив, что для этого могут потребоваться рекомендации КСДА; вопросов привлечения экспертов в области исторического наследия при оценке вариантов управления наследием; вопросов возможной необходимости включения документации ОВОС в предложения об определении новых ИМП. КООС призвал заинтересованных Членов Комитета проработать данные вопросы и подготовить соответствующие документы для рассмотрения Комитетом.

Рекомендации КООС для КСДА в отношении Руководства по методике оценки и управления наследием Антарктики

(114) Комитет одобрил *Руководство по методике оценки и управления наследием Антарктики* и принял решение представить его вниманию КСДА для принятия проекта Резолюции, поддерживающей и поощряющей использование Руководства.

(115) Комитет также одобрил уточнённую редакцию *Руководства по представлению Рабочих документов, содержащих предложения,*

касающиеся *Особо охраняемых районов Антарктики, Особо управляемых районов Антарктики или Исторических мест и памятников*, согласующуюся с *Руководством по методике оценки и управления наследием Антарктики* и содержащую методические материалы по предоставлению информации, необходимой для подготовки предложений о предоставлении объектам статуса ИМП, и принял решение представить материалы вниманию КСДА для принятия проекта Резолюции об уточнении Руководства.

(116) Комитет напомнил о своей рекомендации на XVIII КСДА о приостановке рассмотрения подаваемых предложений об определении новых ИМП до тех пор, пока не будет разработано методическое руководство по оценке и управлению наследием Антарктики. Комитет принял решение рекомендовать КСДА возобновить рассмотрение в установленном порядке предложений об определении новых ИМП в случае принятия *Руководства по методике оценки и управления наследием Антарктики.*

(117) Германия представила Рабочий документ WP 29 *Отчёт межсессионной контактной группы КООС по вопросам разработки методического руководства по экологическим аспектам применения беспилотных летательных аппаратов (БПЛА) / дистанционно пилотируемых авиационных систем (ДПАС) в Антарктике.* В соответствии с техническим заданием МКГ, принятым на XX заседании КООС (2017 г.), в документе представлен отчёт МКГ под руководством Германии, включая уточнённый обзор литературных данных, краткий обзор опыта национального оператора по использованию ДПАС, проект *Руководства по экологическим аспектам использования дистанционно пилотируемых авиационных систем (ДПАС) в Антарктике,* а также проект Резолюции для рассмотрения на заседании КООС.

(118) Германия проинформировала Комитет о том, что по завершении работы МКГ всё ещё остался ряд открытых вопросов, требующих обсуждения и касающихся проекта Руководства, в том числе вопрос о целесообразности включения в Руководство разделительных расстояний между ДПАС и дикими животными, вопрос о целесообразности включения в Руководство списка литературы, вопрос о степени представления в Руководстве материалов по лётной эксплуатации ДПАС и вопрос о применимости Руководства ко всем случаям использования ДПАС или только к использованию для выполнения целевых задач.

(119) Комитет поблагодарил Германию за координирование работы МКГ и выразил признательность всем участникам за внесение вклада в такое ценное и сложное обсуждение. После внесения поправок в ходе заседания, включая изъятие данных о разделительных расстояниях между ДПАС и дикими животными, КООС одобрил *Руководство по экологическим аспектам использования дистанционно пилотируемых авиационных систем (ДПАС) в Антарктике.*

(120) Комитет призвал поддерживать и поощрять дальнейшие исследования по изучению воздействия ДПАС на окружающую среду и преимуществ использования ДПАС, в особенности в отношении воздействия на диких животных. Комитет отметил важность пересмотра и уточнения Руководства по мере необходимости для отражения в нём текущего состояния научных знаний о воздействии ДПАС на окружающую среду и их преимуществах. Комитет признал целесообразность наличия основного источника необходимой информации и с одобрением воспринял предложение КОМНАП и СКАР о подготовке сборника рецензируемой литературы, а также информационной сводки для размещения на Портале окружающей среды Антарктики. Комитет отметил, что обзор литературных данных, представленный в Рабочем документе WP 29, является важным подспорьем в этом отношении.

(121) Комитет отметил, что вопрос возможности рекреационного использования ДПАС не был решён МКГ, и представляется целесообразным принимать во внимание результаты любого обсуждения на КСДА вопросов, связанных с использованием ДПАС.

Рекомендации КООС для КСДА в отношении Руководства по экологическим аспектам использования дистанционно пилотируемых авиационных систем (ДПАС) в Антарктике

(122) Комитет одобрил *Руководство по экологическим аспектам использования дистанционно пилотируемых авиационных систем (ДПАС) в Антарктике* и принял решение представить его вниманию КСДА для принятия проекта Резолюции, поддерживающей и поощряющей использование и дальнейшую доработку Руководства.

---

(123) Комитет принял к сведению указанные ниже Информационные документы, представленные в рамках данного пункта Повестки дня.

- IP 36 *Intersessional Contact Group on Review of the Antarctic Clean-up Manual: Progress report [Отчёт Межсессионной контактной* группы по пересмотру Руководства по очистке в Антарктике: предварительный отчёт о ходе работы]* (Австралия), в котором представлена информация о работе, проделанной МКГ за последний межсессионный период. Учитывая ограниченность по времени и сокращённую Повестку дня XXI заседания КООС, МКГ завершит свою работу в межсессионный период 2018/19 г. и представит свой отчёт и рекомендации на XXII заседании КООС. МКГ призвала всех Членов Комитета и Наблюдателей принять участие в работе.

- IP 43 *COMNAP Antarctic Remotely Piloted Aircraft Systems (RPAS) Operator's Handbook [Руководство КОМНАП по лётной эксплуатации дистанционно-пилотируемых авиационных систем (ДПАС) в Антарктике]* (КОМНАП). В документе представлена текущая редакция Руководства, подготовленного Рабочей группой КОМНАП по ДПАС, в которую включены рекомендации по экологическим аспектам использования ДПАС с учётом представленного на XL КСДА Рабочего документа WP 20 *Уровень изученности реакции диких животных на дистанционно пилотируемые авиационные системы (ДПАС)* (СКАР); мнения Членов КООС, участвовавших в первых раундах обсуждения вопросов в рамках МКГ КООС по ДПАС; и непосредственно опыт национальных антарктических программ. В документе отмечается, что КОМНАП по-прежнему признаёт как риски, так и преимущества (в том числе экономическую эффективность и топливную экономичность) использования ДПАС, и имеется множество примеров целесообразности использования данных технологий в качестве вспомогательных средств при проведении научных исследований, мониторинга, сбора данных, осуществления деятельности и материально-технического обеспечения. Руководство находится в свободном доступе на веб-сайте КОМНАП.

- IP 46 *Report from the Subsidiary Group on Climate Change Response (SGCCR) [Отчёт Вспомогательной группы по ответным мерам в отношении изменения климата (SGCCR)]* (Норвегия). В документе содержится информация о работе SGCCR в межсессионный период. SGCCR инициировала обсуждение рабочих механизмов группы. В качестве одного из первых шагов SGCCR планирует разработку более удобного для пользователя формата Рабочей программы ответных мер в отношении изменения климата (CCRWP).

Пункт 8. Пятилетний план работы

(124) СКАР представил Рабочий документ WP 1 *Экологический кодекс поведения при осуществлении наземных научных полевых исследований в Антарктике, разработанный СКАР*. СКАР напомнил об обсуждении Кодекса поведения на XX заседании КООС (2017 г.) и проинформировал о дальнейших консультациях, имевших место в межсессионный период, в том числе с КОМНАП, и о вытекающей из этого доработке Кодекса.

(125) Комитет выразил признательность в отношении проведения широких и разносторонних консультаций с целью проведения анализа и доработки Кодекса поведения, имеющего рекомендательный характер, и принял решение настоятельно рекомендовать распространение и использование Кодекса поведения при планировании и осуществлении наземных научных исследований в Антарктике.

Рекомендации КООС для КСДА в отношении Экологического кодекса поведения при осуществлении наземных научных полевых исследований в Антарктике, разработанного СКАР

(126) Комитет одобрил разработанный СКАР *Экологический кодекс поведения при осуществлении наземных научных полевых исследований в Антарктике* и принял решение представить на утверждение КСДА проект Резолюции по оказанию содействия в его распространении и использовании.

(127) Австралия представила Рабочий документ WP 16 *Предложение о проведении совместного семинара СКАР и КООС по вопросам дальнейшего развития системы охраняемых районов Антарктики*, подготовленный совместно с Аргентиной, Бельгией, Великобританией, Германией, Китаем, Новой Зеландией, Норвегией, Российской Федерацией, США, Францией, Чешской Республикой, Чили, Японией и СКАР. В целях реализации мероприятий, предусмотренных Пятилетним планом работы КООС и Рабочей программой ответных мер в отношении изменения климата (CCRWP), авторы данного документа обратились к КООС с предложением поддержать проведение совместного семинара СКАР и КООС по вопросам дальнейшего развития системы охраняемых районов Антарктики. В документе содержится краткая характеристика программы семинара. Авторы документа предложили Комитету одобрить данное предложение, определить техническое задание для семинара и поддержать создание совместного организационного комитета СКАР и

КООС для проведения консультаций с членами КООС и участниками семинара с целью окончательного согласования условий и порядка проведения семинара и доведения соответствующей информации.

(128) Комитет решительно поддержал предложение о проведении совместного семинара СКАР и КООС по вопросам дальнейшего развития системы охраняемых районов Антарктики, согласующимся с мероприятиями, предусмотренными Пятилетним планом работы КООС и программой CCRWP, и одобрил представленное ниже Техническое задание для семинара согласно Рабочему документу WP 16.

- Проведение анализа текущего состояния системы охраняемых районов Антарктики.
- Определение актуальных информационных ресурсов и их источников по вопросам, касающимся определения ООРА в пределах систематических эколого-географических рамок.
- Определение круга возможных мероприятий, направленных на содействие дальнейшему развитию системы охраняемых районов Антарктики.
- Подготовка отчёта для рассмотрения на заседании КООС.

(129) Комитет с большим удовлетворением воспринял предложение Чешской Республики выступить в роли принимающей стороны семинара в Праге в конце июня 2018 года в преддверии XXII заседания КООС (четверг и пятница).

(130) Комитет счёл целесообразной идею создания организационного комитета из представителей КООС, СКАР и страны-организатора с целью проведения консультаций с Членами КООС и участниками семинара для окончательного согласования условий и порядка проведения семинара и доведения соответствующей информации и принял решение о включении в состав организационного комитета Австралии, Великобритании и Чешской Республики. Комитет принял решение о целесообразности проведения организационным комитетом консультаций с Членами КООС и соответствующими структурами СКАР по решению практических вопросов, в том числе вопросов определения соответствующего, максимально рекомендуемого количества участников семинара после определения места его проведения. Комитет пришёл к согласию по вопросу открытости семинара для участия представителей Членов КООС, Наблюдателей, представителей и экспертов соответствующих структур СКАР и приглашённых экспертов сторонних организаций.

(131) Комитет также отметил целесообразность рассмотрения организационным комитетом возможности и уместности включения в программу семинара конкретных смежных вопросов, поднятых Членами Комитета в ходе заседания, при дальнейшей подготовке развёрнутого плана и повестки дня семинара в процессе проведения консультаций с Членами КООС, Наблюдателями и соответствующими структурами СКАР. К таким вопросам относятся: целесообразность определения Ключевых орнитологических территорий (КОТ) в качестве ООРА; принятие во внимание развитие туризма при расширении системы охраняемых районов; порядок пересмотра и упразднения районов; актуальность рассмотрения рисков при оценке возможности определения новых ООРА.

(132) Комитет с воодушевлением воспринял перспективу проведения организационным комитетом дальнейших консультаций с Членами КООС и Наблюдателями и рассмотрения результатов семинара на XXII заседании КООС.

(133) Председатель КООС представил Рабочий документ WP 17 *Поддержка деятельности Комитета по охране окружающей среды (КООС): документ, представленный Председателем КООС*, последовавший из результатов обсуждения в ходе XX заседания КООС и призванный способствовать дальнейшему обсуждению вопроса о путях и способах обеспечения условий для того, чтобы КООС и впредь являлся надёжным органом, располагающим всеми возможностями для оказания помощи и поддержки усилий Сторон в их деятельности по всесторонней охране окружающей среды Антарктики. Председатель Комитета призвал Членов Комитета критически проанализировать прилагаемый к документу перечень потребностей КООС в научных исследованиях и возможные варианты представления, доведения до сведения и пересмотра материалов, а также рассмотреть представленные возможные способы привлечения денежных средств для КООС и варианты распоряжения этими средствами.

(134) Комитет выразил Председателю признательность за подготовку данного документа. Комитет отметил важность наличия сводного перечня потребностей КООС в научных исследованиях и данных, в том числе в качестве важного инструмента проведения КООС обсуждений в рамках КСДА и с другими заинтересованными сторонами. Комитет принял решение о включении перечня потребностей КООС в научных исследованиях, представленного во Вложении А в рамках Рабочего

документа WP 17, в Пятилетний план работы КООС. Комитет отметил, что в этом случае будет обеспечиваться доступность потребностей КООС в научных исследованиях через общедоступный веб-сайт СДА, а также пришёл к согласию о целесообразности непосредственного доведения потребностей КООС в научных исследованиях до соответствующих структур и рассмотрения альтернативных форматов их представления для обеспечения большей доступности в понимании соответствующей целевой аудиторией. В отношении потребностей в научных исследованиях, касающихся вопросов, предусмотренных в программе CCRWP, Комитет отметил, что Вспомогательная группа по ответным мерам в отношении изменения климата (SGCCR) может играть важную коммуникационную роль.

(135) Комитет принял решение представить информацию о потребностях КООС в научных исследованиях вниманию КСДА в соответствии с положениями Статьи 12 (k) Протокола по охране окружающей среды, в том числе информацию о продолжающемся обсуждении стратегических научных приоритетов, предусмотренных в рамках Многолетнего стратегического плана работы КСДА. Комитет призвал Членов Комитета, СКАР и другие организации и программы, осуществляющие научные исследования и мониторинг в антарктическом регионе, учитывать потребности КООС в научных исследованиях для содействия и поддержки научных исследований, направленных на более глубокое понимание имеющих место процессов и решение актуальных экологических проблем, с которыми сталкивается Антарктика. Комитет с удовлетворением воспринял информацию СКАР о том, что перечень потребностей КООС в научных исследованиях окажет помощь СКАР при рассмотрении новых научно-исследовательских программ. СКАР также выразил свою заинтересованность в сотрудничестве с Членами Комитета по вопросам включения потребностей КООС в научных исследованиях и данных в свои новые научно-исследовательские программы. Комитет пришёл к согласию в отношении важности регулярного (по мере необходимости) анализа и уточнения потребностей КООС в научных исследованиях на ежегодных заседаниях КООС.

(136) Комитет признал, что наличие умеренной финансовой поддержки будет способствовать повышению эффективности предоставления консультаций и рекомендаций КСДА по приоритетным вопросам. Комитет отметил, что не рассчитывает на большое количество предложений о финансировании, и выразил благодарность за предшествующую и текущую щедрую помощь Членов Комитета и

Наблюдателей в поддержку деятельности КООС. Комитет выразил поддержку в отношении предложенного порядка рассмотрения предложений о финансировании деятельности КООС, представленного во Вложении С в рамках Рабочего документа WP 17, отметив при этом, что данный порядок будет способствовать обеспечению конкретности и адресности предложений, направленных на поддержку решения согласованных первоочередных задач. Члены Комитета выразили мнение о том, что соответствующими источниками финансирования деятельности КООС могут являться неизрасходованные средства из ежегодных взносов Сторон, поступающих в бюджет Секретариата Договора об Антарктике, или добровольные взносы Сторон.

(137) Китай также отметил предпочтительность использования финансирования для организации форумов и совещаний в среде Интернет по сравнению с межсессионными семинарами и совещаниями, так как это упростит деятельное участие всех заинтересованных сторон и повысит эффективность информационного обмена, а также выразил мнение о необходимости дальнейшего обсуждения вопроса о возможных направлениях использования финансирования.

(138) Комитет принял решение обратиться за консультацией к КСДА по вопросу потенциальных возможностей привлечения финансирования.

Рекомендации КООС для КСДА в отношении поддержки работы КООС

(139) В соответствии с положениями Статьи 12 (k) Протокола по охране окружающей среды и принимая во внимание приоритетные задачи Многолетнего стратегического плана работы КСДА в отношении стратегически важных научных исследований, Комитет принял решение проинформировать КСДА о включении перечня потребностей КООС в научных исследованиях в Пятилетний план работы КООС и проведении регулярного (по мере необходимости) анализа и уточнения этих потребностей в научных исследованиях.

(140) Комитет также признал, что наличие умеренного финансирования будет способствовать обеспечению КООС возможности предоставления высококачественных и своевременных консультаций и рекомендаций по вопросам первоочередной важности в соответствии с функциями Комитета, изложенными в Статье 12 Протокола по охране окружающей среды, и принял решение обратиться за консультацией к КСДА по вопросу потенциальных возможностей привлечения такого

финансирования. При этом Комитет отметил, что в рамках Рабочего документа WP 17 представлен предлагаемый порядок рассмотрения предложений о финансировании деятельности КООС, который будет способствовать обеспечению конкретности и адресности предложений о финансировании в рамках согласованных первоочередных задач.

(141) Комитет принял к сведению указанные ниже документы, представленные в рамках данного пункта Повестки дня.

- Информационный документ IP 28 *Anthropogenic Noise in the Southern Ocean: an Update (SCAR)* [*Антропогенный шум в Южном океане: обновленные данные (СКАР)*]. В данном документе представлены результаты работы СКАР в межсессионный период 2017/18 г. по изучению данных в отношении антропогенного шума в Южном океане для КООС. Завершён исчерпывающий обзор литературных данных, создана экспертная группа и в её рамках проведены соответствующие консультации и рассмотрена информация из целого ряда различных источников. Все эти данные сведены воедино в рамках Вспомогательного документа, который будет дорабатываться и уточняться до момента его окончательного представления вниманию XLII КСДА и XXII заседанию КООС в 2019 году.

- Информационный документ IP 50 *Joint monitoring activities during 2017/18 summer season to manage non-native flies in King George Island, South Shetland Islands* [*Осуществление совместной деятельности по мониторингу в течение летнего сезона 2017/18 г. в целях принятия мер по управлению в отношении неместного вида мошек на острове Кинг-Джорж (Ватерлоо), Южные Шетландаские острова*] (Польша, Республика Корея, Российская Федерация, Уругвай). Данный документ содержит отчёт о взаимодействии стран, осуществляющих деятельность на острове Кинг-Джордж (Ватерлоо), по мониторингу и принятию мер по управлению в отношении неместного вида мошек Trichocera maculipennis на острове.

(142) Комитет пересмотрел и обновил свой Пятилетний план работы (Приложение 1). Основные изменения содержали обновления отражающие действия, согласованные в ходе Совещания, в том числе касающиеся: включения научных знаний и информации в рамках КООС; результатов обсуждений по вопросам, связанным с Правилами поведения для посетителей участков; совместного семинара СКАР/

КООС по дальнейшему развитию системы охраняемых районов Антарктики; и управления наследием Антарктики.

(143) Отмечая, что из-за сокращенного формата совещания некоторые пункты, указанные в Пятилетнем плане работы для рассмотрения на XXI заседании КООС, были отложены, Комитет приветствовал следующие обновления:

- Болгария проинформировала Комитет о том, что в межсессионный период 2017/18 г. МКГ КСДА по вопросам образовательной и информационно-просветительской деятельности провела ряд различных мероприятий, имеющих отношение к деятельности КООС. К их числу относится интернет-семинар по Договору об Антарктике и охране окружающей среды, организованный Ассоциацией молодых полярных исследователей и Европейским советом по полярным исследованиям. Интернет-семинар открыл д-р Ив Френо (Yves Frenot) презентацией Договора об Антарктике и Протокола по охране окружающей среды. Другие мероприятия, освещавшиеся на форуме КСДА, включали в себя Полярные недели и День Антарктики 2017, в рамках которого МААТО презентовала свою новую прикладную программу Polar Guide: Antarctica (Полярный справочник: Антарктика). Болгария также проинформировала о продолжении работы МКГ КСДА по вопросам образовательной и информационно-просветительской деятельности в следующем межсессионном периоде.

- Нидерланды проинформировали Комитет о своём намерении провести совместно с Великобританией и МААТО рабочий семинар по анализу и оценке приоритетных задач в области туризма.

Пункт 9. Сотрудничество с другими организациями

(144) Комитет с удовлетворением воспринял следующие Информационные документы, представленные Наблюдателями, участвовавшими в заседании в соответствии с Правилом 4(b) Правил процедуры КООС:

- Информационный документ IP 11 *Ежегодный отчёт Совета управляющих национальных антарктических программ (КОМНАП) за 2017/18 г.* (КОМНАП). В данном документе отмечается, что в 2018 году исполняется тридцатая годовщина основания КОМНАП, а также сообщается об истечении трёхлетнего срока полномочий г-на Кадзуюки Сираиси (Kazuyuki Shiraishi) из

Национального института полярных исследований Японии в должности Председателя КОМНАП и избрании Келли Фолкнер (Kelly Falkner) из Антарктической программы США на должность Председателя на трёхлетний срок. В документе сообщается, что Рабочая группа по дистанционно пилотируемым летательным аппаратам (ДПЛА) продолжает обмен собственной накопленной информацией по использованию данных летательных аппаратов в Антарктике и разработку Руководства КОМНАП по лётной эксплуатации ДПАС в Антарктике на основе научных знаний, прошедших экспертную оценку. Далее в документе сообщается о включении в повестку дня Ежегодного общего совещания КОМНАП в 2018 году и Симпозиума отдельного заседания по вопросам охраны окружающей среды, в частности по вопросам определения источников пластиковых отходов в окружающей среде Антарктики, сокращения использования ископаемых видов топлива и дальнейшего изучения кумулятивного воздействия.

- Информационный документ IP 33 *Update on activities of the Southern Ocean Observing System (SOOS) [Обновлённые сведения о деятельности в рамках Системы наблюдения Южного океана (SOOS)]* (СКАР). В документе представлены основные виды деятельности в рамках SOOS (www.soos.aq), освещены планы на будущее и определены задачи, стоящие перед SOOS на ближайший год. В документе отмечается, что SOOS является совместной программой СКАР и Научного комитета по океаническим исследованиям (СКОР), направленной на содействие сбору и доставке результатов наблюдений за динамикой и изменениями в Южном океане посредством экономически эффективных систем наблюдения и доставки данных.

- Информационный документ IP 66 *Report by the SC-CAMLR Observer to CEP (CCAMLR) [Доклад Наблюдателя НК-АНТКОМ в КООС (АНТКОМ)]*. АНТКОМ проинформировала о значительном прогрессе в работе Научного Комитета по целому ряду рабочих программ, в которых, как отмечалось ранее, заинтересован КООС. В частности, в 2017 году Научный Комитет рекомендовал Комиссии принять Рабочую программу ответных мер в отношении изменения климата, а также предоставить району Шельфового ледника Ларсена C, в котором была отмечена убыль льда площадью 5 800 км2, статус Особого района научных исследований сроком на 10 лет. АНТКОМ также приняла Программу по исследованиям и мониторингу для МОР в море Росса.

(145) От имени Комитета Председатель выразил признательность КОМНАП, СКАР и НК-АНТКОМ за сотрудничество и вклад в работу КООС, а также поздравил СКАР с шестидесятилетием, а КОМНАП – с тридцатилетием. КОМНАП проинформировал КООС о недавнем предоставлении антарктическим программам Швейцарии и Турции статуса Наблюдателей.

(146) ВМО представила Информационный документ IP 47 *Ежегодный доклад ВМО за 2017/18 год* и Информационный документ IP 48 *The Southern Hemisphere Special Observing Period of the Year of Polar Prediction. [Особый период наблюдения в Южном полушарии в течение Года полярных прогнозов]*. ВМО сообщила, что в сферу её деятельности в Антарктике за последний год входили Система глобального наблюдения за криосферой Земли, Год полярных прогнозов (YOPP) и дальнейшая разработка концепции Полярного регионального климатического центра в Антарктике. ВМО выразила намерение пригласить представителя КООС на семинар по определению подлежащих изучению вопросов в отношении сети Полярных региональных климатических центров (ПРКЦ) в Антарктике, предварительно намеченного на май 2019 года, чтобы иметь возможность в обязательном порядке учесть все потребности КООС. В Информационном документе IP 48 ВМО представила обновлённые сведения о деятельности, проводимой в контексте программы YOPP, включая особый период наблюдений, запланированный на период с ноября 2018 года по февраль 2019 года. ВМО призвала Членов Комитета принять участие в программе YOPP и ознакомиться подробнее с данной инициативой на веб-сайте: *http://www.polarprediction.net/yopp-activities/getting-involved-with-yopp/*. Со ссылкой на Информационный документ IP 44 ВМО сообщила о начале осуществления совместно со СКАР Программы предоставления стипендий и грантов для начинающих учёных ВМО-СКАР.

Назначение представителей КООС для участия в мероприятиях других организаций

(147) Комитет назначил:

- г-жу Патрисию Ортусар (Patricia Ortúzar) (Аргентина) представлять КООС на 30-м ежегодном общем совещании КОМНАП, которое будет проходить в г. Гармише, Германия, в период с 11 по 13 июня 2018 года. Комитет также с одобрением воспринял готовность д-ра Антонио Кесада Дель Коррал (Antonio Quesada Del Corral) (Испания) оказать необходимую помощь;

- г-жу Биргит Ньостад (Birgit Njåstad) (Норвегия) представлять КООС на 35-м Совещании делегатов СКАР, которое будет проходить в г. Давосе, Швейцария, в период с 24 по 26 июня 2018 года;

- д-ра Полли Пенхейл (Polly Penhale) (США) представлять КООС на 37-м заседании НК-АНТКОМ, которое будет проходить в г. Хобарте, Австралия, в период с 22 по 26 октября 2018 года.

Пункт 10. Общие вопросы

(148) Российская Федерация представила Рабочий документ WP 3 *Рассмотрение современных изменений климата в Системе Договора об Антарктике*. Напомнив о том, что Стороны представляют документы, связанные с изменением климата, как на КСДА, так и на заседания КООС, во избежание дублирования обсуждения данных вопросов Российская Федерация предложила представлять вниманию КСДА документы, в которых рассматривается роль Антарктики в глобальном изменении климата, а вниманию КООС – документы, освещающие вопросы влияния глобального изменения климата на окружающую среду Антарктики и вопросы, связанные с местным антропогенным воздействием на окружающую среду региона.

(149) СКАР обратил внимание Комитета на выводы, содержащиеся в Пятом оценочном отчёте Межправительственной группы экспертов по изменению климата (МГЭИК), в частности на выводы о том, что потепление в климатической системе является неоспоримым фактом, а влияние человека на климатическую систему является очевидным. СКАР также отметил быстрый рост научных знаний о роли Антарктики в климатической системе, о степени изменения антарктической климатической системы и о воздействии на экологию Антарктики. СКАР также проинформировал о своём намерении и впредь ежегодно предоставлять информацию по данным вопросам как для КООС, так и для КСДА согласно Статье 10.2 Протокола по охране окружающей среды.

(150) ВМО поддержала содержащийся в Рабочем документе WP 3 вывод о том, что малая продолжительность и редкое географическое распределение наблюдений создают значительные трудности для понимания общих тенденций изменения климата в антарктическом регионе. При этом ВМО отметила, что многие данные инструментальных наблюдений получены более 100 лет назад, значительная часть данных получена во время проведения Международного геофизического года (МГГ)

(1957/58 гг.) и с началом использования спутниковых наблюдений в 1970-х годах. По мнению ВМО, совокупность инструментальных наблюдений, спутниковых наблюдений, палеоклиматичесеих данных и данных реанализа в сочетании с имитационными климатическими моделями позволяет делать достаточно надёжные научные выводы. ВМО обратила внимание Комитета на значительное усиление западных ветров, связанное с изменениями в Южном кольцевом режиме и заметным потеплением на Антарктическом полуострове с середины XX века. ВМО особо подчеркнула, что региональное потепление оказало влияние на биоту суши и сыграло свою роль в отступлении 90 % ледников по всему полуострову. ВМО также отметила, что эти научные выводы опубликованы в многочисленных статьях в уважаемых журналах, а пока учёные будут анализировать данные, ВМО, аналогично СКАР, намерена и впредь предоставлять соответствующую новую информацию и КООС, и КСДА.

(151) В ответ Российская Федерация отметила, что разделяет точку зрения ВМО и СКАР, однако всё же хочет подчеркнуть, что целью представленного документа является оптимизация порядка представления документов на рассмотрение во избежание чрезмерной насыщенности повестки дня.

(152) Комитет поблагодарил Российскую Федерацию за представленный документ и отметил, что вопросы, связанные с экологическими последствиями изменения климата, имеют непосредственное отношение к деятельности КООС, в том числе к текущей работе Вспомогательной группы по ответным мерам в отношении изменения климата. Комитет согласился с мнением Российской Федерацией о необходимости исключения дублирования рассмотрения вопросов на КСДА и заседаниях КООС путём соответствующего целевого представления документов. При этом было отмечено, что в ряде случаев сложно провести чёткое разграничение и некоторые вопросы могут представлять актуальность для обоих органов.

(153) Комитет с одобрением воспринял готовность СКАР и ВМО и впредь предоставлять соответствующую научную информацию в помощь обсуждению Комитетом соответствующих вопросов.

(154) Новая Зеландия представила Рабочий документ WP 12 *Согласование инициатив по охране морской среды в рамках Системы Договора об Антарктике (СДА)*, подготовленный совместно с Бельгией, Германией, Нидерландами, США, Францией и Чили. В документе рекомендуется

создание КООС МКГ по координации мероприятий и программ по охране морской среды в рамках Системы Договора об Антарктике. В рамках мандата МКГ предлагается определить возможные варианты содействия реализации целей и задач Морского охраняемого района в море Росса (RSRMPA), а также в отношении решения более широкого круга смежных вопросов.

(155) Принимая во внимание поручение КСДА КООС согласно Резолюции 5 (2017 г.) и мероприятия, предусмотренные в Пятилетнем плане работы КООС, целый ряд Членов КООС активно поддержали предложение о создании МКГ по координации мероприятий и программ по охране морской среды в рамках Системы Договора об Антарктике.

(156) Ряд Членов Комитета подняли вопросы общего характера, в том числе вопросы о независимых от АНТКОМ действиях и самостоятельной роли КСДА, о сущности и особенностях МОР как инструмента реализации АНТКОМ своих целей и принципов и о различии между терминами «сохранение» и «охрана». В отношении положения Резолюции 5 (2017 г.) ряд Членов Комитета высказали мнение о том, что МКГ следует создавать после принятия АНТКОМ Плана научных исследований и мониторинга в отношении Морского охраняемого района в море Росса в рамках Меры по сохранению.

(157) Представитель НК-АНТКОМ проинформировал Комитет о том, что План научных исследований и мониторинга в отношении МОР в море Росса, разрабатывавшийся на Семинаре по разработке Плана научных исследований и мониторинга в отношении МОР в море Росса, состоявшемся в Риме в 2017 году, уже принят НК-АНТКОМ, но ещё не принят АНТКОМ. Представитель НК-АНТКОМ также проинформировал Комитет о том, что семинар АНТКОМ по вопросам управления пространствами морской среды должен состояться в июле 2018 года в Кембридже. На семинаре планируется рассмотреть вопросы возможностей для сотрудничества с другими научно-исследовательскими программами (такими, к примеру, как программы СКАР, Система наблюдения Южного океана (SOOS) и программа «Интегрирование динамики экосистемы и климата в Южном океане» (ICED) и возможных механизмов сотрудничества в отношении сбора данных для разработки методики управления пространствами морской среды и планов научных исследований и мониторинга МОР.

(158) АСОК выразила признательность всем авторам Рабочего документа WP 12 за его полезность и своевременность и заявила о своей активной

поддержке усилий по координированию деятельности АНТКОМ, КСДА и КООС в вопросах МОР. АСОК отметила, что в Информационном документе IP 58 *ASOC update on Marine Protected Areas in the Southern Ocean 2017-2018 [Обновлённая информация АСОК по Морским охраняемым районам в Южном океане за 2017–2018 гг.]* содержится уточнённая информация в отношении обсуждения вопросов МОР в ходе XXXVI совещания АНТКОМ в октябре 2017 года. В документе, среди прочего, АСОК рекомендует КСДА и КООС обеспечить увязку интересов ООРА и ОУРА с интересами МОР АНТКОМ, начав с моря Росса. АСОК отметила, что в АНТКОМ поступило несколько предложений об определении МОР, которые находятся на разных стадиях разработки и в процессе обсуждения, при этом все они расположены в районе действия Договора об Антарктике. АСОК выразила надежду, что предлагаемая МКГ станет первым шагом на пути к созданию механизма, который обеспечит совместную деятельность КСДА, КООС, АНТКОМ и консультативных структур АНТКОМ во имя эффективной охраны окружающей среды Антарктики.

(159) Комитет напомнил о:

- Резолюции 5 (2017 г), поручившей «Комитету по охране окружающей среды рассмотреть все возможные действия в рамках компетенции Консультативного совещания по Договору об Антарктике для содействия достижению конкретных целей, изложенных в Мере АНТКОМ по сохранению 91-05, в частности в отношении определения и реализации Особо охраняемых районов Антарктики и Особо управляемых районов Антарктики в регионе моря Росса и управления соответствующей человеческой деятельностью»;

- мероприятии, предусмотренном в Пятилетнем плане работы КООС: «рассмотреть взаимосвязь суши и океана и взаимодополняющих мер, которые могут быть приняты Сторонами в отношении МОР».

(160) Новая Зеландия предложила выступить в роли координатора неофициального обсуждения данных вопросов в течение предстоящего межсессионного периода и представить отчёт на XXII заседании КООС и призвала заинтересованных Членов Комитета принять участие в этой работе.

(161) Китай представил Рабочий документ WP 14 *Отчёт о результатах неофициального обсуждения проекта Кодекса поведения при осуществлении изыскательской и научно-исследовательской деятельности в районе Купола А в Антарктике в межсессионный*

период 2017/18 года. В документе представлен отчёт о неофициальном межсессионном обсуждении заинтересованными Членами Комитета под руководством Китая вопросов разработки проекта Кодекса поведения при осуществлении изыскательской и научно-исследовательской деятельности в районе Купола А в Антарктике. Китай выразил признательность четырём Членам Комитета, принявшим участие в неофициальном межсессионном обсуждении вопросов Кодекса поведения. Китай проинформировал о намерении установить ещё два телескопа на станции Куньлунь для внеатмосферных астрономических наблюдений, особо отметив при этом, что данные научные исследования требуют отсутствия воздействия со стороны какой-либо другой деятельности. При этом в отношении предполагаемых телескопов на станции Куньлунь был приведен в качестве примера телескоп Грин-Бэнк в США, для которого отведена большая запретная зона. Китай подчеркнул свою приверженность международному научному сотрудничеству в районах Купола А и станции Куньлунь и проинформировал о намерении внести дальнейшие изменения в проект Кодекса поведения согласно предложениям Членов Комитета. Китай призвал заинтересованных Членов Комитета и Наблюдателей внести свой вклад в разработку проекта и поделиться своими соображениями в отношении более совершенной доработки Кодекса поведения.

(162) Великобритания представила Рабочий документ WP 21 *Уведомление об исторических памятках со сроком происхождения до 1958 г.: обломки судна «Эндьюранс» сэра Эрнеста Шеклтона.* Местонахождение судна «Эндьюранс» не установлено, однако Великобритании известно о готовящейся неправительственной экспедиции по поиску обломков кораблекрушения, и она хочет подтвердить статус охраны судна в случае обнаружения его обломков. Великобритания стремится заручиться согласием Комитета на предоставление судну статуса охраняемого объекта в соответствии с Резолюцией 5 (2001 г.) в случае его обнаружения. Великобритания также проинформировала Комитет о своём намерении добиваться предоставления обломкам кораблекрушения официального статуса Исторического места или памятника, отметив при этом уникальность этого первого и единственного чисто морского ИМП.

(163) Норвегия подчеркнула историческую значимость экспедиции Шеклтона и отметила важность разработки соответствующего механизма охраны. Норвегия напомнила об определении так и не обнаруженной палатки

Роальда Амундсена в качестве ИМП, и это может служить прецедентом для обсуждаемого случая.

(164) В ответ на заданный вопрос Великобритания пояснила, что в планы экспедиции входит поиск обломков кораблекрушения и их фотографирование, но ни в коем случае не нарушение их или вывоз каких-либо артефактов. Великобритания подчеркнула, что при выдаче разрешения полномочными органами Великобритании будет однозначно оговорён запрет на какое-либо вмешательство в отношении обломков кораблекрушения.

(165) Комитет поблагодарил Великобританию за предоставление уведомления о возможном обнаружении местонахождения обломков судна «Эндьюранс» сэра Эрнеста Шеклтона, представленного в соответствии с положениями Резолюции 5 (2001 г.). Комитет принял решение о предоставлении обломкам судна и всем относящимся к нему артефактам временной охраны в соответствии с положениями Резолюции 5 (2001 г.) в случае обнаружения их точного местонахождения. Комитет принял к сведению намерение Великобритании представить на следующем заседании предложение о предоставлении судну статуса ИМП.

(166) АСОК представила Информационный документ IP 49 *Emperor Penguin Population Variability in a Region Subject to Climate Warming [Популяционная изменчивость императорских пингвинов в регионе, подверженном потеплению климата]*, подготовленный совместно с Великобританией. В документе представлены предварительные результаты совместного исследования, проведённого Антарктическим управлением Великобритании, АСОК и Всемирным фондом дикой природы (WWF). В исследовании предпринята попытка оценить величину популяций в 16 известных колониях императорских пингвинов, находящихся между 0 и 90° з.д. (охватывающих Антарктический полуостров и море Уэдделла), с использованием спутниковых изображений высокого разрешения, сделанных в 2009–2016 гг. Первоначальные результаты показали, что колонии в этом секторе насчитывают примерно от 650 до более 15 000 пар, при этом в среднем численность колоний составляет менее 5000 пар. Результаты также свидетельствуют о ежегодной изменчивости численности колоний и отсутствии какой-либо общей картины междугодичной изменчивости на всех участках, и это даёт основания полагать, что для более точного определения тенденции изменения численности необходим массив данных в циркумантарктическом масштабе за

более длительный период. По мнению АСОК и Великобритании, эти результаты можно использовать в качестве базовой информации для предупредительной охраны императорских пингвинов, включая места наиболее вероятных климатических убежищ, например, в высокоширотном море Уэдделла.

(167) АСОК представила Информационный документ IP 60 *Enacting the Climate Change Work Response Programme under a Changing Antarctic Environment [Введение в действие Рабочей программы ответных мер в отношении изменения климата в условиях меняющейся окружающей среды Антарктики].* В документе АСОК главное внимание уделено пяти основным рекомендациям: развитию системы экологического мониторинга, разработке планов предупредительных мероприятий или планов быстрого реагирования, определению охраняемых контрольных районов климатических факторов, реализации мониторинга и системе оценки с точной, измеримой, достижимой, актуальной и с заданным конечным сроком целью (SMART-цель) в планах реагирования. АСОК увязала рекомендации с конкретными пунктами, которые можно включить в программу CCRWP, и в качестве ориентира представила снабжённую комментариями программу CCRWP. АСОК обратила особое внимание на воздействие изменения климата на окружающую среду Антарктики и подчеркнула, что в этих условиях КООС и КСДА следует переходить от простого изучения информации к принятию управленческих решений, таких как определение новых охраняемых районов и принятие мер по заполнению разрывов в мониторинге.

(168) Комитет с одобрением воспринял Информационный документ IP 49 и Информационный документ IP 60 и отметил значимость данных документов для своей деятельности. В частности, Комитет отметил, что в Информационном документе IP 60 представлена полезная информация для SGCCR-группы в её работе по содействию реализации программы CCRWP. Китай выразил признательность АСОК за Информационный документ и высказал соображение о необходимости подтверждения информации, используемой SGCCR-группой в своей работе, научными данными. Координатор SGCCR-группы подчеркнул, что SGCCR открыта для всех заинтересованных Членов Комитета и Наблюдателей.

(169) Новая Зеландия отметила целесообразность использования материалов исследования, представленных в Информационном документе IP 49, для обновления информационных сводок об изменении климата и императорских пингвинах на Портале окружающей среды Антарктики.

(170) Аргентина обратила внимание на наличие других важных факторов, требующих обеспечения особой охраны конкретных районов или ценностей, включая антропогенную нагрузку.

(171) В ответ на заданный вопрос АСОК пояснила, что под контрольными районами климатических факторов понимаются специально отведённые районы, в которых ограничена деятельность человека, и предназначенные для обеспечения возможности путём научных исследований устанавливать различие между последствиями изменения климата и последствиями антропогенного воздействия. АСОК подчёркнула важность наличия таких контрольных районов в регионах, где наблюдаются быстрые изменения, например на Антарктическом полуострове.

(172) Колумбия проинформировала Комитет о том, что в январе 2018 года Президент Республики Колумбия одобрил ратификацию Протокола по охране окружающей среды. Она сообщила, что в настоящее время ратификация проходит конституционный контроль и завершение процесса ратификации ожидается в следующем году. Колумбия выразила признательность шести странам, оказавшим ей помощь в экологических аспектах её недавней экспедиции, и вновь подтвердила свою приверженность сотрудничеству с КООС и его межсессионными группами.

(173) Комитет поблагодарил Колумбию за информацию о ходе ратификации Протокола по охране окружающей среды и выразил надежду, что в скором времени Колумбию будут приветствовать в качестве Члена КООС.

(174) Комитет принял к сведению указанные ниже Информационные документы, представленные в рамках данного пункта Повестки дня.

- Информационный документ IP 3 *Antarctic Environments Portal: Progress Report [Портал окружающей среды Антарктики: отчёт о ходе работ]* (Новая Зеландия, СКАР). Документ содержит информацию о ходе работ по развитию Портала окружающей среды Антарктики, и к нему приложено дополнение с уточнёнными данными к Плану управления содержимым Портала. Инициаторы призвали Членов Комитета представить свои замечания и предложения в отношении Плана управления содержимым и предложить своего кандидата на вакантную должность в редакционной группе Портала.

- Информационный документ IP 5 *Environmental Monitoring of the Reconstruction Work of the Brazilian Antarctic Station (2017/2018) [Контроль состояния окружающей среды в ходе реконструкции бразильской антарктической станции (2017/18 г.)]* (Бразилия). В документе представлена обновлённая информация по контролю состояния окружающей среды, проводившемуся Бразилией в ходе реконструкции антарктической станции Команданти-Феррас в течение прошлого летнего сезона.

- Информационный документ IP 10 *Новые данные о температуре морской воды в Южной бухте острова Доумер»* (Чили). В документе представлены результаты первой ежегодной непрерывной регистрации температур с высоким разрешением в ООРА № 146 «Южная бухта острова Доумер».

- Информационный документ IP 12 *Preliminary Survey for the International Exploration Programme of Subglacial Lakes in Southern Victoria Land, Antarctica [Подготовительные изыскания для международной программы исследований подледниковых озёр в южной части Земли Виктории]* (Республика Корея). В документе представлена краткая информация о подготовительных работах, проводимых Республикой Корея, в отношении планируемого исследования подледниковых озёр перед ледником Дейвида в южной части Земли Виктории, Восточная Антарктика. В документе также отмечается, что исходные данные для подготовки ВООС будут собраны не позднее начала сезона 2019/20 г.

- Информационный документ IP 17 *О применении моделирования атмосферных выпадений для количественной оценки кумулятивного воздействия на почвы* (Беларусь). Документ акцентирует внимание на использовании в рамках ВООС моделирования атмосферных выпадений при проведении количественной оценки кумулятивного воздействия на почвы. В частности, данная оценка может применяться в ходе строительства и эксплуатации объектов в Антарктике с использованием указанного выше моделирования в качестве важной составляющей процесса оценки кумулятивного воздействия. В документе представлена информация о моделировании Беларусью атмосферного выпадения твёрдых частиц от стационарных организованных источников выбросов на белорусской антарктической станции на горе Вечерняя в качестве примера использования этой методики.

- Информационный документ IP 22 *Supporting the Regional-Scale Analysis of Antarctica: A Tool to Enable Broader-Scale Environmental Management [Вспомогательные средства для анализа состояния окружающей среды Антарктики в региональном масштабе:*

инструмент, позволяющий осуществление более масштабного управления окружающей средой] (Новая Зеландия). В документе представлена обновлённая информация о деятельности Новой Зеландии по разработке вспомогательного инструмента для оценки воздействия деятельности в Антарктике на окружающую среду. Новая Зеландия призвала Членов Комитета принять участие в разработке данного инструмента и в работе семинара, посвящённого презентации данного инструмента на конференции POLAR2018.

- Информационный документ IP 24 *Accession of Turkey to the Protocol on Environmental Protection to the Antarctic Treaty [Присоединение Турции к Протоколу по охране окружающей среды к Договору об Антарктике]* (Турция). Документ информирует о присоединении Турции к Протоколу по охране окружающей среды и о последующих шагах по его ратификации.

- Информационный документ IP 27 *Проведение природоохранных мероприятий в ходе X Белорусской антарктической экспедиции 2017-2018 гг.* (Беларусь). Документ информирует о продолжающейся работе по удалению прошлых отходов в районе горы Вечерняя (Земля Эндерби, Восточная Антарктика) силами белорусской антарктической экспедиции в тесном сотрудничестве с российской антарктической экспедицией. В документе также сообщается о намерении Беларуси начать в 2019 году процедуру ратификации Приложения VI к Протоколу по охране окружающей среды.

- Информационный документ IP 30 *Повреждение корпуса российского т/х «Иван Папанин» в бухте Килти, холмы Ларсеманн, Восточная Антарктика* (Индия, Российская Федерация). В документе сообщается о происшествии вблизи станции Бхарати, приведшем к повреждению корпуса т/х «Иван Папанин». Отмечается, что 38 человек (за исключением 28 членов экипажа), а также особо важный груз и вертолёты были эвакуированы с судна при содействии российской антарктической программы. Оказание помощи также предложила Южно-Африканская антарктическая программа. Несмотря на сильное повреждение корпуса судна, члены экипажа и участники экспедиции травмированы не были и утечки топлива не произошло. После выполнения временного ремонта 7 марта 2018 года судно покинуло залив Прюдс и 21 марта благополучно прибыло в Кейптаун.

- Информационный документ IP 31 *Non-native Species Response Protocol: An Update [Протокол действий в отношении неместных видов: оперативная информация]* (Аргентина, Великобритания, Испания). В документе представлена информация о неофициальном обсуждении вопросов по доработке Протокола действий в отношении неместных видов и содержится настоятельная рекомендация Членам Комитета принять неофициальное участие в межсессионный период в продолжающейся доработке Протокола действий в отношении неместных видов.

- IP 34 *Fatal Accident During Convoy Operation at Indian Barrier, Maitri Station, East Antarctica [Несчастный случай со смертельным исходом во время движения транспортной колонны вблизи грузовой площадки (Indian Barrier) станции Майтри, Восточная Антарктика]* (Индия). В документе сообщается о гибели 26 марта 2018 года студента, участвовавшего в XXXVII индийской научно-исследовательской экспедиции в Антарктику (ISEA), в результате автомобильной аварии.

- Информационный документ IP 45 *The Initial Environmental Evaluation for the Construction of a New Garage for the Inland Traverse Vehicles in Zhongshan Station, Larsemann Hills, East Antarctica [Первоначальная оценка окружающей среды для строительства нового гаража для транспортных средств внутриконтинентального санно-гусеничного похода на станции Зонгсан, Холмы Ларсеманн, Восточная Антарктика]* (Китай). В документе сообщается, что ПООС проводилась Университетом Тунцзи в соответствии с требованиями Приложения I к Протоколу по охране окружающей среды и Руководства по ОВОС, принятого в рамках Резолюции 1 (2016 г.), и о начале строительства в сезоне 2017/18 г. и предполагаемом его завершении в следующем сезоне.

- Информационный документ IP 52 *О Разрешении на осуществление деятельности Российской антарктической экспедиции в период 2018-2022 гг.* (Российская Федерация). В документе представлена информация о внутренних процедурах возобновления Российской Федерацией разрешения, выданного Арктическому и Антарктическому научно-исследовательскому институту (ААНИИ) для проведения деятельности Российской антарктической экспедиции.

- Информационный документ IP 59 *The Polar Code and Marine Mammal Avoidance Planning in the International Maritime Organization [Полярный кодекс и планирование Международной* морской организацией рейсов в обход мест обитания морских млекопитающих] (АСОК). Документ акцентирует внимание на требованиях Полярного Кодекса к планированию рейсов в обход мест обитания морских млекопитающих. АСОК внесла предложение о рассмотрении КООС и КСДА вопросов выполнения требований Полярного кодекса к планированию рейсов. В документе содержится обращение к Сторонам проанализировать возможные способы содействия выполнению положений Полярного Кодекса и предоставления мореплавателям данных о плотности и путях сезонной миграции морских млекопитающих.

- Информационный документ IP *64 Progress on the Development of a Preliminary Proposal for the Establishment of a Marine Protected Area (MPA) West of the Antarctic Peninsula and South of the Scotia Arc [Ход подготовки предварительного предложения об определении Морского охраняемого района (МОР) на западе Антарктического полуострова и в южной части Южно-антильского хребта]* (Аргентина, Чили). В документе представлена оперативная информация в отношении определения МОР в Домене 1 АНТКОМ. Соавторы документа призвали Членов Комитета принять активное участие в процессе определения МОР и следить за ходом обсуждения вопросов, связанных с определением МОР в Домене 1.

- Информационный документ IP 67 *Committee for Environmental Protection (CEP): Summary of Activities During the 2017/18 Intersessional Period [Комитет по охране окружающей среды (КООС): краткий обзор мероприятий, проведённых в межсессионный период 2017/18 г.]* (Австралия). В этом документе Председатель КООС представил краткий обзор мероприятий, проведённых в межсессионный период после XX заседания КООС.

(175) В рамках данного пункта Повестки дня были также представлены следующие документы:

- Вспомогательный документ BP 11 *Visit to Chilean Antarctic Station Prof. Julio Escudero by Turkey [Посещение турецкими специалистами чилийской антарктической станции Хулио-Эскудеро]* (Турция).

- Вспомогательный документ BP 34 *Brazil/Australia Remediation Workshop [Совместный семинар, организованный Австралией и Бразилией, по вопросам восстановления окружающей среды]* (Австралия, Бразилия).

Пункт 11. Выборы должностных лиц

(176) Комитет избрал г-жу Патрисию Ортусар (Patricia Ortúzar) (Аргентина) заместителем Председателя КООС на второй двухлетний срок. Комитет поблагодарил г-жу Ортусар за её весомый вклад в работу Комитета в качестве заместителя Председателя и поздравил её с повторным назначением на эту должность.

(177) Комитет избрал г-жу Биргит Ньостад (Birgit Njåstad) (Норвегия) Председателем КООС на двухлетний срок и поздравил её с назначением на эту должность.

(178) В связи с избранием г-жи Биргит Ньостад на должность Председателя КООС Комитет принял решение назначить заместителя Председателя КООС Кевина Хьюза (Kevin Hughes) (Великобритании) координатором Вспомогательной группы по ответным мерам в отношении изменения климата (SGCCR). Комитет поблагодарил г-жу Биргит Ньостад за работу в качестве координатора SGCCR в течение первого года её существования.

(179) Комитет выразил искреннюю признательность Юэну Мак-Айвору (Ewan McIvor) (Австралия) за значительный вклад и безупречную четырёхлетнюю работу на посту Председателя КООС.

Пункт 12. Подготовка следующего заседания

(180) Комитет принял предварительную Повестку дня XXII заседания КООС (Приложение 2).

Пункт 13. Принятие Отчёта

(181) Комитет принял данный Отчёт.

Пункт 14. Закрытие заседания

(182) Во вторник 15 мая 2018 года Председатель КООС объявил заседание закрытым.

Пятилетний план работы КООС 2018

Вопрос / Нагрузка на окружающую среду: Интродукция неместных видов	
Приоритет: 1	
Действия: 1. Продолжить разработку практических инструкций и ресурсов для всех антарктических операторов. 2. Осуществить соответствующие мероприятия согласно Рабочей программе ответных мер в отношении изменений климата. 3. Рассмотреть подробную пространственную оценку рисков с разбивкой по видам деятельности, что позволит снизить риски, связанные с наземными неместными видами. 4. Разработать стратегию надзора за районами с высоким риском закрепления неместных видов. 5. Уделить особое внимание рискам, связанным с переносом пропагул внутри Антарктики.	
Межсессионный период 2018/19 г.	• Приступить к разработке стратегии деятельности в области ответных мер в отношении неместных видов, включая надлежащие меры реагирования при выявлении болезней в мире дикой природы • В целях оказания помощи Комитету в вопросах оценки эффективности Руководства обратиться к КОМНАП с ходатайством о предоставлении материалов о результатах проведения карантинных мероприятий и осуществления мер биобезопасности странами – членами Совета • Координатором обсуждения вопросов по доработке Протокола ответных действий в отношении неместных видов с заинтересованными Членами и Наблюдателями является Великобритания
КООС XXII, 2019 г.	• Провести обсуждение результатов работы в межсессионный период по вопросам разработки стратегии деятельности в области ответных мер для включения соответствующих положений в Руководство по неместным видам, а также по вопросам проведения карантинных мероприятий и осуществления мер биобезопасности членами КОМНАП. Провести анализ доклада ИМО по Руководству по контролю за биообрастанием корпусов судов • Рассмотреть отчёт об итогах межсессионного обсуждения Протокола ответных действий в отношении неместных видов и вопрос о включении его в Руководство по неместным видам • От СКАР ожидается предоставление информации об имеющихся методах, способствующих выявлению неместных видов
Межсессионный период 2019/20 г.	• Обратиться к СКАР с ходатайством по вопросу составления перечня имеющихся источников информации о биоразнообразии и соответствующих баз данных в качестве вспомогательного информативного материала о местных видах, имеющихся на территории Антарктики, с целью оказания помощи Сторонам при определении масштабов имеющейся на данный момент и последующей интродукции • Разработать общеприменимые рекомендации по осуществлению мониторинга. Для отдельных районов может потребоваться разработка более подробных рекомендаций по мониторингу, характерных для конкретного участка • Обратиться к Сторонам и Наблюдателям с ходатайством о предоставлении материалов по вопросу применения руководства по обеспечению биологической безопасности их членами

КООС XXIII, 2020 г.	• Провести обсуждение результатов работы в межсессионный период по вопросам разработки рекомендаций по осуществлению мониторинга с целью включения их в Руководство по неместным видам • Рассмотреть материалы Сторон и Наблюдателей по вопросу применения руководства по обеспечению биологической безопасности их членами
Межсессионный период 2020/21 г.	• Приступить к работе по оценке риска интродукции морских неместных видов
КООС XXIV, 2021 г.	• Провести обсуждение результатов работы в межсессионный период по вопросам опасности интродукции морских неместных видов
Межсессионный период 2021/22 г.	• Разработать целевые рекомендации по снижению уровня попадания в окружающую среду неместных видов при сбросе сточных вод • Провести анализ применения и содержания Руководства по неместным видам КООС
КООС XXV, 2022 г.	• Рассмотреть на заседании КООС вопрос о необходимости пересмотра и доработки Руководства по неместным видам
Межсессионный период 2022/23 г.	• В случае необходимости провести в межсессионный период пересмотр Руководства по неместным видам
КООС XXVI, 2023 г.	• В случае создания МКГ рассмотреть на заседании КООС её отчёт и вопрос о принятии на КСДА пересмотренного Руководства по неместным видам в рамках соответствующей Резолюции

Потребности в научных исследованиях и данных:
• Определение районов суши, морских районов и сред обитания, подверженных риску интродукции неместных видов.
• Определение местных видов, подверженных риску переноса, а также средств и путей внутриконтинентального переноса.
• Обобщение знаний о биоразнообразии, биогеографии и биорегионализации Антарктики и проведение фоновых исследований местных видов.
• Определение путей интродукции морских видов (включая оценку рисков, связанных со сбросом сточных вод).
• Проведение оценки рисков и путей интродукции микроорганизмов, способных отрицательно влиять на сложившиеся сообщества микроорганизмов.
• Осуществление мониторинга районов суши и морской среды в отношении неместных видов (включая активность микробной биомассы в местах сброса сточных вод из очистных сооружений).
• Определение способов и методов быстрого реагирования на интродукцию неместных видов.
• Определение путей интродукции неместных видов без непосредственного участия человека.

Вопрос / Нагрузка на окружающую среду: Туризм и неправительственная	
Приоритет: 1	
Действия: 1. Обеспечить консультации для КСДА по мере необходимости. 2. Реализовать рекомендации СЭДА по морскому туризму.	
Межсессионный период 2018/19 г.	• Продолжить разработку методики оценки чувствительности участков (рекомендации 3 и 7 исследования КООС в области туристической деятельности)
КООС XXII, 2019 г.	• Обсудить рекомендации исследования КООС в области туристической деятельности и другие соответствующие рекомендации и определить приоритетные действия и шаги, предпринимаемые в дальнейшем
Межсессионный период 2019/20 г.	
КООС XXIII, 2020 г.	
Межсессионный период 2020/21 г.	

КООС XXIV, 2021 г.	
Межсессионный период 2021/22 г.	
КООС XXV, 2022 г.	
Межсессионный период 2022/23 г.	
КООС XXVI, 2023 г.	

Потребности в научных исследованиях и данных:
- Последовательное осуществление целенаправленного мониторинга воздействия туристической деятельности.
- Осуществление мониторинга посещаемых участков, на которые распространяется действие Правил поведения для посетителей участков.

Вопрос / Нагрузка на окружающую среду: Последствия изменения климата для окружающей среды

Приоритет: 1

Действия:
1. Рассмотреть влияния изменения климата на управление окружающей средой Антарктики.
2. Реализовать Рабочую программу ответных мер в отношении изменения климата (CCRWP).

Межсессионный период 2018/19 г.	• Работа вспомогательной группы осуществляется в соответствии с согласованным планом работы
КООС XXII, 2019 г.	• Постоянный пункт повестки дня • Рассмотреть информацию о соответствии деятельности ВМО мероприятиям CCRWP • Рассмотреть отчёт вспомогательной группы • СКАР предоставляет новую информацию в дополнение к докладу «Изменение климата и окружающая среда Антарктики (ACCE)» с включением в неё соответствующих данных от ВМО, программы «Интегрирование динамики экосистемы и климата в Южном океане» (ICED) и Системы наблюдения Южного океана (SOOS)
Межсессионный период 2019/20 г.	• Работа вспомогательной группы осуществляется в соответствии с согласованным планом работы
КООС XXIII, 2020 г.	• Постоянный пункт повестки дня • Рассмотреть отчёт вспомогательной группы • СКАР предоставляет новую информацию в дополнение к докладу ACCE с включением в неё соответствующих данных от ВМО, ICED и SOOS • Рассмотреть аналитические материалы вспомогательной группы • Провести анализ выполнения мероприятий, намеченных по итогам совместного семинара КООС и НК-АНТКОМ (2016 г.) • Спланировать совместный семинар НК-АНТКОМ и КООС в межсессионный период 2021/22 г. в соответствии с пятилетним планом проведения семинаров
Межсессионный период 2020/21 г.	
КООС XXIV, 2021 г.	• Выполнить окончательную доработку плана проведения совместного семинара НК-АНТКОМ и КООС в межсессионный период 2021/22 г.
Межсессионный период 2021/22 г.	• Провести регулярный совместный семинар НК-АНТКОМ и КООС в соответствии с пятилетним планом семинаров
КООС XXV, 2022 г.	
Межсессионный период 2022/23 г.	
КООС XXVI 2023 г.	

Потребности в научных исследованиях и данных:
- Улучшить понимание текущих и будущих изменений в наземной (в том числе водной) биотической и абиотической среде в результате изменения климата.
- Проводить долгосрочный мониторинг изменений в наземной (в том числе водной) биотической и абиотической среде в результате изменения климата.
- Продолжить работы по разработке биогеографических инструментов для создания надёжной информационной базы для охраны и управления районами Антарктики на региональном и континентальном уровнях в условиях изменения климата, включая изучение вопроса о необходимости определения контрольных районов для будущих исследований и выявления районов, устойчивых к изменению климата.
- Определить биогеографические регионы Антарктики, являющиеся наиболее уязвимыми к изменению климата, и установить степень их приоритетности.
- Понимать и прогнозировать прибрежные морские изменения и последствия изменений.
- Осуществлять долгосрочный мониторинг изменений в прибрежной морской биотической и абиотической среде в связи с изменением климата.
- Оценить воздействие закисления океана на морскую биоту и экосистемы.
- Понимать демографический статус, тенденции, уязвимость и распределение ключевых антарктических видов.
- Понимать статус среды обитания, тенденции, уязвимость и распределение.
- Проводить наблюдения и моделирование в Южном океане для понимания изменения климата.
- Определить районы, предположительно устойчивые к изменению климата.
- Осуществлять мониторинг колоний императорских пингвинов, включая метод дистанционного зондирования и дополняющие методы, с целью определения тенденций изменения популяций и потенциальных *убежищ* в контексте изменения климата.

Вопрос / Нагрузка на окружающую среду: Обработка новых и пересмотренных планов управления охраняемыми и управляемыми районами

Приоритет: 1

Действия:
1. Уточнить процесс пересмотра новых и пересмотренных планов управления.
2. Обновить существующие инструкции.
3. Разработать инструкции по подготовке ОУРА.

Межсессионный период 2018/19 г.	• ВГПУ проводит работу по предложенному плану управления • Норвегия и заинтересованные Члены подготавливают документ касательно руководства по упразднению ООРА
КООС XXII, 2019 г.	• Рассмотреть отчёт ВГПУ • Рассмотреть документ, подготовленный Норвегией и заинтересованными Членами, касающийся руководства по упразднению ООРА
Межсессионный период 2019/20 г.	• ВГПУ проводит работу по предложенному плану управления
КООС XXIII, 2020 г.	• Рассмотреть отчёт ВГПУ
Межсессионный период 2020/21 г.	• ВГПУ проводит работу по предложенному плану управления
КООС XXIV, 2021 г.	• Рассмотреть отчёт ВГПУ
Межсессионный период 2021/22 г.	• ВГПУ проводит работу по предложенному плану управления
КООС XXV, 2022 г.	• Рассмотреть отчёт ВГПУ
Межсессионный период 2022/23 г.	• ВГПУ проводит работу по предложенному плану управления
КООС XXVI, 2023 г.	• Рассмотреть отчёт ВГПУ

Потребности в научных исследованиях и данных:
- Осуществление мониторинга с целью оценки состояния ценностей острова Эмперор (ООРА № 107).
- Использование методов дистанционного зондирования для мониторинга изменений в растительности на территориях ООРА.
- Осуществление долгосрочного мониторинга биологических ценностей в ООРА.

Вопрос / Нагрузка на окружающую среду: Работа КООС и стратегическое планирование	
Приоритет: 1	
Действия:	
1. Обновлять Пятилетний план работы, руководствуясь изменяющимися обстоятельствами и требованиями КСДА. 2. Определить возможности улучшения эффективности КООС. 3. Рассмотреть долгосрочные цели для Антарктики (на 50–100 лет). 4. Рассмотреть возможности укрепления рабочих взаимоотношений между КООС и КСДА.	
Межсессионный период 2018/19 г.	
КООС XXII, 2019 г.	
Межсессионный период 2019/20 г.	
КООС XXIII, 2020 г.	
Межсессионный период 2020/21 г.	
КООС XXIV, 2021 г.	
Межсессионный период 2021/22 г.	
КООС XXV, 2022 г.	
Межсессионный период 2022/23 г.	
КООС XXVI, 2023 г.	

Вопрос / Нагрузка на окружающую среду: Устранение вреда, наносимого окружающей среде, или ослабление его воздействия	
Приоритет: 2	
Действия:	
1. Ответить на дальнейший запрос от КСДА, касающийся устранения вреда, наносимого окружающей среде, или ослабления его воздействия по мере необходимости. 2. Отслеживать ход работы по организации инвентаризации участков прошлой деятельности в Антарктике. 3. Рассмотреть инструкции по устранению вреда, наносимого окружающей среде, или ослаблению его воздействия. 4. Члены должны разработать практические указания и дополнительные ресурсы для их включения в Руководство по очистке. 5. Продолжить разработку практических биовосстановительных мероприятий для включения в Руководство по очистке.	
Межсессионный период 2018/19 г.	• МКГ продолжить работу по пересмотру Руководства по очистке территории Антарктики
КООС XXII, 2019 г.	• Рассмотреть отчёт МКГ по пересмотру Руководства по очистке территории Антарктики
Межсессионный период 2019/20 г.	
КООС XXIII, 2020 г.	
Межсессионный период 2020/21 г.	
КООС XXIV, 2021 г.	
Межсессионный период 2021/22 г.	
КООС XXV, 2022 г.	
Межсессионный период 2022/23 г.	
КООС XXVI, 2023 г.	

Потребности в научных исследованиях и данных:
- Исследования в целях информирования для определения целевых показателей качества окружающей среды при проведении работ по устранению экологического ущерба или восстановлению окружающей среды в Антарктике.
- Методы предотвращения мобилизации загрязняющих веществ, например отведение талых вод, устройство барьеров локализации загрязняющих веществ.
- In situ и ex situ методы восстановления участков, загрязненных разливами топлива или другими опасными веществами.

Вопрос / Нагрузка на окружающую среду: Контроль и состояние отчётности по окружающей среде	
Приоритет: 2	
Действия:	
1. Определить ключевые экологические индикаторы и инструменты.	
2. Установить процесс отчётности перед КСДА.	
3. СКАР должен предоставить информацию КОМНАП и КООС.	
Межсессионный период 2018/19 г.	
КООС XXII, 2019 г.	• Рассмотреть *Кодекс поведения при использовании животных в научных целях в Антарктике, разработанный СКАР*
Межсессионный период 2019/20 г.	
КООС XXIII, 2020 г.	
Межсессионный период 2020/21 г.	
КООС XXIV, 2021 г.	• Рассмотреть отчёт о мониторинге, подготовленный Великобританией по ООРА № 107
Межсессионный период 2021/22 г.	
КООС XXV, 2022 г.	
Межсессионный период 2022/23 г.	
КООС XXVI, 2023 г.	

Потребности в научных исследованиях и данных:
- Осуществление долгосрочного мониторинга изменений в земной (в том числе водной) биотической и абиотической среде в связи с изменением климата.
- Осуществление долгосрочного мониторинга имеющих место изменений в прибрежной морской биотической и абиотической среде в связи с изменением климата.
- Осуществление мониторинга популяций птиц с целью создания информационной базы для последующего принятия мер по управлению.
- Использование методов дистанционного зондирования для мониторинга изменений в растительности на территориях ООРА и в более широком масштабе.
- Осуществление мониторинга колоний императорских пингвинов с использованием метода дистанционного зондирования и дополняющих методов с целью определения потенциальных *убежищ* в контексте изменения климата.
- Осуществление долгосрочного мониторинга биологических ценностей в ООРА.
- Осуществление долгосрочного мониторинга для проверки и выявления антропогенного воздействия на окружающую среду.
- Осуществление долгосрочного мониторинга и устойчивых наблюдений изменений окружающей среды.
- Последовательное осуществление целенаправленного мониторинга воздействия туристической деятельности.
- Осуществление систематического регулярного мониторинга посещаемых участков, на которые распространяется действие Правил поведения для посетителей участков.
- Осуществление долгосрочного мониторинга биологических индикаторов воздействия на участках, посещаемых туристами.

Вопрос / Нагрузка на окружающую среду: Пространственная охрана морской среды и меры пространственного управления	
Приоритет: 2	
Действия:	
1. Сотрудничество между КООС и НК-АНТКОМ по вопросам общего интереса. 2. Сотрудничество с АНТКОМ по биорайонированию Южного океана и другим общим интересам и согласованным принципам. 3. Определить и применить процессы для пространственной охраны морской среды. 4. Рассмотреть взаимосвязь суши и океана и взаимодополняющих мер, которые могут быть приняты Сторонами в отношении МОР.	
Межсессионный период 2018/19 г.	• Неформальные обсуждения под руководством Новой Зеландии по вопросам, касающимся Резолюции 5 (2017 г.)
КООС XXII, 2019 г.	• Рассмотреть результаты неформальных обсуждений
Межсессионный период 2019/20 г.	
КООС XXIII, 2020 г.	
Межсессионный период 2020/21 г.	
КООС XXIV, 2021 г.	
Межсессионный период 2021/22 г.	
КООС XXV, 2022 г.	
Межсессионный период 2022/23 г.	
КООС XXVI, 2023 г.	

Вопрос / Нагрузка на окружающую среду: Специальное руководство для наиболее посещаемых туристами территорий	
Приоритет: 2	
Действия:	
1. Периодически пересматривать перечень участков, на которые распространяются Правила поведения для посетителей, а также рассмотреть необходимость разработки правил для дополнительных участков. 2. Регулярно пересматривать все действующие Правила поведения для посетителей участков с целью обеспечения их точности и актуальности, в том числе внесение предупредительных изменений по мере необходимости. 3. Обеспечить консультации для КСДА по мере необходимости. 4. Пересмотреть формат Правил поведения для посетителей участков.	
Межсессионный период 2018/19 г.	• Разработка контрольного перечня для пересмотра Правил поведения для посетителей участков • Создание онлайн-хранилища изображений участков для регулярного пересмотра Правил поведения для посетителей участков
КООС XXII, 2019 г.	• Постоянный пункт повестки дня. Стороны должны представить отчёты по пересмотру Правил поведения для посетителей участков • Рассмотреть контрольный перечень для содействия проведению пересмотров Правил поведения для посетителей участков на местности
Межсессионный период 2019/20 г.	
КООС XXIII, 2020 г.	• Постоянный пункт повестки дня. Стороны должны представить отчёты по пересмотру Правил поведения для посетителей участков
Межсессионный период 2020/21 г.	
КООС XXIV, 2021 г.	• Постоянный пункт повестки дня. Стороны должны представить отчёты по пересмотру Правил поведения для посетителей участков

Межсессионный период 2021/22 г.	
КООС XXV, 2022 г.	
Межсессионный период 2022/23 г.	
КООС XXVI, 2023 г.	

Потребности в научных исследованиях и данных:
- Осуществление долгосрочного мониторинга для оценки состояния и восстановления растительности на острове Барриентос.
- Осуществление систематического регулярного мониторинга посещаемых участков, на которые распространяется действие Правил поведения для посетителей участков.

Вопрос / Нагрузка на окружающую среду: Обзор системы охраняемых районов	
Приоритет: 2	

Действия:
1. Применить Анализ экологических доменов (АЭД) и систему Заповедных биогеографических регионов Антарктики (ЗБРА) для расширения системы охраняемых районов.
2. Поддерживать и развивать базу данных охраняемых районов.
3. Оценить масштаб, в котором КОТ в Антарктике представлены или должны быть представлены в ряде ООРА.

Межсессионный период 2018/19 г.	• Спланировать совместный семинар СКАР и КООС по вопросам дальнейшего развития системы охраняемых районов Антарктики, который должен быть проведён непосредственно перед XXII заседанием КООС • Координатором обсуждения вопросов по Особо охраняемым районам Антарктики и Ключевым орнитологическим территориямс заинтересованными Членами и Наблюдателями является Великобритания
КООС XXII, 2019 г.	• Рассмотреть результаты совместного семинара СКАР и КООС по вопросам дальнейшего развития системы охраняемых районов Антарктики • Представить на КСДА отчёт о состоянии сети Охраняемых районов Антарктики • Рассмотреть отчёт о результатах межсессионной работы по вопросам Особо охраняемых районов Антарктики и Ключевых орнитологических территорий
Межсессионный период 2019/20 г.	
КООС XXIII, 2020 г.	
Межсессионный период 2020/21 г.	
КООС XXIV, 2021 г.	
Межсессионный период 2021/22 г.	
КООС XXV, 2022 г.	
Межсессионный период 2022/23 г.	
КООС XXVI, 2023 г.	

Потребности в научных исследованиях и данных:

- Продолжение работы по разработке биогеографических инструментов для создания надёжной информационной базы для охраны и управления районами Антарктики на региональном и континентальном уровнях в условиях изменения климата, включая изучение вопроса о необходимости определения контрольных районов для будущих исследований и выявления районов, устойчивых к изменению климата.
- Использование методов дистанционного зондирования для мониторинга изменений в растительности на территориях ООРА и в более широком масштабе для создания информационной базы в целях дальнейшего развития системы охраняемых районов Антарктики.

Вопрос / Нагрузка на окружающую среду: Информационно-просветительская и образовательная деятельность	
Приоритет: 2	
Действия:	
1. Пересмотреть имеющиеся примеры и определить возможности расширения образовательной и информационно-просветительской деятельности. 2. Призвать Членов обмениваться информацией об их опыте в данной области. 3. Разработать стратегию и инструкции для обмена информацией между Членами по информационно-просветительской и образовательной деятельности в долгосрочной перспективе.	
Межсессионный период 2018/19 г.	
КООС XXII, 2019 г.	• В круг обязанностей Болгарии входит привлечение внимания Комитета ко всем результатам работы МКГ по вопросам образовательной и информационно-просветительской деятельности, имеющим непосредственное отношение к деятельности КООС
Межсессионный период 2019/20 г.	
КООС XXIII, 2020 г.	
Межсессионный период 2020/21 г.	
КООС XXIV, 2021 г.	
Межсессионный период 2021/22 г.	
КООС XXV, 2022 г.	
Межсессионный период 2022/23 г.	
КООС XXVI, 2023 г.	

Вопрос / Нагрузка на окружающую среду: Реализация и усовершенствование положений ОВОС Приложения I	
Приоритет: 2	
Действия:	
1. Уточнить процесс рассмотрения ВООС и консультаций КСДА соответствующим образом. 2. Разработать инструкции для оценки кумулятивного воздействия. 3. Пересмотреть руководство по ОВОС и рассмотреть более обширную политику и другие вопросы. 4. Рассмотреть применение стратегической оценки окружающей среды в Антарктике.	
Межсессионный период 2018/19 г.	• Создать МКГ для пересмотра проектов ВООС по мере необходимости • Работа Членов Комитета и Наблюдателей в области наработки и координирования информации, способствующей разработке методического руководства по определению и оценке кумулятивных воздействий • Рассмотреть вопрос о внесении необходимых изменений в базу данных ОВОС для повышения её функциональности

147

КООС XXII, 2019 г.	• Обсудить вопрос о внесении изменений в базу данных ОВОС с целью представления Секретариату соответствующих предложений • Рассмотреть отчёты МКГ по проектам ВООС по мере необходимости
Межсессионный период 2019/20 г.	• Создать МКГ для пересмотра проектов ВООС по мере необходимости • Работа Членов Комитета и Наблюдателей в области наработки и координирования информации, способствующей разработке методического руководства по определению и оценке кумулятивных воздействий
КООС XXIII, 2020 г.	• Рассмотреть отчёты МКГ по проектам ВООС по мере необходимости
Межсессионный период 2020/21 г.	• Создать МКГ для пересмотра проектов ВООС по мере необходимости • Работа Членов Комитета и Наблюдателей в области наработки и координирования информации, способствующей разработке методического руководства по определению и оценке кумулятивных воздействий
КООС XXIV, 2021 г.	• Обратиться с просьбой к СКАР о предоставлении информации в отношении методики исследования исходного состояния окружающей среды и своевременно рассмотреть предоставленную информацию • Рассмотреть отчёты МКГ по проектам ВООС по мере необходимости
Межсессионный период 2021/22 г.	• Создать МКГ для пересмотра проектов ВООС по мере необходимости • Работа Членов Комитета и Наблюдателей в области наработки и координирования информации, способствующей разработке методического руководства по определению и оценке кумулятивных воздействий
КООС XXV, 2022 г.	• Призывать Участников предоставлять свои отзывы об использовании пересмотренного *Руководства по оценке воздействия на окружающую среду Антарктики* при подготовке ОВОС • Рассмотреть альтернативные подходы к разработке методического руководства по определению и оценке кумулятивных воздействий • Рассмотреть отчёты МКГ по проектам ВООС по мере необходимости
Межсессионный период 2022/23 г.	• Создать МКГ для пересмотра проектов ВООС по мере необходимости
КООС XXVI, 2023 г.	• Рассмотреть отчёты МКГ по проектам ВООС по мере необходимости

Вопрос / Нагрузка на окружающую среду: Определение и управление Историческими местами и памятниками
Приоритет: 2
Действия: 1. Вести перечень и рассматривать новые предложения по мере их возникновения. 2. Рассмотреть по мере необходимости стратегические вопросы, в том числе вопросы, относящихся к определению ИМП, с учётом положений по очистке Протокола. 3. Пересмотреть представление перечня ИМП с целью усовершенствования доступности информации.

Межсессионный период 2018/19 г.	• Аргентина и США должны провести работу по изучению формата перечня Исторических мест и памятников
КООС XXII, 2019 г.	• Проанализировать предложенный новый формат перечня Исторических мест и памятников
Межсессионный период 2019/20 г.	• Проработать методы, с помощью которых КООС может обеспечить оптимальную реализацию планов управления по сохранению объектов наследия в своих более обширных инструментах для охраны объектов наследия в Антарктике
КООС XXIII, 2020 г.	• Проработать предложения о том, как планы управления по сохранению объектов наследия могут способствовать управлению ИМП
Межсессионный период 2020/21 г.	• Рассмотреть, каким образом оценки воздействия на окружающую среду могут стать частью оценки исторического места и памятника
КООС XXIV, 2021 г.	• Проанализировать предложения, касающиеся процесса составления списков ОВОС и ИМП

Межсессионный период 2021/22 г.	
КООС XXV, 2022 г.	
Межсессионный период 2022/23 г.	
КООС XXVI, 2023 г.	

Вопрос / Нагрузка на окружающую среду: Сведения о биоразнообразии	
Приоритет: 3	
Действия: 1. Поддерживать осведомлённость об угрозах существующему биоразнообразию. 2. КООС должен рассмотреть дальнейшие научные рекомендации по поводу беспокойства дикой природы.	
Межсессионный период 2018/19 г.	
КООС XXII, 2019 г.	• Обсудить обновлённую информацию СКАР по подводному шуму
Межсессионный период 2019/20 г.	
КООС XXIII, 2020 г.	
Межсессионный период 2020/21 г.	
КООС XXIV, 2021 г.	
Межсессионный период 2021/22 г.	
КООС XXV, 2022 г.	
Межсессионный период 2022/23 г.	
КООС XXVI, 2023 г.	

Потребности в научных исследованиях и данных:

• Исследования воздействия дистанционно-пилотируемых авиационных систем (ДПАС) на окружающую среду, в особенности на дикую природу, включая следующие аспекты:
  - воздействие на различные виды животных, включая летающих морских птиц и тюленей;
  - воздействие на поведенческие и физиологические реакции;
  - воздействие на демографическое поведение, включая влияние на число размножающихся животных и успех размножения;
  - воздействие на условия окружающей среды, например ветер и шум;
  - степень воздействия ДПАС в зависимости от их размеров и технических характеристик;
  - воздействие дополнительного шума, производимого ДПАС, на степень беспокойства диких животных;
  - проведение сравнительного анализа с контрольными участками и антропогенным воздействием;
  - исследование эффекта привыкания.

• Продолжение работы по сбору и предоставлению данных о биоразнообразии с конкретной пространственной (территориальной) привязкой.

• Проведение исследований воздействия подводного шума на морских млекопитающих Антарктики.

• Обобщение имеющихся знаний о биогеографии, биорегионализации и эндемизме в Антарктике.

• Проведение исследований в отношении конкретных участков, конкретных периодов времени и конкретных видов животных с целью более глубокого понимания воздействия деятельности человека на диких животных и использования полученных материалов для разработки руководства по уменьшения степени воздействия на животных, основанного на фактических данных.

• Инвентаризация ледяных пещер горы Эребус и сообществ микроорганизмов.

• Регулярное проведение учёта численности южных гигантских буревестников и исследований, направленных на обеспечение более глубокого понимания состояния и тенденций изменения структуры и численности их популяций.

Вопрос / Нагрузка на окружающую среду: Охрана уникальных геологических ценностей	
Приоритет: 3	
Действия: 1. Рассмотреть дальнейшие механизмы для охраны уникальных геологических ценностей.	
Межсессионный период 2018/19 г.	
КООС XXII, 2019 г.	• Рассмотреть рекомендации СКАР
Межсессионный период 2019/20 г.	
КООС XXIII, 2020 г.	
Межсессионный период 2020/21 г.	
КООС XXIV, 2021 г.	
Межсессионный период 2021/22 г.	
КООС XXV, 2022 г.	
Межсессионный период 2022/23 г.	
КООС XXVI, 2023 г.	

Приложение 2

Предварительная повестка дня XXII заседания КООС (2019 г.)

1. Открытие заседания

2. Принятие Повестки дня

3. Стратегическое обсуждение дальнейшей работы КООС

4. Работа КООС

5. Сотрудничество с другими организациями

6. Восстановительные мероприятия и ликвидация экологического ущерба

7. Последствия изменения климата для окружающей среды

    a. Стратегический подход

    b. Реализация и пересмотр Рабочей программы ответных мер в отношении изменения климата

8. Оценка воздействия на окружающую среду (ОВОС)

    a. Проекты документов по Всесторонней оценке окружающей среды

    b. Прочие вопросы ОВОС

9. Охрана районов и планы управления

    a. Планы управления

    b. Исторические места и памятники

    c. Правила поведения для посетителей участков

    d. Пространственная охрана морской среды и меры пространственного управления

    e. Прочие вопросы, связанные с Приложением V

10. Сохранение антарктической флоры и фауны

    a. Карантин и неместные виды

    b. Особо охраняемые виды

    c. Прочие вопросы, связанные с Приложением II

11. Мониторинг и представление данных об окружающей среде

12. Отчёты об инспекциях

13. Общие вопросы

14. Выборы должностных лиц

15. Подготовка следующего заседания

16. Принятие Отчёта

17. Закрытие заседания

3. Приложения

Предварительная Повестка дня XLII КСДА, Рабочие группы и распределение пунктов Повестки дня

Пленарное заседание

1. Открытие Совещания.

2. Выборы должностных лиц и формирование Рабочих групп.

3. Принятие повестки дня, распределение пунктов Повестки дня по Рабочим группам и рассмотрение Многолетнего стратегического плана работы.

4. Работа Системы Договора об Антарктике: отчёты и доклады Сторон, Наблюдателей и Экспертов.

5. Отчёт Комитета по охране окружающей среды.

Рабочая группа 1 *(стратегические, правовые и институциональные вопросы)*

6. Работа Системы Договора об Антарктике: общие вопросы.

7. Работа Системы Договора об Антарктике: вопросы, касающиеся Секретариата.

8. Материальная ответственность.

9. Биопроспектинг в Антарктике.

10. Обмен информацией.

11. Вопросы образовательной и информационно-просветительской деятельности.

12. Многолетний стратегический план работы.

Рабочая группа 2 *(научные, операционные и туристические вопросы)*

13. Безопасность и деятельность в Антарктике.

14. Инспекции в рамках Договора об Антарктике и Протокола по охране окружающей среды.

15. Вопросы науки, будущих проблемных аспектов научной деятельности, научного сотрудничества и содействия.

16. Последствия изменения климата для режима управления в районе действия Договора об Антарктике.

17. Туризм и неправительственная деятельность в районе действия Договора об Антарктике, включая рассмотрение вопросов компетентных органов.

Пленарное заседание

18. Подготовка XLIII КСДА.

19. Прочие вопросы.

20. Принятие Заключительного отчёта.

21. Закрытие Совещания.

Коммюнике Принимающей Страны

41-е Консультативное совещание по Договору об Антарктике (XLI КСДА) было проведено в г. Буэнос-Айресе, Аргентина, с 16 по 18 мая 2018 года. Совещание проходило под председательством полпреда Марии Терезы Краликас (María Teresa Kralikas) из Министерства иностранных дел, международной торговли и вероисповедания Аргентины. XXI заседание Комитета по охране окружающей среды (КООС) было проведено в период с 13 по 15 мая 2018 года под председательством г-на Юэна Мак-Айвора (Ewan McIvor) из Австралии. Совещания, проходившие во дворце Сан-Мартин, были организованы Министерством иностранных дел, международной торговли и вероисповедания Аргентины при эффективной поддержке Секретариата Договора об Антарктике.

На ежегодное Совещание были приглашены 53 Стороны Договора об Антарктике, наблюдатели и эксперты от международных организаций. Министр иностранных дел Аргентины Хорхе Фаури (Jorge Faurie) официально открыл XLI КСДА 16 мая 2018 года и оказал тёплый приём во дворце Сан-Мартин в сопровождении других представителей органов власти.

Ввиду неожиданных изменений в первоначально предусмотренном графике XLI КСДА и XXI заседание КООС проходили по сокращённой программе, что тем не менее не помешало их участникам рассмотреть наиболее важные вопросы повестки дня. Обсуждения на КСДА были сосредоточены на следующих вопросах: работа Системы Договора об Антарктике, биопроспектинг в Антарктике, инспекции в рамках Договора об Антарктике, тенденции в туристической деятельности и воздействия на окружающую среду в районе действия Договора об Антарктике, а также обновление многолетнего стратегического плана работы. На заседании КООС обсуждалось воздействие на окружающую среду в результате человеческой деятельности, в том числе строительство новых сооружений, управление туристической деятельностью и эксплуатацией беспилотных летательных аппаратов; управление охраняемыми районами, сохранение антарктического наследия и экологические аспекты в отчётах об инспекциях.

Г-жа Биргит Ньостад (Birgit Njåstad) из Норвегии была избрана Председателем КООС на срок с 2018 по 2020 год. Стороны поздравили г жу Ньостад и выразили признательность г-ну Мак-Айвору за отличную работу в течение последних четырёх лет. Г-жа Патрисия Ортусар (Patricia Ortúzar) была переизбрана на должность Заместителя Председателя КООС.

Стороны поздравили Научный комитет по антарктическим исследованиям (СКАР) с шестидесятилетием, а Совет управляющих национальных антарктических программ

(КОМНАП) – с тридцатилетием. Обе организации являются ключевыми в Системе Договора об Антарктике.

Стороны выразили благодарность Аргентине за организацию XLI КСДА и XXI заседания КООС в чрезвычайных обстоятельствах и в такой короткий срок, а также выразили признательность за отличные условия проведения совещания.

Следующее КСДА будет проведено в Чешской Республике в июле 2019 года.

ЧАСТЬ II
МЕРЫ, РЕШЕНИЯ И РЕЗОЛЮЦИИ

1. Меры

Особо охраняемый район Антарктики № 108

«Остров Грин» (острова Бертелот, Антарктический полуостров): пересмотренный План управления

Представители,

напоминая о Статьях 3, 5 и 6 Приложения V к Протоколу по охране окружающей среды к Договору об Антарктике, регламентирующих вопросы определения Особо охраняемых районов Антарктики (далее по тексту – «ООРА») и утверждения Планов управления этими Районами;

напоминая о

- Рекомендации IV-9 (1966 г.), в рамках которой остров Грин (острова Бертелот, Антарктический полуостров) был определён в качестве Особо охраняемого района (далее по тексту – «ООР») № 9;

- Рекомендации XVI-6 (1991 г.), содержащей в качестве приложения План управления данным Районом;

- Решении 1 (2002 г.), в рамках которого ООР № 9 был переименован и перенумерован в ООРА № 108;

- Мере 1 (2002 г.) и Мере 1 (2013 г.), в рамках которых были приняты пересмотренные Планы управления ООРА № 108;

напоминая о том, что Рекомендация IV-9 (1966 г.) была признана утратившей силу Решением 1 (2011 г.), а Рекомендация XVI-6 (1991 г.) не вступила в силу и была отменена Решением 3 (2017 г.);

отмечая одобрение пересмотренного Плана управления ООРА № 108 Комитетом по охране окружающей среды;

желая заменить действующий План управления ООРА № 108 пересмотренным Планом управления;

рекомендуют своим Правительствам на утверждение следующую Меру в соответствии с пунктом 1 Статьи 6 Приложения V к Протоколу по охране окружающей среды к Договору об Антарктике,

а именно:

1. Утвердить пересмотренный План управления Особо охраняемым районом Антарктики № 108 «Остров Грин» (острова Бертелот, Антарктический полуостров), прилагаемый к настоящей Мере.

2. Признать План управления Особо охраняемым районом Антарктики № 108, приложенный к Мере 1 (2013 г.), утратившим силу.

Особо охраняемый район Антарктики № 117

«Остров Авиан» (залив Маргерит, Антарктический полуостров): пересмотренный План управления

Представители,

напоминая о Статьях 3, 5 и 6 Приложения V к Протоколу по охране окружающей среды к Договору об Антарктике, регламентирующих вопросы определения Особо охраняемых районов Антарктики (далее по тексту – «ООРА») и утверждения Планов управления этими Районами;

напоминая о

- Рекомендации XV-6 (1989 г.), в рамках которой остров Авиан на северо-западе залива Маргерит был определён в качестве Участка особого научного интереса (далее по тексту –«УОНИ») № 30, с приложением к ней Плана управления участком;

- Рекомендации XVI-4 (1991 г.), в рамках которой УОНИ № 30 был переименован в Особо охраняемый район (далее по тексту – «ООР») № 21, с приложением к ней Плана управления районом;

- Решении 1 (2002 г.), в рамках которого ООР № 21 был переименован в ООРА № 117;

- Мере 1 (2002 г.) и Мере 2 (2013 г.), в рамках которых были приняты пересмотренные Планы управления ООРА № 117;

напоминая о том, что Рекомендации XV-6 (1989 г.) и XVI-4 (1991 г.) не вступили в силу и были признаны утратившими силу Решением 1 (2011 г.);

отмечая одобрение пересмотренного Плана управления ООРА № 117 Комитетом по охране окружающей среды;

желая заменить действующий План управления ООРА № 117 пересмотренным Планом управления;

рекомендуют своим Правительствам на утверждение следующую Меру в соответствии с пунктом 1 Статьи 6 Приложения V к Протоколу по охране окружающей среды к Договору об Антарктике,

а именно:

1. Утвердить пересмотренный План управления Особо охраняемым районом Антарктики № 117 «Остров Авиан» (залив Маргерит, Антарктический полуостров), прилагаемый к настоящей Мере.

2. Признать План управления Особо охраняемым районом Антарктики № 117, приложенный к Мере 2 (2013 г.), утратившим силу.

Особо охраняемый район Антарктики № 132

«Полуостров Поттер» (остров Кинг-Джордж [Ватерлоо], Южные Шетландские острова): пересмотренный План управления

Представители,

напоминая о Статьях 3, 5 и 6 Приложения V к Протоколу по охране окружающей среды к Договору об Антарктике, регламентирующих вопросы определения Особо охраняемых районов Антарктики (далее по тексту – «ООРА») и утверждения Планов управления этими Районами;

напоминая о

- Рекомендации XIII-8 (1985 г.), в рамках которой полуостров Поттер (остров Кинг-Джордж [Ватерлоо], Южные Шетландские острова) был определён в качестве Участка особого научного интереса (далее по тексту – «УОНИ») № 13, с приложением к ней Плана управления участком;

- Мере 3 (1997 г.), содержащей в качестве приложения пересмотренный План управления УОНИ № 13;

- Решении 1 (2002 г.), в соответствии с которым УОНИ № 13 был переименован и перенумерован в ООРА № 132;

- Мере 2 (2005 г.) и Мере 4 (2013 г.), в соответствии с которыми были приняты пересмотренные Планы управления ООРА № 132;

напоминая о том, что Мера 3 (1997 г.) до сих пор не вступила в силу;

отмечая одобрение пересмотренного Плана управления ООРА № 132 Комитетом по охране окружающей среды;

желая заменить действующий План управления ООРА № 132 пересмотренным Планом управления;

рекомендуют своим Правительствам на утверждение следующую Меру в соответствии с пунктом 1 Статьи 6 Приложения V к Протоколу по охране окружающей среды к Договору об Антарктике,

а именно:

1. Утвердить пересмотренный План управления Особо охраняемым районом Антарктики № 132 «Полуостров Поттер» (остров Кинг-Джордж [Ватерлоо], Южные Шетландские острова), прилагаемый к настоящей Мере.

2. Признать План управления Особо охраняемым районом Антарктики № 132, приложенный к Мере 4 (2013 г.), утратившим силу.

Особо охраняемый район Антарктики № 147

«Оазис Аблейшен и Возвышенность Ганимид» (Земля Александра I): пересмотренный План управления

Представители,

напоминая о Статьях 3, 5 и 6 Приложения V к Протоколу по охране окружающей среды к Договору об Антарктике, регламентирующих вопросы определения Особо охраняемых районов Антарктики (далее по тексту – «ООРА») и утверждения Планов управления этими Районами;

напоминая о

- Рекомендации XV-6 (1989 г.), в рамках которой оазис Аблейшен и возвышенность Ганимид (Земля Александра I) были определены в качестве Участка особого научного интереса (далее по тексту – «УОНИ») № 29 с приложением к ней Плана управления этим участком;

- Резолюции 3 (1996 г.), в рамках которой был продлен срок определения УОНИ № 29;

- Мере 2 (2000 г.), в рамках которой был продлен срок действия Плана управления УОНИ № 29;

- Решение 1 (2002 г.), в рамках которого УОНИ № 29 был переименован и перенумерован в ООРА № 147;

- Мере 1 (2002 г.) и Мере 10 (2013 г.), в рамках которых были приняты пересмотренные Планы управления ООРА № 147;

напоминая о том, что Рекомендация XV-6 (1989 г.) и Резолюция 3 (1996 г.) были признаны утратившими силу Решением 1 (2011 г.);

напоминая о том, что Мера 2 (2000 г.) не вступила в силу и была отменена Мерой 5 (2009 г.);

отмечая одобрение пересмотренного Плана управления ООРА № 147 Комитетом по охране окружающей среды;

желая заменить действующий План управления ООРА № 147 пересмотренным Планом управления;

рекомендуют своим Правительствам на утверждение следующую Меру в соответствии с пунктом 1 Статьи 6 Приложения V к Протоколу по охране окружающей среды к Договору об Антарктике,

а именно:

1. Утвердить пересмотренный План управления Особо охраняемым районом Антарктики № 147 «Оазис Аблейшен и Возвышенность Ганимид» (Земля Александра I), прилагаемый к настоящей Мере.

2. Признать План управления Особо охраняемым районом Антарктики № 147, приложенный к Мере 10 (2013 г.), утратившим силу.

Особо охраняемый район Антарктики № 170

«Нунатаки Марион» (остров Шарко, Антарктический полуостров): пересмотренный План управления

Представители,

напоминая о Статьях 3, 5 и 6 Приложения V к Протоколу по охране окружающей среды к Договору об Антарктике, регламентирующих вопросы определения Особо охраняемых районов Антарктики (далее по тексту – «ООРА») и утверждения Планов управления этими Районами;

напоминая о

- Мере 4 (2008 г.), в рамках которой нунатаки Марион (остров Шарко, Антарктический полуостров) были определены в качестве ООРА № 170 и утверждён План управления районом;

- Мере 16 (2013 г.), в рамках которой был принят пересмотренный План управления ООРА № 170;

отмечая одобрение пересмотренного Плана управления ООРА № 170 Комитетом по охране окружающей среды;

желая заменить действующий План управления ООРА № 170 пересмотренным Планом управления;

рекомендуют своим Правительствам на утверждение следующую Меру в соответствии с пунктом 1 Статьи 6 Приложения V к Протоколу по охране окружающей среды к Договору об Антарктике,

а именно:

1. Утвердить пересмотренный План управления Особо охраняемым районом Антарктики № 170 «Нунатаки Марион» (остров Шарко, Антарктический полуостров), прилагаемый к настоящей Мере.

2. Признать План управления Особо охраняемым районом Антарктики № 170, приложенный к Мере 16 (2013 г.), утратившим силу.

Особо охраняемый район Антарктики № 172

«Низовье Ледника Тейлора и Кровавый Водопад» (оазисы Земли Виктории «Сухие долины», Мак-Мёрдо): пересмотренный План управления

Представители,

напоминая о Статьях 3, 5 и 6 Приложения V к Протоколу по охране окружающей среды к Договору об Антарктике, регламентирующих вопросы определения Особо охраняемых районов Антарктики (далее по тексту – «ООРА») и утверждения Планов управления этими Районами;

напоминая о Мере 9 (2012 г.), в рамках которой низовье ледника Тейлора и Кровавый водопад (оазисы Земли Виктории «Сухие долины», Мак-Мёрдо) были определены в качестве ООРА № 172 и утверждён План управления районом;

отмечая одобрение пересмотренного Плана управления ООРА № 172 Комитетом по охране окружающей среды;

желая заменить действующий План управления ООРА № 172 пересмотренным Планом управления;

рекомендуют своим Правительствам на утверждение следующую Меру в соответствии с пунктом 1 Статьи 6 Приложения V к Протоколу по охране окружающей среды к Договору об Антарктике,

а именно:

1. Утвердить пересмотренный План управления Особо охраняемым районом Антарктики № 172 «Низовье Ледника Тейлора и Кровавый Водопад» (оазисы Земли Виктории «Сухие долины», Мак-Мёрдо), прилагаемый к настоящей Мере.

2 Признать План управления Особо охраняемым районом Антарктики № 172, приложенный к Мере 9 (2012 г.), утратившим силу.

2. Решения

Отчёт, Программа и Бюджет Секретариата

Представители,

напоминая о Мере 1 (2003 г.) по вопросу создания Секретариата Договора об Антарктике;

напоминая о Решении 2 (2012 г.) по вопросу создания Межсессионной контактной группы открытого типа по финансовым вопросам, созываемой страной, принимающей очередное Консультативное совещание по Договору об Антарктике (далее по тексту – «КСДА»);

принимая во внимание Финансовые положения Секретариата Договора об Антарктике, приложенные к Решению 4 (2003 г.);

принимают следующее решение:

1. Утвердить проверенный финансовый отчёт за 2016/17 финансовый год, прилагаемый к настоящему Решению (Дополнение 1).

2. Принять к сведению Отчёт Секретариата за 2017/18 финансовый год, включающий в себя Предварительный финансовый отчёт за 2017/18 финансовый год, прилагаемый к настоящему Решению (Дополнение 2).

3. Принять к сведению Прогнозный пятилетний финансовый план на 2019/20–2023/24 финансовые годы и утвердить Программу работы Секретариата на 2018/19 финансовый год, включая Бюджет на 2018/19 финансовый год, прилагаемые к настоящему Решению (Дополнение 3).

4. Рекомендовать стране, принимающей следующее Консультативное совещание по Договору об Антарктике, обратиться с просьбой к Исполнительному секретарю об открытии форума КСДА для открытой Межсессионной контактной группы по финансовым вопросам и оказании содействия в её работе.

Аудиторское заключение

Главе Секретариата Договора об Антарктике

Maipu 757, 4°piso

CUIT (идент. № налогоплательщика) 30-70892567-1

По вопросу: XLI КСДА – XXI заседание КООС, Консультативное совещание по Договору об Антарктике, 2018 г. – Буэнос-Айрес, Аргентина

1. Отчёт о результатах аудиторской проверки финансовой отчётности

Мы провели аудит прилагаемой финансовой отчётности Секретариата Договора об Антарктике, состоящей из нижеследующего Отчёта о поступлениях и расходах, Отчёта о финансовом состоянии, Отчёта об изменениях в составе собственных средств, Отчёта о движении денежных средств с пояснительными Примечаниями к финансовой отчётности за период с 1 апреля 2016 года по 31 марта 2017 года.

2. Ответственность руководства аудируемого лица за финансовую отчётность

Секретариат Договора об Антарктике, созданный в соответствии с Законом Аргентины № 25.888 от 14 мая 2004 года, несёт ответственность за составление и достоверность указанной финансовой отчётности согласно принципам бухгалтерского учёта кассовых операций в соответствии с Международными стандартами финансовой отчётности и соответствующими внутренними стандартами Консультативных совещаний по Договору об Антарктике. Эта ответственность распространяется на организацию, применение и обеспечение функционирования системы внутреннего контроля, необходимой для составления и представления финансовой отчётности, не содержащей искажений вследствие ошибок или недобросовестных действий, выбор и реализацию отвечающей требованиям учётной политики и подготовку обоснованных учётных оценок.

3. Ответственность аудитора

Мы несём ответственность за выраженное нами аудиторское мнение о финансовой отчётности, основанное на результатах проведённого аудита.

Мы провели аудит в соответствии с Международными стандартами аудита и Приложением к Решению 3 (2012 г.) XXXI Консультативного совещания по Договору об Антарктике, содержащим характеристику задач внешнего аудита.

Данные стандарты обязывают нас соблюдать нормы профессиональной этики, планировать и проводить аудит таким образом, чтобы обеспечить достаточную уверенность относительно отсутствия существенных искажений в представленной финансовой отчётности.

В ходе аудита нами были выполнены аудиторские процедуры, направленные на получение доказательств, подтверждающих значения показателей финансовой отчётности, а также другую раскрытую в ней информацию. Выбор необходимых аудиторских процедур осуществлялся на основании профессионального суждения с учётом оценки риска существенного искажения финансовой отчётности.

При оценке данного риска нами рассматривалась система внутреннего контроля, необходимая для составления организацией финансовой отчётности, не содержащей существенных искажений, с целью планирования аудиторских процедур, соответствующих обстоятельствам аудита.

Аудит также включал в себя оценку уместности применяемой учётной политики, обоснованности учётных оценок и общего содержания финансовой отчётности, представленной руководством.

Мы полагаем, что в ходе аудита нами были получены достаточные и надлежащие аудиторские доказательства, которые могут являться основанием для выражения аудиторского мнения.

4. Аудиторское мнение

По нашему мнению, прилагаемая финансовая отчётность Секретариата Договора об Антарктике за финансовый год, закончившийся 31 марта 2017 года, подготовлена во всех существенных отношениях в соответствии с требованиями Международных стандартов финансовой отчётности, соответствующих внутренних стандартов Консультативных совещаний по Договору об Антарктике и принципами бухгалтерского учёта кассовых операций.

5. Прочие вопросы

Согласно Примечанию 1 к приложенной финансовой отчётности, подготовленной Секретариатом Договора об Антарктике, все операции отражены в соответствии с требованиями Финансовых Положений, приложенных к Решению 4 (2003 г.), которые в части используемых критериев оценки показателей и представления отчётности отличаются от стандартов ведения бухгалтерского учёта, принятых в г. Буэнос-Айресе, Республика Аргентина.

6. Дополнительная информация, включаемая в соответствии с требованием законодательства

На основании аудиторских процедур, упомянутых в пункте 3, доводим до сведения, что упомянутая выше отчётность основывается на данных бухгалтерского учёта, для ведения которого используются бухгалтерские книги, не отвечающие требованиям действующих аргентинских стандартов.

Также сообщаем, что, согласно данным бухгалтерского учёта по состоянию на 31 марта 2017 года, начисленные Секретариатом обязательства перед Единой системой социального обеспечения Аргентины составляют 174 375,28 аргентинских песо (11 177,90 долларов США), при этом обязательств с наступившим сроком платежа в аргентинских песо на указанную выше дату не имеется.

Следует отметить, что все трудовые правоотношения регулируются Положениями о персонале Секретариата Договора об Антарктике.

Буэнос-Айрес, 12 апреля 2018 года

[подпись]

Эктор Орасио Канавери (Héctor Horacio Canaveri)

Дипломированный независимый бухгалтер-аудитор (U.M.)

1 **Отчёт о поступлениях и расходах по всем статьям за период с 1 апреля 2016 г. по 31 марта 2017 г. в сравнении с предшествующим финансовым годом**

ПОСТУПЛЕНИЯ	31/03/2016	Бюджет 31/03/2017	31/03/2017
Взносы (Примечание 10)	1,378,099	1,378,097	1,378,097
Прочие поступления (Примечание 2)	13,956	2,000	59,182
Итого поступлений	**1,392,055**	**1,380,097**	**1,437,279**

РАСХОДЫ

	31/03/2016	31/03/2017	31/03/2017
Заработная плата	692,454	716,869	699,021
Письменный и устный перевод	304,821	326,326	302,260
Командировочные расходы	92,238	99,000	70,972
Информационные технологии	39,259	53,000	38,569
Оплата типографских, редакторских и копировально-множительных услуг	23,963	25,194	16,650
Общие услуги	53,818	45,549	77,443
Услуги связи	20,827	21,204	17,890
Расходы на содержание офиса	25,772	23,690	18,138
Административно-финансовые вопросы	7,101	21,955	9,307
Представительские расходы	4,154	4,000	4,473
Финансовые операции	2,251	11,893	7,881
Итого расходов	**1,266,656**	**1,348,680**	**1,262,603**

АССИГНОВАНИЯ В ФОНДЫ

	31/03/2016	31/03/2017	31/03/2017
Фонд выходных пособий и компенсаций	32,988	31,417	31,419
Фонд компенсации расходов, связанных с переездом сотрудников	-	-	-
Фонд оборотных средств	-	-	-
Фонд резерва для покрытия непредвиденных расходов	-	-	-
Итого ассигнований в фонды	**32,988**	**31,417**	**31,419**
Итого расходов и ассигнований в фонды	**1,299,644**	**1,380,097**	**1,294,022**
Профицит за отчётный период	**92,412**	**-**	**143,257**

Данный отчёт должен рассматриваться совместно с прилагаемыми Примечаниями 1–10.

Приложение 1. Проверенный Финансовый отчёт за 2016/17 г. финансовый год

2 Отчёт о финансовом положении по состоянию на 31 марта 2017 г. в сравнении с предшествующим финансовым годом

АКТИВЫ

	31/03/2016	31/03/2017
Текущие активы		
Денежные средства и их эквиваленты (Примечание 3)	1,227,598	1,462,262
Задолженность по взносам (Примечания 9 и 10)	136,347	40,649
Прочая дебиторская задолженность (Примечание 4)	44,805	32,800
Прочие текущие активы (Примечание 5)	65,550	115,523
Итого текущих активов	1,474,300	1,651,235
Внеоборотные активы		
Основные средства (Примечания 1.3 и 6)	100,459	89,397
Итого внеоборотных активов	100,459	89,397
Итого активов	1,574,760	1,740,632

ПАССИВЫ

	31/03/2016	31/03/2017
Краткосрочные обязательства		
Кредиторская задолженность по счетам (Примечание 7)	17,163	25,358
Взносы, поступившие авансом (Примечание 10)	347,173	376,722
Специальный фонд добровольных взносов (Примечание 1.9)	14,546	22,889
Вознаграждение и причитающиеся взносы (Примечание 8)	73,345	29,511
Итого по краткосрочным обязательствам	452,227	454,480
Долгосрочные обязательства		
Фонд выходных пособий и компенсаций (Примечание 1.4)	240,181	271,600
Фонд компенсации расходов, связанных с переездом сотрудников (Примечание 1.5)	50,000	50,000
Фонд резерва для покрытия непредвиденных расходов (Примечание 1.6)	30,000	30,000
Фонд замещения основных средств (Примечание 1.8)	34,163	23,101
Итого по долгосрочным обязательствам	354,344	374,701
Итого обязательств/пассивов	806,571	829,181
ЧИСТЫЕ АКТИВЫ	768,189	911,451

Данный отчёт должен рассматриваться совместно с прилагаемыми Примечаниями 1–10.

3 Отчет об изменениях чистых активов по состоянию на 31 марта 2016 и 2017 гг.

Состав	Чистые активы 31/03/2016	Поступления	Расходы и Ассигнования	Прочие поступления	Чистые активы 31/03/2017
Общий фонд	538,237	1,378,097	-1,294,022	59,187	681,499
Фонд оборотных средств (Примеч	229,952		-		229,952
Чистые активы	768,189				911,451

Данный отчёт должен рассматриваться совместно с прилагаемыми Примечаниями 1–10.

4 Отчет о движении денежных средств за период с 01 апреля 2016 года по 31 марта 2017 года в сравнении с предшествующим годом

Изменения в денежных средствах и их эквивалентах		31/03/2017	31/03/2016
Денежные средства и их эквиваленты на начало года		1,227,598	
Денежные средства и их эквиваленты на конец года		1,462,262	
Чистое увеличение денежных средств и их эквивалентов		234,664	170,428

Причины изменений в денежных средствах их эквивалентах

Текущая деятельность

Поступление взносов	1,086,686		
Выплата заработной платы	-746,795		
Оплата переводческих услуг	-302,260		
Выплата командировочных расходов	-71,148		
Оплата типографских, редакторских и копировально-множительных услуг	-16,650		
Оплата общих услуг	-30,855		
Прочие платежи поставщикам услуг	-57,077		
Чистые денежные средства и их эквиваленты от текущей деятельности		-138,099	-157,497

Инвестиционная деятельность

Приобретение основных средств	-35,921		
Чистые денежные средства и их эквиваленты денежных средств от инвестиционной деятельности Финансовая деятельность		-35,921	-38,362
Взносы, поступившие авансом	376,722		
Взимание подоходного налога, Положение 5.6 Положения о персонале	182,980		
Возмещение подоходного налога, Положение 5.6 Положения о персонале	-162,698		
Предоплата за аренду, нетто	29,966		
Чистый возврат налога Федеральной Администрацией Государственных Доходов Аргентины (AFIP)	-15,951		
Различные прочие поступления	5,516		
Чистые денежные средства и их эквиваленты от финансовой деятельности		416,535	367,995

Операции с иностранной валютой

Чистый убыток	-7,852		
Чистые денежные средства и их эквиваленты от операций с иностранной валютой		-7,852	-1,260
Чистое увеличение денежных средств и их эквивалентов		234,664	170,428

Данный отчёт должен рассматриваться совместно с прилагаемыми Примечаниями 1–10.

ПРИМЕЧАНИЯ К ФИНАНСОВЫМ ОТЧЁТАМ ПО СОСТОЯНИЮ
НА 31 МАРТА 2016 и 2017 гг.

1   МЕТОДИКА ПОДГОТОВКИ ФИНАНСОВЫХ ОТЧЁТОВ

В данных финансовых отчётах все операции отражены в долларах США в соответствии с требованиями Финансовых положений, Приложение к Решению 4 (2003 г.). Данные финансовые отчёты подготовлены в соответствии с требованиями Международных стандартов финансовой отчётности (МСФО), изданных Советом по Международным стандартам финансовой отчетности (СМСФО).

1,1   Первоначальная стоимость

Финансовая отчётность подготовлена в на основе фактической стоимости приобретения, за исключением тех случаев, где конкретно указано иное.

1,2   Офисные помещения

Офисные помещения для Секретариата предоставлены Министерством иностранных дел, международной торговли и культа Аргентинской Республики. Помещения предоставлены с освобождением от арендной платы и расходов по обслуживанию общих территорий.

1,3   Основные средства

Все основные средства оценены по первоначальной стоимости минус начисленная амортизация. Для расчета амортизации используется линейный метод начисления амортизации равными долями за каждый год в течение соответствующего расчётного срока эксплуатации. Общая остаточная стоимость основных средств не превышает ценности их использования.

1,4   Фонд выходных пособий и компенсаций

В соответствии с Положением 10.4 Положений о персонале ассигнования в данный фонд должны быть достаточными для осуществления компенсационных выплат сотрудникам руководящей категории в размере одного базового оклада за один месяц за каждый год работы.

1,5   Фонд компенсации расходов, связанных с переездом сотрудников

Данный фонд предназначен для возмещения сотрудникам руководящей категории расходов, связанных с переездом к месту нахождения штаб-квартиры Секретариата.

1,6   Фонд резерва для покрытия непредвиденных расходов

Согласно Решению 4 (2009 г.) данный Фонд был создан с целью оплаты расходов на письменный перевод, связанных с непредвиденным увеличением объёма документов, представленных для перевода на данном КСДА.

1,7   Фонд замещения основных средств

Согласно требованиям МСФО активы, срок полезного использования которых превышает период текущего финансового года, должны отражаться в строке активов в Отчёте о финансовом положении. До марта 2010 г. сальдирующая статья отражалась как поправка к Общему фонду. С апреля 2010 г. сальдирующая статья должна заноситься в пассив с этим заголовком.

1,8   Фонд оборотных средств

Согласно Положению 6.2 (а) Финансовых положений размер фонда не должен превышать 1/6 бюджета текущего финансового года. В течение текущего финансового года в данном фонде не произошло никаких изменений.

1,9   Специальный фонд добровольных взносов

Пункт (82) Заключительного отчёта XXXV КСДА о получении Сторонами добровольных взносов. Фонд добровольных взносов предназначен для оплаты аренды и расходов по обслуживанию общих территорий в финансовом году.

1,10   Особые взносы Чили

Правительство Чили и Секретариат достигли договорённости о приглашении Секретариатом на договорной основе докладчиков из других стран на XXXIX КСДА. Соответствующие расходы взяло на себя Правительство Чили с осуществлением оплаты в виде добровольных взносов.

ПРИМЕЧАНИЯ К ФИНАНСОВЫМ ОТЧЁТАМ ПО СОСТОЯНИЮ

		31/03/2016	31/03/2017
2 Прочие поступления			
	Полученные проценты	13.810	4.786
	Особые взносы Чили (Примечание 1.10)	-	54.000
	Полученные скидки	146	396
	Итого	13.956	59.182
3 Денежные средства и их эквиваленты			
	Денежные средства в долларах США	965	2.125
	Денежные средства в аргентинских песо	63	153
	Специальный счёт в долларах США в Банке аргентинской нации (BNA)	611.910	1.442.553
	Счёт в аргентинских песо в Банке аргентинской нации (BNA)	34.327	17.431
	Инвестиции	580.334	-
	Итого	1.227.598	1.462.262
4 Прочая задолженность			
	Положение 5.6 Положений о персонале	44.807	32.800
5 Прочие текущие активы			
	Авансовые платежи	8.848	44.293
	НДС к возврату	51.995	66.234
	Прочие возмещаемые расходы	4.706	4.995
	Итого	65.550	115.523
6 Основные средства			
	Книги и подписки	10.406	14.085
	Офисное оборудование	37.234	40.826
	Мебель	49.818	50.971
	Вычислительная техника и программное обеспечение	135.452	141.788
	Итого первоначальная стоимость	232.910	247.670
	Начисленная амортизация	-132.451	-158.272
	Итого	100.459	89.397
7 Кредиторская задолженность по счетам			
	Счёт расчётов с поставщиками	5.022	9.815
	Начисленные расходы	11.991	11.267
	Прочие	150	4.275
	Итого	17.163	25.358
8 Вознаграждение и причитающиеся взносы			
	Вознаграждение	38.774	9.001
	Взносы	34.579	20.510
	Итого	73.353	29.511

9 Задолженность по взносам

На конец каждого финансового года имеет место задолженность по взносам. Это приводит к
к вынужденному пополнению Общего фонда на сумму в размере задолженности по взносам. В соответствии с
Положением 6 (3) Финансовых положений «Секретариат информирует Консультативные стороны о наличии в
Общем фонде любого денежного профицита»; по состоянию на 31 марта 2017 г. размер денежного профицита составляет 40 649 долл. США,
В предшествующем финансовом году такой профицит составил 136 347 долл. США.

ПРИМЕЧАНИЯ К ФИНАНСОВЫМ ОТЧЁТАМ ПО СОСТОЯНИЮ

10 Задолженные, начисленные, уплаченные и авансированные взносы

Взносы Сторона-плательщик	Задолженны 31/03/2016	На- численные	Уплаченны Долл. США	Задолженные 31/03/2017	Авансированные 31/03/2017
Аргентина		60.347	60.347	-	-
Австралия	25	60.347	60.347	25	60.347
Бельгия	50	40.021	40.021	50	-
Бразилия	40.236	40.021	79.930	327	-
Болгария		33.923	33.923	-	-
Чешская Республика		40.021	40.021	-	-
Чили		46.119	46.119	-	-
Китай	25	46.119	46.119	25	-
Эквадор		33.923	33.923	-	-
Финляндия		40.021	40.021	-	40.001
Франция		60.347	60.335	12	-
Германия	12	52.217	52.216	13	-
Индия	75	46.119	46.119	75	-
Италия	25	52.217	52.242	-	-
Япония		60.347	60.347	-	-
Корея		40.021	40.021	-	-
Нидерландами		46.119	46.119	-	-
Новая Зеландия	-20	60.347	60.342	-15	60.322
Норвегия	60	60.347	60.407	-	60.347
Перу	1.162	33.923	35.085	-	19.116
Польша		40.021	39.996	25	-
Россия		46.119	46.119	-	-
ЮАР		46.119	46.119	-	-
Испания		46.119	46.119	-	-
Швеция		46.119	46.119	-	-
Украина	94.606	40.021	134.627	-	15.895
Великобритания		60.347	60.347	-	60.347
США	25	60.347	60.347	25	60.347
Уругвай	66	40.021	-	40.087	-
Итого	136.347	1.378.097	1.473.797	40.649	376.722

Д-р Манфред Райнке (Manfred R   Роберто А. Феннелл (Roberto A. Fennell)
Исполнительный секретарь   Сотрудник по финансовым вопросам

Смета поступлений и расходов по всем средствам за период с 1 апреля 2017 г. по 31 марта 2018 г.

ПОСТУПЛЕНИЯ И АССИГНОВАНИЯ	Проверенный отчёт за 2016/17 г.	Бюджет на 2017/18 г.	Предварит. отчёт за 2017/18 г.
ПОСТУПЛЕНИЯ			
Объявленные ВЗНОСЫ	$ -1,378,097	$ -1,378,097	$ -1,378,097
*) Прочие поступления	$ -59,182	$ -53,000	$ -53,000
Итого поступлений	$ -1,437,279	$ -1,431,097	$ -1,431,097
РАСХОДЫ			
ЗАРАБОТНАЯ ПЛАТА			
Сотрудники руководящей категории	$ 336,376	$ 326,636	$ 326,637
Сотрудники общей категории	$ 327,459	$ 362,892	$ 358,968
Вспомогательный персонал КСДА	$ 18,810	$ 21,160	$ 20,743
Стажёры	$ 2,738	$ 9,600	$ 800
Сверхурочные	$ 13,638	$ 16,000	$ 15,151
	$ 699,021	$ 736,288	$ 722,299
ПИСЬМЕННЫЙ И УСТНЫЙ ПЕРЕВОД			
Письменный и устный перевод	$ 302,260	$ 316,388	$ 291,085
КОМАНДИРОВОЧНЫЕ РАСХОДЫ			
Командировочные расходы	$ 70,972	$ 103,000	$ 107,381
ИНФОРМАЦИОННЫЕ ТЕХНОЛОГИИ			
Аппаратное обеспечение ЭВМ	$ 5,028	$ 10,000	$ 10,455
Программное обеспечение	$ 2,116	$ 6,000	$ 2,896
Разработка	$ 23,128	$ 22,000	$ 22,834
Техобслуживание аппаратного обеспеч	$ 1,850	$ 2,250	$ 2,706
Поддержка	$ 6,447	$ 7,500	$ 7,208
	$ 38,569	$ 47,750	$ 46,099
ТИПОГРАФСКИЕ, РЕДАКТОРСКИЕ И КОПИРОВАЛЬНО-МНОЖИТЕЛЬНЫЕ УСЛУГИ			
Заключительный отчёт	$ 14,276	$ 20,000	$ 16,525
Сборник документов	$ 2,374	$ 2,500	$ 662
Правила поведения для посетителей у	$ 0	$ 3,205	$ 1,288
	$ 16,650	$ 25,705	$ 18,475
ОБЩИЕ УСЛУГИ			
Юридическая помощь	$ 1,123	$ 3,000	$ 1,322
Внешний аудит	$ 9,207	$ 11,139	$ 9,236
*) Услуги специальных докладчиков	$ 44,247	$ 0	$ 0
Уборка, техобслуживание и охрана	$ 10,209	$ 11,000	$ 8,300
Обучение	$ 3,950	$ 8,000	$ 6,774
Банковские услуги	$ 6,203	$ 9,983	$ 8,022
Аренда оборудования	$ 2,503	$ 3,042	$ 2,503
	$ 77,442	$ 46,164	$ 36,157
УСЛУГИ СВЯЗИ			
Телефонная связь	$ 5,010	$ 7,210	$ 5,563
Интернет	$ 3,176	$ 2,500	$ 2,353
Услуги по организации и размещению с	$ 7,680	$ 8,500	$ 7,650
Почтовые расходы	$ 2,024	$ 2,785	$ 2,247
	$ 17,890	$ 20,995	$ 17,813

Заключительный отчёт XLI КСДА

	Проверенный отчёт за 2016/17 г.	Бюджет на 2017/18 г.	Предварит. отчёт за 2017/18 г.
РАСХОДЫ НА СОДЕРЖАНИЕ ОФИСА			
Канцелярские принадлежности и расхо	$ 3,480	$ 4,789	$ 6,243
Книги и подписки	$ 1,507	$ 3,342	$ 1,570
Страхование	$ 3,644	$ 4,326	$ 3,034
Мебель	$ 97	$ 1,255	$ 0
Офисное оборудование	$ 3,907	$ 4,455	$ 1,679
Улучшение условий труда	$ 5,503	$ 2,785	$ 0
	$ 18,138	$ 20,952	$ 12,526
АДМИНИСТРАТИВНЫЕ РАСХОДЫ			
Материально-техническое обеспечени	$ 3,063	$ 5,013	$ 2,653
Местный транспорт	$ 426	$ 890	$ 791
Разное	$ 2,824	$ 4,455	$ 2,603
Коммунальные услуги (энергоносители	$ 2,994	$ 7,262	$ 4,729
	$ 9,307	$ 17,620	$ 10,776
ПРЕДСТАВИТЕЛЬСКИЕ РАСХОДЫ			
Представительские расходы	$ 4,473	$ 4,000	$ 3,929
ФИНАНСОВЫЕ ОПЕРАЦИИ			
Потери на разнице валютных курсов	$ 7,881	$ 12,249	$ 14,222
Итого расходов	**$ 1,262,605**	**$ 1,351,111**	**$ 1,280,762**
АССИГНОВАНИЯ В ФОНДЫ			
Резервный фонд для оплаты переводч	$ 0	$ 0	$ 0
**) Фонд компенсации расходов, связанн	$ 0	$ 50,000	$ 29,500
Фонд выходных пособий и компенсаци	$ 31,417	$ 29,986	$ 29,986
Фонд оборотных средств	$ 0	$ 0	$ 0
	$ 31,417	$ 79,986	$ 59,486
ВСЕГО расходов	**$ 1,294,021**	**$ 1,431,097**	**$ 1,340,248**
РАСХОДЫ ИЗ ФОНДОВ			
***) Общий фонд	$ 0	$ 50,000	$ 50,000
Фонд оборотных средств	$ 0	$ 0	$ 0
Резервный фонд для оплаты переводч	$ 0	$ 0	$ 0
****) Фонд выходных пособий и компенсаци	$ 0	$ 127,438	$ 127,438
*****) Фонд компенсации расходов, связанн	$ 0	$ 50,000	$ 29,500
	$ 0	$ 227,438	$ 206,938
******) **Задолженность по взносам**	**$ 49,165**	**$ 0**	**$ 79,281**
САЛЬДО	**$ 94,093**	**$ 0**	**$ 11,568**
СВОДНЫЕ ДАННЫЕ ПО КАЖДОМУ ФОНДУ			
Резервный фонд для оплаты переводч	$ 30,000	$ 30,000	$ 30,000
Фонд компенсации расходов, связанн	$ 50,000	$ 50,000	$ 50,000
Фонд выходных пособий и компенсаци	$ 271,599	$ 174,065	$ 174,065
*******) Фонд оборотных средств	$ 229,952	$ 229,952	$ 229,952

* Проверенный отчёт за 2016/17 г.: Чили возместила расходы на услуги приглашённых докладчиков в виде целевого взноса и за счёт процентов от инвестиций
Бюджет на 2017/18 г. и Предварительный финансовый отчёт за 2017/18 г.: сумма перенесена из Общего фонда (см. ***) и процентов от инвестиций

** Бюджет на 2017/18 г. и Предварительный финансовый отчёт за 2017/18 г.: Фонд возмещения расходов, связанных с переездом сотрудников, восполнен до требуемого уровня 50 000 долл. США за счёт средств Общего фонда (см. *** и *****).

*** Бюджет на 2017/18 г. и Предварительный финансовый отчёт за 2017/18 г.: Фонд возмещения расходов, связанных с переездом сотрудников, восполнен до требуемого уровня 50 000 долл. США за счёт средств Общего фонда (см. ** и *****).

**** Бюджет на 2017/18 г. и Предварительный финансовый отчёт за 2017/18 г.: Выходное пособие и компенсации (Положение 10.4 Положений о персонале и Заключительный отчёт XXXIII КСДА, п. 100) Исполнительному секретарю в 2017 г. и заместителю Исполнительного секретаря в 2018 г.

***** Бюджет на 2017/18 г. и Предварительный финансовый отчёт за 2017/18 г.: Ожидаемые затраты на переезд персонала руководящей категории из Фонда возмещения расходов, связанные с переездом сотрудников (см. ** и ***)

****** Задолженность по взносам по состоянию на 31 марта 2018 г.

******* Максимальная необходимая сумма
Фонд оборотных средств (Положение 6.2
Финансовых положений) $ 229,683 $ 229,683 $ 229,683

Программа работы Секретариата на 2018/19 финансовый год

Введение

В настоящей Программе работы представлено краткое изложение планируемой деятельности Секретариата на 2018/19 финансовый год (в период с 1 апреля 2018 года по 31 марта 2019 года.). Первые четыре раздела посвящены основным направлениям деятельности Секретариата, после чего рассматриваются вопросы административно-финансовой деятельности и представлено краткое изложение перспективного видения деятельности Секретариата на 2019/20 финансовый год.

Бюджет на 2018/19 финансовый год, сметные предложения на 2019/20 финансовый год, а также прилагаемые к ним шкала взносов и шкала заработной платы представлены в дополнениях.

Программа работы и соответствующее предложение по бюджету на 2018/19 финансовый год подготовлены на основе сметного предложения на 2018/19 финансовый год (Решение 5 [2017 г.], Приложение 3).

В Программе работы основное внимание уделено штатной деятельности, связанной с подготовкой XLI КСДА и XLII КСДА, публикацией Заключительных отчётов и решением ряда конкретных задач в соответствии с положениями Меры 1 (2003 г.), регламентирующей деятельность Секретариата.

Содержание

1. Поддержка КСДА/КООС
2. Информационные технологии
3. Документация и общедоступная информация
4. Административно-финансовые вопросы
5. Прогнозная Программа работы на 2019/20 и 2020/21 финансовые годы

   - Дополнение 1. Предварительный финансовый отчёт за 2017/18 финансовый год, бюджет на 2018/19 финансовый год, сметные предложения на 2019/20 финансовый год
   - Дополнение 2. Шкала взносов на 2019/20 финансовый год
   - Дополнение 3. Шкала заработной платы
   - Приложение 4. Отчёт СДА–КОМНАП о взаимодействии по вопросам управления базами данных
   - Приложение 5. Предлагаемый порядок и сроки отбора кандидатов на замещение должности заместителя Исполнительного секретаря

1. Поддержка КСДА/КООС

XLI КСДА

В сложившейся нештатной ситуации с организацией проведения XLI КСДА и XXI заседания КООС Секретариат предусматривает обеспечение тесного взаимодействия с правительственными органами Аргентины для решения целого ряда технических и финансовых вопросов, связанных с организацией Совещания. Подробная информация о запланированных расходах на эти цели представлена в предварительном бюджете на 2018/19 финансовый год, прилагаемом к настоящему документу.

Секретариат также предусматривает оказание помощи XLI КСДА в отношении приема и систематизации документов для Совещания и их размещения в разделе с ограниченным доступом на веб-сайте Секретариата, а также обеспечение всех делегатов флэш-накопителями USB с установленным приложением, позволяющим выполнять просмотр всех документов Совещания в автономном режиме, а также обеспечивающим автоматическую синхронизацию с оперативной базой данных для возможности ознакомления с последней редакцией документов. В разделе веб-сайта для делегатов предусматривается обеспечение возможности онлайн-регистрации делегатов Совещания и размещение скачиваемого актуального списка делегатов.

Секретариат предусматривает оказание помощи в работе КСДА путем подготовки документов Секретариата, Руководства для делегатов, а также аннотированного перечня документов для КСДА.

Секретариат предусматривает обеспечение услуг по письменному и устному переводу. В обязанности Секретариата входит обеспечение письменного перевода материалов до начала, во время проведения и после завершения работы КСДА. Секретариат работает в тесном контакте с компанией ONCALL, предоставляющей услуги по устному переводу.

Секретариат предусматривает оказание услуг по учёту замечаний и предложений, высказанных в ходе обсуждения, а также выполнение работ по сведению воедино и редактированию материалов отчётов КООС и КСДА для их принятия на заключительных пленарных заседаниях. Для данного Совещания Секретариат также пригласил на договорных условиях главного докладчика и ещё четырёх докладчиков с покрытием расходов за счёт Секретариата.

XLII КСДА

Секретариат страны-организатора (Чешская Республика) и Секретариат Договора об Антарктике предусматривают совместными усилиями обеспечить подготовку XLII КСДА, которое состоится в Праге в первой половине июля 2019 года.

Взаимодействие и контакты

Помимо поддержания постоянного контакта по электронной почте, телефону и с помощью других средств связи со Сторонами и международными организациями Системы Договора об Антарктике важным механизмом поддержания тесного взаимодействия и обмена мнениями является участие в совещаниях.

Планируемое участие в мероприятиях

- XXX Ежегодное общее совещание (ЕОС) КОМНАП, г. Гармиш-Партенкирхен, Германия, 11–13 июня 2018 года. Участие в совещании будет способствовать дальнейшему укреплению связей и сотрудничества с КОМНАП.

- СКАР. Исполнительный секретарь получил приглашение принять участие в XXXV Совещании делегатов СКАР, которое будет проходить в г. Давосе, Швейцария, 25–26 июня 2018 года.

- XXXVII совещание АНТКОМ, г. Хобарт, Австралия, с 22 октября по 2 ноября 2018 г. Совещания АНТКОМ, а они по времени проводятся, как правило, посередине между предшествующим и последующим КСДА, обеспечивают Секретариату возможность информирования представителей КСДА, многие из которых принимают участие в совещаниях АНТКОМ, по вопросам деятельности Секретариата. Поддержание взаимодействия с Секретариатом АНТКОМ также является важным аспектом в работе Секретариата Договора об Антарктике, поскольку целый ряд его нормативных положений разрабатываются по образцу положений, регламентирующих деятельность Секретариата АНТКОМ.

- Координационные совещания с чешской Стороной, принимающей XLII КСДА, предварительно намеченные на март или апрель 2019 года.

Поддержка межсессионной деятельности

За последние годы и КООС, и КСДА выполнили значительный объем межсессионной работы в основном путем организации деятельности Межсессионных контактных групп (МКГ). Секретариат предусматривает обеспечение технической поддержки в вопросе онлайн-формирования МКГ, по которым будет принято решение на XLI КСДА и XXI заседании КООС, и подготовки соответствующих документов при наличии такого требования со стороны КСДА или КООС.

Секретариат предусматривает обновление веб-сайта в отношении Мер, принятых на КСДА, и информации по итогам заседания КООС и КСДА.

Секретариат получил от Постоянной палаты Арбитражного суда обновлённый перечень Арбитров, назначенных государствами, являющимися Сторонами Протокола по охране окружающей среды к Договору об Антарктике, в соответствии с положениями Статьи 2 Дополнения к Протоколу. Генеральный секретарь Постоянной палаты Арбитражного суда взял на себя обязательство держать Секретариат Договора об Антарктике в курсе касательно изменений в этом перечне. Секретариат будет соответствующим образом обновлять учётные данные и предоставлять их для пользования Сторонами.

Подготовка печатных материалов

Секретариат предусматривает обеспечение перевода, публикации и распространения Заключительного отчёта XLI КСДА и приложений и дополнений к нему на четырех языках Договора об Антарктике в соответствии с положениями Руководства по представлению, переводу и распространению документов КСДА и КООС. Текст Заключительного отчёта будет размещен на веб-сайте Секретариата, а также выпущен в печатном виде. Полный текст Заключительного отчёта будет доступен в виде печатной книги в двух томах через интернет-магазины, а также в виде электронной книги.

2. Информационные технологии

Обмен информацией и Система электронного обмена информацией

В соответствии с информацией, представленной в Документе Секретариата SP 4 *Отчёт Секретариата за 2017/18 финансовый год*, XL КСДА поставило перед Секретариатом задачу наладить взаимодействие с КОМНАП по вопросу определения путей и способов сокращения дублирования информации и повышения совместимости базы данных Секретариата со всеми базами данных Совета (Решение 7 [2017 г.], Приложение – Многолетний стратегический план работы КСДА, стр. 1, пункт 1). Оба Секретариата провели в межсессионный период определённую работу и подготовили совместный план сотрудничества и реализации доработок, представленный в Приложении 4 ниже.

Секретариат продолжит свою деятельность по оказанию помощи Сторонам в размещении их материалов по обмену информацией, а также в обработке информации, загружаемой с использованием функциональных средств загрузки файлов.

Доработка веб-сайта Секретариата

В соответствии с предложениями, которые будут представлены вниманию XLI КСДА, Секретариат продолжит работу по полному перепроектированию веб-сайта СДА и намеревается представить на очередном КСДА в Праге в 2019 году модернизированный графический интерфейс с усовершенствованными функциями навигации и средствами представления информации для наиболее важных в этом отношении разделов веб-сайта и размещаемой на нём информации.

Картографические инструменты

Предусматривается максимально эффективное использование опыта представления географической информации в базе данных инспекций антарктических станций (см. Документ Секретариата SP 8) для изучения возможности использования того же инструмента ГИС (Географической информационной системы) для разнообразного контента с привязкой к местности, уже имеющегося в других базах данных Секретариата. Предусматривается в том числе поэтапная реализация механизмов представления слоёв географической информации в отношении Охраняемых районов Антарктики, наземных и морских экспедиций и участков для посетителей.

3. Документация и общедоступная информация

Документы КСДА

Секретариат продолжит работу по завершению архивирования Заключительных отчётов и документов КСДА и других совещаний Системы Договора об Антарктике на четырех языках Договора. Для завершения создания полного архива в Секретариате большое значение имеет помощь Сторон в предоставлении своих файлов. Работы по данному проекту будут продолжены в 2018/19 финансовом году. Для всех делегаций, заинтересованных в оказании помощи, составлен полный и подробный перечень документов, недостающих в базе данных Секретариата.

Глоссарий

Секретариат продолжит работу по составлению глоссария терминов и выражений КСДА на четырех языках Договора. Целью создания данной базы словарных данных является управление, широкое распространение и обмен этими онтологическими моделями КСДА, которые являются системами данных, определяющими отношения между понятиями, сокращениями и акронимами, используемыми в Системе Договора об Антарктике. Формирование и развитие глоссария в основном зависит от вклада заинтересованных Сторон в пополнение системы терминами.

База данных Договора об Антарктике

К настоящему времени создана полная база данных по Рекомендациям, Мерам, Решениям и Резолюциям КСДА на английском языке и почти завершено создание такой базы данных на французском и испанском языках; при этом следует отметить нехватку ряда Заключительных отчётов на этих языках. На русском языке отсутствует существенно большее количество Заключительных отчётов. Секретариат неизменно и крайне заинтересован в получении любых недостающих в базе данных Заключительных отчётов или материалов обсуждения на Консультативных или целевых совещаниях.

Фотобанк

Секретариат планирует продолжить работу по наполнению фотобанка имеющимися в архиве фотоматериалами. Равно как и призывает Стороны предоставлять оригиналы фотоматериалов для их размещения в фотобанке на условиях лицензии «С указанием авторства». Секретариат будет особенно признателен за предоставление фотоматериалов, относящихся к первым Совещаниям по Договору об Антарктике.

Общедоступная информация

Секретариат и веб-сайт Секретариата и в дальнейшем будут выполнять роль справочно-информационного центра о деятельности Сторон и важных событиях в Антарктике.

4. Административно-финансовые вопросы

Штат сотрудников

Ниже представлен штат Секретариата по состоянию на 1 апреля 2018 года.

Сотрудники руководящей категории

Ф.И.О.	Должность	Дата вступления в должность	Уровень	Ступень	Истечение срока полномочий
Альберт Льюберас (Albert Lluberas)	Исполнительный секретарь	1.09.2017	E1	1	31.08.2021
Хосе Мария Асеро (José María Acero)	Заместитель Исполнительного секретаря	1.01.2005	E3	14	15.07.2019

Сотрудники общей категории

Хосе Луис Аграс (José Luis Agraz)	Сотрудник информационной службы	1.11.2004	G1	6	
Диего Уайдлер (Diego Wydler)	Специалист по ИТ	1.02.2006	G1	6	
Роберто Алан Феннелл (Roberto Alan Fennell)	Сотрудник по финансовым вопросам (неполный рабочий день)	1.12.2008	G2	6	
Пабло Вайншенкер (Pablo Wainschenker)	Редактор	1.02.2006	G2	4	
Виолета Антинарелли (Violeta Antinarelli)	Библиотекарь (неполный рабочий день)	1.04.2007	G3	6	
Анна Балок (Anna Balok)	Специалист в области средств связи (неполный рабочий день)	1.10.2010	G4	3	
Вивиана Колладо (Viviana Collado)	Офис-менеджер	15.11.2012	G4	3	
Маргарита Толаба (Margarita Tolaba)	Уборщица (неполный рабочий день)	01.07.2015	G7	3	

31 декабря 2018 года истекает срок действия трудового договора с г-ном Хосе Мария Асеро (José María Acero), заместителем Исполнительного секретаря. За

время своей работы г-н Асеро зарекомендовал себя эффективным, добросовестным и преданным делу сотрудником, и Исполнительный секретарь намеревается продлить срок действия трудового договора с г-ном Асеро на шесть с половиной месяцев до середины 2019 года, а именно до 15 июля 2019 года – даты наступления пенсионного возраста, с предоставлением ему возможности участия в работе XLII Консультативного совещания по Договору об Антарктике. При этом новый заместитель Исполнительного секретаря должен приступить к исполнению своих обязанностей непосредственно после завершения XLII КСДА, которое, по информации ~~от~~ Чешской Республики, планируется провести в первой половине 2019 года. В соответствии с требованиями Положения 6 Положения о персонале Исполнительный секретарь провёл консультации с Консультативными Сторонами и заручился их полной поддержкой своего предложения. Исполнительный секретарь намеревается принять решение после проведения дальнейших консультаций во время XLI КСДА.

В Приложении 5 представлен предлагаемый порядок и сроки отбора кандидатов на замещение должности заместителя Исполнительного секретаря.

Во исполнение поручения XL КСДА Секретариат подготовил отдельный Документ Секретариата (SP 7) по вопросам политики в области кадрового обеспечения Секретариата Договора об Антарктике.

Секретариат планирует пригласить стажёров из государств – Сторон Договора для прохождения практики в Секретариате. Было направлено приглашение в Чешскую Республику, страну –организатора XLII КСДА, на стажировку в Буэнос-Айресе одного представителя группы, занимающейся вопросами подготовки Совещания.

Финансовые вопросы

Бюджет на 2018/19 финансовый год и сметные предложения на 2019/20 финансовый год представлены в Дополнении 1.

Заработная плата

В 2017 г. в Аргентине наблюдался дальнейший рост стоимости жизни. Согласно публикации INDEC (Национальный институт статистики и переписи населения Аргентины) уровень инфляции (индекс потребительских цен) в 2017 году составил 25 %. Принимая во внимание падение курса аргентинского песо по отношению к доллару США на 20,4 %, повышение заработных плат в аргентинских песо в государственном секторе на 24,9 % и некоторый положительный эффект в результате девальвации аргентинского песо в 2015 и 2016 годах, Исполнительный секретарь выходит с предложением не предусматривать увеличение заработной платы сотрудников общей категории. Предусматривается повышение заработной платы уборщицы (G7) на 7,9 % в целях обеспечения соответствия уровню заплат в этом секторе в Аргентине. Какого-либо увеличения заработной платы сотрудников руководящей категории не предусматривается.

В Положении 5.10 Положений о персонале предусматривается компенсация для сотрудников общей категории в случае, если они вынуждены работать более 40 часов в неделю. Сверхурочная работа необходима в период проведения КСДА.

По истечении срока действия трудового договора нынешний заместитель Исполнительного секретаря имеет право на получение выходного пособия в соответствии с Положением 10.4 Положений о персонале СДА, принятых КСДА. На XXXIII КСДА (Пунта-дель-Эсте, 2010 г.) «КСДА согласилось с тем, что Положение 10.4 распространяется на все случаи ухода с работы сотрудников руководящей категории с учетом особых условий, сформулированных в Положении 10» (Заключительный отчёт КСДА, стр. 39, п. 100).

Фонды

Фонд оборотных средств

В соответствии с Положением 6.2 (а) Финансовых положений размер Фонда оборотных средств должен поддерживаться на уровне 1/6 бюджета Секретариата, т.е. 229 952 долл. США. Основой для расчета Фонда оборотных средств являются взносы Сторон.

Фонд выходных пособий и компенсаций

В соответствии с Положением 10.4 для Фонда выходных пособий и компенсаций предусмотрены ассигнования в размере 26 372 долл. США (см. Дополнение 1)

Фонд компенсации расходов, связанных с переездом сотрудников

Сумма для покрытия расходов, связанных с переездом нового заместителя Исполнительного секретаря, определена в размере 25 000 долл. США Покрытие данных расходов предусматривается за счёт Фонда компенсации расходов, связанных с переездом сотрудников (см. Дополнение 1, статья ассигнований «Расходы из фондов»).

Для Фонда компенсации расходов, связанных с переездом сотрудников, предусматриваются ассигнования в размере 25 000 долл. США (см. Дополнение 1, статья «Ассигнования в фонды») для поддержания его средств на уровне 50 000 долл. США (Решение 1 (2006 г.), Приложение 3, Дополнение 1: Бюджет на 2006/07 г., ориентировочный бюджет на 2007/08 г. и распределение ресурсов).

Общий фонд

По состоянию на 31 марта 2018 года излишки средств Общего фонда составили 90 849 долл. США. Сумма задолженности по взносам составила 79 281 долл. США. Сумма в размере 29 500 долл. США из излишков средств Общего фонда была отнесена в состав поступлений для поддержания средств Фонда компенсации расходов, связанных с переездом сотрудников, на требуемом уровне.

Дополнительные пояснения к проекту бюджета на 2018/19 финансовый год

Как уже доводилось до сведения Консультативных Сторон, Секретариат вынужден понести определённые расходы, связанные с организацией проведения XLI КСДА, которые, как правило, берёт на себя государство, принимающее Совещание. Эти расходы включают в себя предоставление аудиовизуальных и IT-услуг, участие приглашённых докладчиков, обслуживание питанием, предоставление различных видов материально-технического обеспечения. Для них была предусмотрена новая дополнительная статья расходов «КСДА 2018».

В остальном распределение средств по статьям ассигнований соответствует прошлогоднему предложению. Были внесены некоторые незначительные корректировки в связи с соответствующими ожидаемыми расходами в 2018/2019 финансовом году.

Бюджет на 2017/18 финансовый год представлен в Дополнении 1. Шкала заработной платы представлена в Дополнении 3.

Взносы на 2019/2020 финансовый год

Увеличение взносов в 2019/2020 финансовом году не предусматривается.

Размеры взносов Сторон на 2019/2020 финансовый год представлены в Дополнении 2.

5. Прогнозная Программа работы на 2019/20 и 2020/21 финансовые годы

Предполагается, что в 2019/20 и 2020/21 финансовых годах основные направления текущей деятельности Секретариата не претерпят изменений, вследствие чего и при условии отсутствия существенных изменений в Программе работы никаких изменений в штатном расписании на эти годы не предусматривается.

Приложение 1

Предварительный Финансовый отчёт за 2017/18 финансовый год, Сметные предложения на 2018/19 финансовый год,
Бюджет на 2018/19 финансовый год и Сметные предложения на 2019/20 финансовый год

ПОСТУПЛЕНИЯ И АССИГНОВАНИЯ	Предварит. отчёт за 2017/18 г. *)	Сметные предложения на 2018/19 г.○	Бюджет на 2018/19 г.	Сметные предложения на 2019/20 г.○
ПОСТУПЛЕНИЯ				
Объявленные ВЗНОСЫ	$ -1,378,097	$ -1,378,097	$ -1,378,097	$ -1,378,097
**) из Общего фонда	$ -50,000	$ -25,000	$ -129,038	$ -25,000
Поступления от инвестиций	$ -3,000	$ -3,000	$ -3,000	$ -3,000
Итого поступлений	$ -1,431,097	$ -1,406,097	$ -1,510,135	$ -1,406,097

РАСХОДЫ				
ЗАРАБОТНАЯ ПЛАТА				
Сотрудники руководящей категории	$ 326,637	$ 313,333	$ 321,841	$ 302,657
Сотрудники общей категории	$ 358,968	$ 372,992	$ 373,143	$ 383,877
Вспомогательный персонал КСДА	$ 20,743	$ 21,160	$ 9,932	$ 21,160
Стажёры	$ 800	$ 9,600	$ 9,600	$ 9,600
Сверхурочные	$ 15,151	$ 16,000	$ 11,000	$ 16,000
	$ 722,299	$ 733,085	$ 725,516	$ 733,294

ПИСЬМЕННЫЙ И УСТНЫЙ ПЕРЕВОД				
Письменный и устный перевод	$ 291,085	$ 334,967	$ 175,000	$ 330,773

КОМАНДИРОВОЧНЫЕ РАСХОДЫ				
Командировочные расходы	$ 107,381	$ 91,000	$ 61,300	$ 95,000

ИНФОРМАЦИОННЫЕ ТЕХНОЛОГИИ				
Аппаратное обеспечение ЭВМ	$ 10,455	$ 10,000	$ 10,000	$ 10,050
Программное обеспечение	$ 2,896	$ 3,000	$ 3,000	$ 3,015
Разработка	$ 22,834	$ 22,500	$ 31,500	$ 22,613
Техобслуживание аппаратного обеспечен	$ 2,706	$ 2,250	$ 2,250	$ 2,261
Поддержка	$ 7,208	$ 7,750	$ 9,000	$ 9,045
	$ 46,099	$ 45,500	$ 55,750	$ 46,984

ТИПОГРАФСКИЕ, РЕДАКТОРСКИЕ И КОПИРОВАЛЬНО-МНОЖИТЕЛЬНЫЕ УСЛУГИ				
Заключительный отчёт	$ 16,525	$ 20,100	$ 19,000	$ 19,095
Сборник документов	$ 662	$ 2,512	$ 2,500	$ 2,512
Правила поведения для посетителей уча	$ 1,288	$ 3,221	$ 2,500	$ 2,512
	$ 18,475	$ 25,833	$ 24,000	$ 24,119

ОБЩИЕ УСЛУГИ				
Юридическая помощь	$ 1,322	$ 3,060	$ 2,500	$ 2,550
Внешний аудит	$ 9,236	$ 11,362	$ 13,000	$ 13,260
Уборка, техобслуживание и охрана	$ 8,300	$ 11,220	$ 11,000	$ 11,220
Обучение	$ 6,774	$ 8,160	$ 5,000	$ 5,100
Банковские услуги	$ 8,022	$ 10,183	$ 7,000	$ 7,140
Аренда оборудования	$ 2,503	$ 3,102	$ 2,503	$ 2,553
	$ 36,157	$ 47,087	$ 41,003	$ 41,823

УСЛУГИ СВЯЗИ				
Телефонная связь	$ 5,563	$ 7,354	$ 7,500	$ 7,650
Интернет	$ 2,353	$ 2,550	$ 3,200	$ 3,264
Услуги по организации и размещению сай	$ 7,650	$ 8,670	$ 9,600	$ 9,792
Почтовые расходы	$ 2,247	$ 2,841	$ 2,700	$ 2,754
	$ 17,813	$ 21,415	$ 23,000	$ 23,460

	Предварит. отчёт за 2017/18 г.	Сметные предложения на 2018/19 г.	Бюджет на 2018/19 г.	Сметные предложения на 2019/20 г.
РАСХОДЫ НА СОДЕРЖАНИЕ ОФИСА				
Канцелярские принадлежности и расходы	$ 6,243	$ 4,885	$ 4,885	$ 4,983
Книги и подписки	$ 1,570	$ 3,409	$ 3,409	$ 3,477
Страхование	$ 3,034	$ 4,413	$ 4,413	$ 4,501
Мебель	$ 0	$ 1,280	$ 1,280	$ 1,306
Офисное оборудование	$ 1,679	$ 4,544	$ 4,544	$ 4,635
Улучшение условий труда	$ 0	$ 2,841	$ 2,841	$ 2,898
	$ 12,526	**$ 21,372**	**$ 21,372**	**$ 21,799**
АДМИНИСТРАТИВНЫЕ РАСХОДЫ				
Материально-техническое обеспечение о	$ 2,653	$ 5,113	$ 5,113	$ 5,215
Местный транспорт	$ 791	$ 908	$ 908	$ 926
Разное	$ 2,603	$ 4,544	$ 4,544	$ 4,635
Коммунальные услуги (энергоносители)	$ 4,729	$ 7,407	$ 7,407	$ 7,555
	$ 10,776	**$ 17,972**	**$ 17,972**	**$ 18,331**
ПРЕДСТАВИТЕЛЬСКИЕ РАСХОДЫ				
Представительские расходы	$ 3,929	$ 4,000	$ 4,000	$ 4,000
ФИНАНСОВЫЕ ОПЕРАЦИИ				
Потери на разнице валютных курсов	$ 14,222	$ 12,494	$ 12,494	$ 12,744
КСДА				
Аудиовизуальные и IT-услуги			$ 235,000	
Приглашённые докладчики			$ 40,700	
Обслуживание питанием			$ 26,000	
Разное			$ 20,000	
***)			**$ 321,700**	
ИТОГО РАСХОДОВ	**$ 1,280,762**	**$ 1,354,725**	**$ 1,483,107**	**$ 1,352,328**
АССИГНОВАНИЯ В ФОНДЫ				
Резервный фонд для оплаты переводчес	$ 0	$ 0	$ 0	$ 0
Фонд компенсации расходов, связанных	$ 29,500	$ 25,000	$ 0	$ 25,000
Фонд выходных пособий и компенсаций	$ 29,986	$ 26,372	$ 27,028	$ 28,769
Фонд оборотных средств	$ 0	$ 0	$ 0	$ 0
	$ 59,486	**$ 51,372**	**$ 27,028**	**$ 53,769**
ВСЕГО РАСХОДОВ	**$ 1,340,248**	**$ 1,406,097**	**$ 1,510,135**	**$ 1,406,098**
РАСХОДЫ ИЗ ФОНДОВ				
**) Общий фонд	$ 50,000	$ 25,000	$ 129,038	$ 25,000
Фонд оборотных средств	$ 0	$ 0	$ 0	$ 0
Резервный фонд для оплаты переводчес	$ 0	$ 0	$ 0	$ 0
***) Фонд выходных пособий и компенсаций	$ 127,438	$ 175,282	$ 0	$ 185,099
****) Фонд компенсации расходов, связанных	$ 29,500	$ 25,000	$ 0	$ 25,000
	$ 206,938	**$ 225,282**	**$ 129,038**	**$ 235,099**
*****) **Задолженность по взносам**	**$ 79,281**	**$ 0**	**$ 0**	**$ 0**
САЛЬДО	**$ 11,568**	**$ 0**	**$ 0**	**$ 0**
СВОДНЫЕ ДАННЫЕ ПО КАЖДОМУ ФОНДУ				
Резервный фонд для оплаты переводчес	$ 30,000	$ 30,000	$ 30,000	$ 30,000
Фонд компенсации расходов, связанных	$ 50,000	$ 50,000	$ 50,000	$ 50,000
Фонд выходных пособий и компенсаций	$ 174,065	$ 25,156	$ 201,093	$ 44,765
******) Фонд оборотных средств	$ 229,952	$ 229,952	$ 229,952	$ 229,952
Общий фонд (Фин. Положение 6.3.	$ 633,464	$ 687,585	$ 583,547	$ 558,547

* Предварительный отчёт по состоянию на 31 марта 2016 г.

** Фонд возмещения расходов, связанных с переездом сотрудников, восполнен до требуемого уровня 50 000 долл. США за счёт средств Общего фонда. Непредусмотренные расходы, связанные с организацией проведения КСДА, покрываются за счёт средств Общего фонда.

*** Выходное пособие и компенсации (Положение 10.4 Положений о персонале и Заключительный отчёт XXXIII КСДА, п. 100) Исполнительному секретарю в 2017 г. и заместителю Исполнительного секретаря в 2018 г.

**** Расходы по полному обратному переезду (Положения 9.6 (b) и 10.6 (b) Положений о персонале) Исполнительному секретаря в 2017 году и Заместителя Исполнительного секретаря в 2018 году, возмещаются из Общего фонда

***** Задолженность по взносам по состоянию на 31 марта 2018 г.

****** Максимальная необходимая сумма Фонд оборотных средств (Положение 6.2 Финансовых положений) $ 229,683 $ 229,683 $ 229,683 $ 229,683

Приложение 2

Шкала взносов на 2019/20 финансовый год

2019/20 г.	Кат.	Коэф.	Переменн ая часть		Постоянн ая часть		Итого	
Аргентина	A	3.6	$	36,587	$	23,760	$	60,347
Австралия	A	3.6	$	36,587	$	23,760	$	60,347
Бельгия	D	1.6	$	16,261	$	23,760	$	40,021
Бразилия	D	1.6	$	16,261	$	23,760	$	40,021
Болгария	E	1	$	10,163	$	23,760	$	33,923
Чили	C	2.2	$	22,359	$	23,760	$	46,119
Китай	C	2.2	$	22,359	$	23,760	$	46,119
Чешская Республика	D	1.6	$	16,261	$	23,760	$	40,021
Эквадор	E	1	$	10,163	$	23,760	$	33,923
Финляндия	D	1.6	$	16,261	$	23,760	$	40,021
Франция	A	3.6	$	36,587	$	23,760	$	60,347
Германия	B	2.8	$	28,456	$	23,760	$	52,216
Индия	C	2.2	$	22,359	$	23,760	$	46,119
Италия	B	2.8	$	28,456	$	23,760	$	52,216
Япония	A	3.6	$	36,587	$	23,760	$	60,347
Республика Корея	D	1.6	$	16,261	$	23,760	$	40,021
Нидерланды	C	2.2	$	22,359	$	23,760	$	46,119
Новая Зеландия	A	3.6	$	36,587	$	23,760	$	60,347
Норвегия	A	3.6	$	36,587	$	23,760	$	60,347
Перу	E	1	$	10,163	$	23,760	$	33,923
Польша	D	1.6	$	16,261	$	23,760	$	40,021
Российская Федерация	C	2.2	$	22,359	$	23,760	$	46,119
ЮАР	C	2.2	$	22,359	$	23,760	$	46,119
Испания	C	2.2	$	22,359	$	23,760	$	46,119
Швеция	C	2.2	$	22,359	$	23,760	$	46,119
Украина	D	1.6	$	16,261	$	23,760	$	40,021
Великобритания	A	3.6	$	36,587	$	23,760	$	60,347
Соединенные Штаты Америки	A	3.6	$	36,587	$	23,760	$	60,347
Уругвай	D	1.6	$	16,261	$	23,760	$	40,021

| Бюджет | | | | | | | **$1,378,097** | |

Приложение 3

Шкала заработной платы на 2018/19 финансовый год

Дополнение А

ШКАЛА ОКЛАДОВ СОТРУДНИКОВ РУКОВОДЯЩЕЙ КАТЕГОРИИ

(в долларах США)

2018/19 г. Уровень		I	II	III	IV	V	VI	VII	VIII	IX	X	XI	XII	XIII	XIV	XV
									СТУПЕНИ							
E1	A	$135,302	$137,819	$140,337	$142,855	$145,373	$147,890	$150,407	$152,926							
E1	B	$169,127	$172,274	$175,421	$178,569	$181,716	$184,863	$188,009	$191,158							
E2	A	$113,932	$116,075	$118,218	$120,359	$122,501	$124,642	$126,783	$128,926	$131,069	$133,211	$135,352	$135,595	$137,709		
E2	B	$142,415	$145,093	$147,772	$150,449	$153,126	$155,802	$158,479	$161,158	$163,837	$166,513	$169,190	$169,494	$172,136		
E3	A	$95,007	$97,073	$99,140	$101,207	$103,275	$105,341	$107,408	$109,476	$111,542	$113,608	$115,675	$116,915	$118,154	$120,193	$122,231
E3	B	$118,758	$121,341	$123,925	$126,509	$129,094	$131,676	$134,260	$136,845	$139,427	$142,010	$144,594	$146,143	$147,693	$150,242	$152,788
E4	A	$78,779	$80,693	$82,609	$84,518	$86,435	$88,347	$90,257	$92,174	$94,089	$96,000	$97,915	$98,448	$100,336	$102,223	$104,110
E4	B	$98,474	$100,866	$103,262	$105,648	$108,044	$110,434	$112,822	$115,217	$117,611	$119,999	$122,393	$123,060	$125,419	$127,778	$130,137
E5	A	$65,315	$67,029	$68,739	$70,452	$72,162	$73,873	$75,586	$77,293	$79,007	$80,719	$82,427	$82,981			
E5	B	$81,644	$83,786	$85,924	$88,065	$90,203	$92,342	$94,482	$96,617	$98,759	$100,899	$103,034	$103,726			
E6	A	$51,706	$53,351	$54,994	$56,641	$58,284	$59,928	$61,575	$63,219	$64,862	$65,862	$66,508				
E6	B	$64,632	$66,689	$68,742	$70,801	$72,855	$74,910	$76,969	$79,024	$81,078	$82,328	$83,135				

Примечание. Строка B – это базовый оклад (указан в строке A) плюс 25 % надбавка, покрывающая накладные расходы (отчисления в пенсионный фонд, страховые взносы, образование и т. д.), которые составляют общую сумму оклада сотрудников руководящей категории в соответствии с Положением 5.

Дополнение B

ШКАЛА ОКЛАДОВ СОТРУДНИКОВ ОБЩЕЙ КАТЕГОРИИ

(в долларах США)

Уровень	I	II	III	IV	V	VI	VII	VIII	IX	X	XI	XII	XIII	XIV	XV
								СТУПЕНИ							
G1	$64,788	$67,810	$70,834	$73,856	$77,006	$80,291									
G2	$53,990	$56,508	$59,028	$61,546	$64,172	$66,909									
G3	$44,990	$47,089	$49,189	$51,288	$53,477	$55,760									
G4	$37,493	$39,242	$40,991	$42,741	$44,564	$46,466									
G5	$30,972	$32,419	$33,863	$35,310	$36,818	$38,391									
G6	$25,388	$26,571	$27,756	$28,941	$30,177	$31,465									
G7	$13,724	$14,317	$14,911	$15,505	$16,124	$16,770									

Отчёт СДА–КОМНАП о взаимодействии по вопросам управления базами данных

Сразу по завершении XL КСДА оба Секретариата приступили к данной работе, начав с определения круга вопросов, требующих взаимовыгодного взаимодействия. В качестве первоочередных направлений взаимодействия были определены Система электронного обмена информацией Договора об Антарктике (СЭОИ), База данных инспекций, а также использование совместимых картографических инструментов. В сентябре 2017 года в г. Крайстчёрче, Новая Зеландия, КОМНАП принимал совещание, в котором участвовали IT-специалист Секретариата Договора об Антарктике, Исполнительный секретарь КОМНАП и эксперты из различных организаций. На этом совещании по вопросам управления данными обсуждались практические вопросы сотрудничества в данной области и был намечен комплекс мероприятий по повышению совместимости информационных систем соответствующих организаций. Ниже представлена краткая информация по обсуждавшимся вопросам.

Система электронного обмена информацией (СЭОИ)

Согласно Документу Секретариата SP 10 (стр. 4), представленному на XL КСДА, главная задача в отношении СЭОИ (р. 4) заключалась в обеспечении получения Секретариатом Договора об Антарктике обновлений поднаборов общедоступных данных из базы данных КОМНАП для различных разделов СЭОИ «Оперативная информация – Национальные экспедиции» при обновлении этих разделов представителем какой-либо национальной антарктической программы в системе КОМНАП.

В этом направлении предусматривается изложенный ниже порядок осуществления процесса.

1. Процесс начинается с внесения представителем Члена КОМНАП новых или изменения имеющихся в системе КОМНАП данных.

2. После проверки этой информации работниками Секретариата КОМНАП и включения её в поднабор общедоступных данных информация будет передана в систему СДА с использованием технологии веб-служб.

3. Веб-служба СЭОИ вводит полученную информацию в СЭОИ в состоянии ожидания и отправляет оповещение оператору СЭОИ Стороны Договора об Антарктике о получении новой информации от КОМНАП.

4. После этого оператор СЭОИ Стороны Договора об Антарктике сможет либо ввести информацию в полученном виде, либо модифицировать её (путём изменения или дополнения), либо полностью её отклонить.

Для обеспечения совместимости двух информационных систем Совещание в качестве составной части требований к обмену информации должно принять классификацию, представленную КОМНАП вниманию XL КСДА в Информационном документе IP 12 (в качестве рекомендации КСДА в отношении требования XXXIX КСДА, изложенного в Заключительном отчёте, Приложение 4, стр. 240), а именно: добавить поля данных статуса и сезонности объектов, а также внести небольшие изменения в перечень типов объектов.

База данных инспекций

Для подготовки перечня неинспектированных объектов (одна из новых особенностей, представленных в Документе Секретариата SP 8 *Доработка базы данных инспекций и картографическая система)* СДА намерен использовать перечень объектов, составленный КОМНАП.

Кроме того, процедура обновления данных, описанная выше в отношении СЭОИ, может также использоваться для поддержания в актуальном состоянии и перечня объектов Базы данных инспекций.

Было также определено, что для СДА, являющегося авторитетным источником информации об инспекциях в рамках Договора об Антарктике и Протокола по охране окружающей среды, должна быть обеспечена возможность обмена этой информацией с КОМНАП для включения её в базу данных Совета по мере необходимости.

Картографические инструменты

Намерение обеих организаций использовать одинаковый инструмент ГИС (ESRI ArcGis cloud) обеспечит возможность обмена созданными ими представлениями слоёв географической информации, что позволит сократить дублирование усилий также и в этой области. Со стороны СДА, такими слоями географической информации, передаваемой через СЭОИ, могут, к примеру, являться места расположения Охраняемых районов и маршруты экспедиций.

Порядок отбора кандидатов на замещение должности заместителя Исполнительного секретаря

Положение 6.2 Положений о персонале Секретариата Договора об Антарктике гласит: «Согласно Статье 3 Меры 1 (2003 г.) Исполнительный секретарь назначает других сотрудников, руководит ими и осуществляет контроль за из работой. При назначении, переводе или повышении сотрудников в должности следует руководствоватьс главным образом необходимостью обеспечить высокий уровень работоспособности, компетентности и добросовестности. При этом необходимо уделять должное внимание тому, чтобы наём персонала руководящей категории осуществлялся среди граждан Консультативных сторон, по возможности, на самой широкой основе».

15 июля 2019 года Секретариату предстоит назначить нового заместителя Исполнительного секретаря вместо г-на Хосе Мария Асеро (José María Acero), гражданина Аргентины. В целях отведения достаточного времени для отбора кандидатов вниманию Сторон предлагается изложенный ниже процедурный порядок.

Объявление о вакансии 1 сентября 2018 года Исполнительный секретарь направляет циркулярное письмо Консультативным сторонам Договора об Антарктике с информацией о проведении конкурса на замещение должности заместителя Исполнительного секретаря, а Стороны доводят данную информацию до граждан своей страны[1] способами и средствами по своему усмотрению. Информация о проведении конкурса также направляется Секретариатам СКАР, КОМНАП и АНТКОМ и размещается на веб-сайте Секретариата.

Предлагается приведённая ниже форма объявления о проведении конкурсе на замещение вакантной должности.

Объявление о проведении конкурса на замещение вакантной должности заместителя исполнительного секретаря договора об антарктике

1. Наименование должности: заместитель Исполнительного секретаря.

Штаб-квартира Секретариата Договора об Антарктике находится в г. Буэнос-Айресе, Аргентина, с 1 сентября 2004 года. С информацией о Секретариате можно ознакомиться на веб-сайте *www.ats.aq*.

---

[1] Принимая во внимание Положение 2.8 Положений о персонале Секретариата Договора об Антарктике и в целях обеспечения правоспособности лица, заменяющего на посту г-на Асеро, вести дела от имени и по поручению Секретариата с государственными и частными учреждениями Аргентинской Республики, отобранному кандидату, если только кандидат не является гражданином Аргентины, Сторона, гражданином государства которой является отобранный кандидат, должна обеспечить наличие дипломатического паспорта. Только при этом условии отобранный кандидат сможет оформить в Министерстве иностранных дел Аргентины документы, удостоверяющие полномочия ответственного должностного лица Секретариата Договора об Антарктике.

Как и должность Исполнительного секретаря, должность заместителя Исполнительного секретаря относится к категории двух должностей руководящего звена.

2. Служебные функции и обязанности. Основными служебными функциями заместителя Исполнительного секретаря являются оказание содействия Исполнительному секретарю в выполнении его служебных обязанностей и временное руководство Секретариатом в периоды отсутствия Исполнительного секретаря.

Для обеспечения содействия Исполнительному секретарю в выполнении им своих служебных обязанностей заместитель Исполнительного секретаря должен обладать достаточными управленческими способностями и навыками для осуществления руководства персоналом Секретариата и обеспечения выполнения правил внутреннего распорядка. Заместитель Исполнительного секретаря должен обладать достаточными знаниями в области информационных систем Секретариата и свободно владеть английским и желательно испанским языками.

Заместитель Исполнительного секретаря также должен принимать активное участие в организации ежегодных Совещаний и при необходимости выступать в роли секретаря рабочих групп Консультативного совещания поДоговору об Антарктике (КСДА). Кроме того, в обязанности заместителя Исполнительного секретаря входит выполнение роли контактного лица Секретариата по вопросам деятельности Комитета по охране окружающей среды (КООС).

Для осуществления временного руководства Секретариата в периоды отсутствия Исполнительного секретаря заместитель Исполнительного секретаря должен быть в состоянии изучить, понять и быстро адаптироваться к финансовым, банковским и административным правилам и обычаям Аргентины. К числу повседневных обязанностей заместителя Исполнительного секретаря также относятся ведение переговоров по контрактам на предоставление услуг, а также взаимодействие с аудиторами, консультантами и правительственными органами Аргентины.

Для выполнения перечисленных выше служебных обязанностей необходимо наличие следующих качеств и навыков:

a) знание вопросов деятельности Консультативного совещания по Договору об Антарктике (КСДА) и Комитета по охране окружающей среды (КООС);

b) наличие опыта участия и (или) организации международных совещаний, желательно по вопросам Антарктики;

c) наличие фактического опыта руководящей работы;

d) наличие базовых знаний в области информационных технологий и систем;

e) наличие базовых знаний в области финансов и бухгалтерского учёта;

f) наличие диплома об университетском, высшем или равноценном образовании;

g) свободное владение одним из четырех официальных языков Договора об Антарктике. Учитывая факт нахождения Секретариата в Буэнос-Айресе, желательно владение испанским языком;

h) гражданство государства – Консультативной стороны Договора об Антарктике.

4. Срок пребывания в должности: четыре года с продлением на очередные четыре года решением Исполнительного секретаря по результатам консультаций с Консультативным совещанием по Договору об Антарктике.

5. Условия занятости: должность с полным рабочим днём. Условия занятости оговорены в *Положениях о персонале Секретариата Договора об Антарктике*. Актуальная информация о заработной плате, льготах и пособиях предоставляется Секретариатом Договора об Антарктике по соответствующему запросу.

6. Требования к заявлениям и крайний срок их подачи. Заявления должны быть отправлены по электронной почте *(aes.applications@ats.aq)* не позднее 30 сентября 2018 года. В состав заявления должно входить сопроводительное письмо и Заявление установленного образца, с подробными ответами на изложенные в нём требования к соискателям, а также резюме объёмом не более двух страниц.

7. Порядок отбора кандидатов. На основании информации, представленной во всех полученных заявлениях, Исполнительный секретарь определяет рейтинг соискателей по степени их соответствия предъявляемым требованиям, изложенным в заявлении установленного образца, и составляет список из пяти соискателей с наибольшим рейтингом для проведения с ними собеседования в личном порядке или с использованием электронных средств связи в предварительно согласованные сроки. Для обеспечения прозрачности отбора кандидатов заявления и результаты рейтинговой оценки соискателей предоставляются всем Консультативным сторонам по соответствующему запросу. После этого Исполнительный секретарь информирует Консультативные стороны о результатах собеседования и принимает решение о назначении отобранного соискателя на должность. Информация о принятии решения доводится до сведения не позднее 15 декабря 2018 года.

8. Дата вступления в должность Отобранный кандидат на замещение должности должен приступить к работе в г. Буэнос-Айресе, Аргентина, 19 июля 2019 года.

9. Дополнительная информация. Для получения дополнительной информации просим обращаться на веб-сайт Секретариата Договора об Антарктике по адресу *www.ats.aq* или к г-ну Альберту Льюберасу (Albert Lluberas) по электронной почте *executive.secretary@antarctictreaty.org*. Также с различной информацией по данному вопросу можно ознакомиться в *Основных документах Системы Договора об Антарктике.*

Заявление установленного образца (наличие сопроводительного письма является обязательным условием)

Анкетные данные

ФИО:

Адрес:

Телефон:

Эл. почта:

Гражданство:

Дата рождения:

Требования к соискателям вакансии

При освещении вопросов соответствия указанным ниже требованиям просьба предоставлять дополнительную информацию и приложить резюме объёмом не более двух страниц.

1) Знание вопросов деятельности Консультативного совещания по Договору об Антарктике (КСДА) и Комитета по охране окружающей среды (КООС).

2) Наличие опыта участия и (или) организации международных совещаний, желательно по вопросам Антарктики.

3) Наличие фактического опыта руководящей работы.

4) Наличие базовых знаний в области информационных технологий и систем.

5) Наличие базовых знаний в области финансов и бухгалтерского учёта.

6) Наличие диплома об университетском, высшем или равноценном образовании в области предусмотренных должностью служебных обязанностей.

7) Свободное владение одним из четырех официальных языков Договора об Антарктике. Учитывая факт нахождения Секретариата в Буэнос-Айресе, желательно владение испанским языком.

8) Гражданство одного из 29 государств, являющихся Консультативными сторонами Договора об Антарктике.

Возобновление договора с внешним аудитором

Представители,

напоминая о Финансовых положениях Секретариата Договора об Антарктике (далее по тексту – «Финансовые положения Секретариата»), приложенных к Решению 4 (2003 г.), в том числе Положения 11 (Внешний аудит);

сознавая тот факт, что большинство финансовых операций осуществляется Секретариатом Договора об Антарктике (далее по тексту – «Секретариат») на территории Аргентины, а также то, что детально прописанные Правила бухгалтерского учёта и отчётности являются характерными для данной конкретной страны;

отмечая предложение Аргентины в отношении назначения Национального контрольно-ревизионного управления Аргентинской Республики (Sindicatura General de la Nación, SIGEN) в качестве внешнего аудитора Секретариата;

принимают следующее решение:

1. Назначить Национальное контрольно-ревизионное управление Аргентинской Республики (Sindicatura General de la Nación, SIGEN) в качестве внешнего аудитора Секретариата на 2018/19-2020/21 финансовые годы в соответствии с Положением 11.1 Финансовых положений Секретариата.

2. Предоставить Исполнительному секретарю право заключения договора с SIGEN на проведение ежегодного аудита в указанный выше период в соответствии с Положением 11.3, Дополнением к настоящему Решению и бюджетами, принимаемыми Консультативным совещанием по Договору об Антарктике (КСДА).

Задачи, которые должен выполнять внешний аудитор

Предоставлять отчёты о внешнем аудите, охватывающие финансовые годы, которые заканчиваются в 2018 г., 2019 г., 2020 г. и 2021 г., в соответствии с Положением 11.3 Финансовых положений, Приложение к Решению 4 (2003 г.).

Аудиторский отчёт должен охватывать:

- реализацию положений, утверждённых Консультативным совещанием по Договору об Антарктике (КСДА);

- внутренний контроль – Положения и процедуры;

- внутренний контроль административных процессов, платежей, контроль за фондами и имуществом;

- составление бюджета;

- сравнительные отчёты по бюджету;

- анализ эффективности расходов;

- контроль за выполнением бюджета;

- анализ создания новых территориальных подразделений;

- контроль и отчётность по взносам;

- создание и контроль за Общим фондом, Фондом оборотных средств, Фондом будущих встреч, Фондом возмещения расходов, связанных с переездом сотрудников, Фондом выходных пособий и компенсаций и другими фондами, которыми управляет Секретариат Договора об Антарктике («Секретариат»);

- доходные и расходные счета;

- трастовые фонды;

- контроль за фондами – Инвестиции;

- контроль за бухгалтерским учетом в соответствии с Положением 10 Решения 4 (2003 г.);

- подготовка проекта аудиторского отчёта;

- другие вопросы, по которым необходимо обеспечить правильное финансовое управление Секретариатом.

Исполнительный секретарь должен подавать предварительный финансовый отчёт за каждый финансовый год в Национальное контрольно-ревизионное управление Аргентинской Республики (Sindicatura General de la Nación, SIGEN) не позднее 1 июня года, в котором заканчивается финансовый год, а SIGEN должно предоставить Исполнительному секретарю проверенный окончательный отчёт не позднее 1 сентября года, в котором заканчивается финансовый год.

Многолетний стратегический план работы Консультативного совещания по Договору об Антарктике

Представители,

вновь подтверждая ценности, цели и принципы, заявленные в Договоре об Антарктике и Протоколе по охране окружающей среды к нему;

напоминая о Решении 3 (2012 г.) по вопросу Многолетнего стратегического плана работы (далее по тексту – «План») и его принципов;

принимая во внимание, что План дополняет повестку дня Консультативного совещания по Договору об Антарктике (далее по тексту – «КСДА») и что Стороны Договора об Антарктике и другие участники КСДА по-прежнему приглашаются к активному участию в подготовке других вопросов, стоящих на повестке дня КСДА;

принимают следующее решение:

1. Утвердить План, прилагаемый к настоящему Решению.

2. Признать План, приложенный к Решению 7 (2017 г.), утратившим актуальность.

Многолетний стратегический план работы КСДА

	Первоочередные задачи	XL КСДА (2017 г.)	Межсессионная работа	XLI КСДА (2018 г.)	Межсессионная работа	XLII КСДА (2019 г.)	Межсессионная работа	XLIII КСДА (2020 г.)
1.	Продолжение работы по усовершенствованию функционирования СЭОИ.	РГ № 1 следует провести анализ функционирования СЭОИ.	СДА следует сотрудничать с КОМНАП с целью поиска способов сокращения объёмов дублирующей информации и улучшения совместимости своих систем в отношении всех баз данных. СДА следует продолжать дальнейшую доработку СЭОИ, включая разработку интерфейса веб-сайта на четырёх официальных языках Договора.		СДА следует сотрудничать с КОМНАП с целью поиска способов сокращения объёмов дублирующей информации и улучшения совместимости своих систем в отношении всех баз данных. СДА следует продолжать работу по усовершенствованию СЭОИ.	КСДА следует продолжать анализировать функционирование СЭОИ.		
2.	Рассмотрение согласованной передачи информации странам, не являющимся Сторонами Договора, граждане которых осуществляют деятельность или имущество которых задействовано в Антарктике, и странам, которые являются Сторонами Договора об Антарктике, но ещё не присоединились к Протоколу.	КСДА следует определить страны, не являющиеся Сторонами Договора, граждане которых осуществляют деятельность в Антарктике, и обеспечить для них информационно-просветительскую деятельность.				КСДА следует определить страны, не являющиеся Сторонами Договора, граждане которых осуществляют деятельность в Антарктике, и обеспечить для них информационно-просветительскую деятельность.		
3.	Содействие развитию согласованной на национальном и международном уровнях образовательной и информационно-просветительской деятельности с позиций Договора об Антарктике.	РГ № 1 следует рассмотреть отчёт МКГ по вопросам образовательной и информационно-просветительской деятельности.	МКГ по вопросам образовательной и информационно-просветительской деятельности		МКГ по вопросам образовательной и информационно-просветительской деятельности.	РГ № 1 следует рассмотреть отчёт МКГ по вопросам образовательной и информационно-просветительской деятельности.		
4.	Обсуждение стратегических научных приоритетов и обмен информацией по данному вопросу с целью определения и использования возможностей для сотрудничества и наращивания научного потенциала, в особенности в отношении вопросов изменения климата.	РГ № 2 следует сопоставить и сравнить стратегические научные приоритеты с целью определения возможностей сотрудничества.	Продолжение неформальных межсессионных обсуждений стратегических научных приоритетов.		Продолжение неформальных межсессионных обсуждений стратегических научных приоритетов.	Рассмотрение результатов межсессионных обсуждений стратегических научных приоритетов.		
5.	Повышение эффективности сотрудничества между Сторонами (например, совместные инспекции, совместные научные проекты и мероприятия по материально-техническому обеспечению) и эффективности участия в совещаниях (например, рассмотрение эффективных методов работы на совещаниях).	РГ № 2 следует рассмотреть отчёт МКГ по вопросам совместных инспекций.	Продолжение неофициальных консультаций по вопросу совместных инспекций.	Рассмотрение результатов неофициальных консультаций по вопросу совместных инспекций.	Продолжение неофициальных консультаций по вопросу совместных инспекций.	Рассмотрение результатов неофициальных консультаций по вопросу совместных инспекций. Рассмотрение рекомендаций КОМНАП по обмену информацией и поисково-спасательным операциям.		

	Первоочередные задачи	XL КСДА (2017 г.)	Межсессионная работа	XLI КСДА (2018 г.)	Межсессионная работа	XLII КСДА (2019 г.)	Межсессионная работа	XLIII КСДА (2020 г.)
6.	Укрепление сотрудничества между КООС и КСДА.	КСДА следует рассмотреть вопросы, затронутые в отчёте КООС, на XXXIX и XL КСДА. КСДА следует получить рекомендации КООС, тре-бующие последующих действий и контроля.						
7.	Введение в действие При-ложения VI и продолжение сбора информации по устранению и ликвидации последствий эколо-гического ущерба и другим во-просам, отно-сящимся к данной области, для информа-ционного наполнения будущих пере-говоров по материальной ответственно-сти.	КСДА следует провести оценку положения дел с введением в дей-ствие Приложе-ния VI в соответ-ствии с положениями Статьи IX Договора об Ан-тарктике, а также рассмотреть необходимость принятия каких-либо надлежащих мер, способствую-щих одобрению Сторонами Приложения VI на своевременной основе.	СДА создаёт веб-страницу на веб-сайте СДА, на которой будет представлена информация о национальном законодательстве по реализации Приложения VI, добровольно предоставляемая Сторонами и до-ступная Сторонам. Отчёт размещён на сайте: https://eies.ats.aq/Ats.IE/Reports/rptNRLs.aspx?Topic=7		СДЕ следует под-держивать связь с Международной группой ассоциа-ций (клубов) вза-имного страхова-ния (IGP&I Clubs).	КСДА следует провести оценку положения дел с введением в дей-ствие Приложе-ния VI в соответ-ствии с положениями Статьи IX Дого-вора об Антарктике, а также рассмотреть необходимость принятия каких-либо надлежащих мер, способствую-щих одобрению Сторонами Приложения VI на своевременной основе.		КСДА следует при-нять решение об установлении вре-менных рамок для возобновления переговоров о мате-риальной ответственности в соответствии со Статьёй 16 Прото-кола по охране окружающей среды в 2020 г. или ранее, если Стороны посчитают это необходимым в свете достигнутого прогресса в одобрении Меры 1 (2005 г.) - см. Решение 5 (2015 г.).
8.	Проведение анализа осу-ществляемой КООС работы по вопросу пересмотра передовых методов работы и совершен-ствования существующих методов и средств, а также разработки дополнитель-ных методов охраны окру-жающей среды, включая процедуры оценки воздействия на окружающую среду.	РГ № 1 следует рассмотреть реко-мендации КООС и обсудить концептуальные вопросы по проведённому пересмотру Руко-водства по Оценке воздействия на окружающую среду (ОВОС).				РГ № 1 следует дополнительно обсудить вопросы, поднятые в части 8b Отчёта XX заседания КООС.		РГ № 1 следует рассмотреть реко-мендации КООС и обсудить концепту-альные вопросы по проведённому пере-смотру Оценки воз-действия на окружа-ющую среду (ОВОС).
8 bis	Сбор и исполь-зование биоло-гического материала в Антарктике.			КСДА следует обсу-дить сбор и использование биологического материала в Антарктике.	Неформальный обмен информацией на форуме КСДА. Направление за-проса в СКАР для представления на XLII КСДА изме-нений в отчёте СКАР, содержа-щемся в Рабочем документе WP 2 Биопроспектинг в Антарктике, представленном на XXXIII КСДА.	РГ № 1 следует обсудить сбор и использование биологического материала в Ан-тарктике.		
9.	Рассмотрение и анализ реко-мендаций Совещания экпертов Договора об Антарктике, посвящённого возможным последствиям изменения климата для решения вопросов управления и руководства антарктическим регионом (КООС-МКГ).	РГ № 2 следует рассмотреть реко-мендации 4-6 РГ № 2 следует рассмотреть результаты семинара НК-АНТКОМ и КООС.	Заинтересованным Сторонам следует подготовиться к обсуждениям невыполненных рекомендаций СЭДА относительно последствий изменения климата (2010 г.).		Заинтересованным Сторонам следует подготовиться к обсуждениям невыполненных рекомендаций СЭДА относительно последствий изме-нения климата (2010 г.)	Согласование способов работы с невыполненными рекомендациями СЭДА, касающимися последствий изменения климата (2010 г.).		Действия и контроль, следующие после принятия любых решений в отноше-нии работы с любы-ми невыполненными рекомендациями СЭДА, касающимися последствий измене-ния климата (2010 г.).
10.	Обсуждение реализации Рабочей про-граммы ответ-ных мер в отношении изменения климата (CCRWP).	РГ № 2 следует рассмотреть еже-годные обновления информации от КООС по реализа-ции CCRWP.				РГ № 2 следует рассмотреть еже-годные обновления информации от КООС по реа-лизации CCRWP.		РГ № 2 следует рассмотреть ежегодные обновления информации от КООС по реализации CCRWP.

220

	Первоочередные задачи	XL КСДА (2017 г.)	Межсессионная работа	XLI КСДА (2018 г.)	Межсессионная работа	XLII КСДА (2019 г.)	Межсессионная работа	XLIII КСДА (2020 г.)
11.	Модернизация антарктических станций в контексте изменения климата.	РГ № 2 следует обсудить обмен информацией и рекомендации КОМНАП.				РГ № 2 следует обсудить обмен информацией и рекомендации КОМНАП.		
12.	Рассмотрение и обсуждение вопросов, относящихся к росту количе-ства авиационных перевозок в Антарктике, а также оценка необходимости принятия до-полнительных мер.		Секретариату сле-дует запросить у ИКАО всю имею-щуюся информа-цию по вопросам авиационных перевозок в Антарктике и пригласить представителей ИКАО посетить XLI КСДА. Необходимо попросить у КОМНАП и МААТО предоста-вить обзорную информацию об авиационных перевозках и пред-ставить её на сле-дующем XLI КСДА для информирования участников дискуссии.		Секретариату сле-дует запросить у ИКАО всю имею-щуюся информа-цию относительно авиационных пере-возок в Антарктике и пригласить пред-ставителей ИКАО посетить XLII КСДА. Необходимо по-просить у КОМНАП и МААТО предоста-вить обзорную информацию об авиационных перевозках и пред-ставить её на сле-дующем XLII КСДА для информирования участников дискуссии.	РГ № 2 XLII КСДА следует провести специальное обсуждение авиационных перевозок, в том числе полётов негосударственных воздушных судов, а также БПЛА и ДПАС в Антарктике. РГ № 2 XLII КСДА следует рассмотреть все мнения ИКАО по вопросам безопасности воз-душного движения.	Участникам совеща-ния следует прово-дить консультации для решения проблемы рисков и других вопросов, выявленных во время дискуссий на XLII КСДА.	
12 bis	Принятие к сведению Международного кодекса для судов, эксплуа-тирующихся в полярных водах; продол-жение укрепления сотрудни-чества между морскими операторами в Антарктике; а также учёт разработок и улучшений в ИМО.		Секретариату сле-дует изложить ИМО приоритетный интерес КСДА в сфере безопасности морских операций и пригласить ИМО представить обновлённые данные и участвовать в XLI КСДА.			РГ № 2 следует рассмотреть разра-ботки и улучшения, имеющиеся в ИМО, а также обсудить дополнительные вопросы безопасно-сти морских опера-ций.		Обмен мнениями относительно национального опыта в области разрешения деятельности судов в Антарктике после вступления в силу Полярного кодекса.
13.	Гидрографиче-ские исследования в Антарктике.		МГО при взаимо-действии с СДА и принимающей стороной подготавливается к проведению семинара, посвящённого состоянию и воздействию гидрографической деятельности в водах Антарктики на XLI КСДА.		МГО при взаимо-действии с СДА и принимающей стороной подготавливается к проведению семинара, посвящённого состоянию и воз-действию гидрографической деятельности в водах Антарктики на XLII КСДА.	КСДА следует про-вести специализиро-ванный семинар, посвящённый гидрографической деятельности в Антарктике, с презентацией МГО.		
14.	Анализ и опре-деление необ-ходимости принятия до-полнительных мер в отноше-нии управления районами и объектами капи-тальной инфра-структуры, связанных с туристической деятельностью, а также рас-смотрение вопросов, касающихся наземного и экстремального туризма, и рекомендаций КООС по ре-зультатам проведённого исследования в области тури-стической деятельности.	Рассмотрение отчёта Секретариа-та о процессе исполнения положений рекомендации I по результатам иссле-дования в области туристической деятельности, проведённого КООС в 2012 г.	Обсуждение вариантов разработки стандартизированной методологии мониторинга для управления участками. Обсуждение предложений, касающихся необходимости приня-тия дополнительных мер в отношении управления районом. Рассмотрение хода выполнения рекомендаций, изложенных в Исследовании КООС в области туристической деятельности.	Последующие действия после принятия выводов и заключений, касающихся исследования КООС в области туристической деятельности. КООС следует продолжить работу по воздействию туристической деятельности на окружающую среду в долгосрочной перспективе. ой деятельности	Дальнейшее рас-смотрение вопросов охраны окружающей среды, связанных с туристической дея-тельностью, на основе новых реко-мендаций со стороны КООС. СКАР и МААТО следует предоста-вить предваритель-ный отчёт о ходе реализации ком-плексного плана сохранения окружающей среды Антарктического полуострова.		Рассмотрение потенциального обременения нацио-нальных антарктических программ проведением поисково-спасательных операций, связанного с ростом туристической деятельности в Антарктике.

	Первоочередные задачи	XL КСДА (2017 г.)	Межсессионная работа	XLI КСДА (2018 г.)	Межсессионная работа	XLII КСДА (2019 г.)	Межсессионная работа	XLIII КСДА (2020 г.)
15.	Разработка стратегии обеспечения экологически безопасной туристической и неправитель-ственной дея-тельности в Антарктике.	РГ № 2 следует рассмотреть обновлённые данные Секретариата. Разработка стратегического видения туристической и неправитель-ственной деятель-ности в Антарктике.	Продолжение обсуждений с целью подготовки XLI КСДА.	Обсуждение специаль-ных мер для улучшения реализации Общих принципов антарктического туризма (2009 г.).	Рассмотрение целе-сообразности и применения соответ-ствующих правил в отношении видов туристической деятельности, пред-ставляющих угрозу для окружающей среды и высоких стандартов охраны здоровья и безопас-ности. Приглашение сторон к пересмотру процес-сов обеспечения внедрения соответ-ствующих норм и разрешений на национальном уровне и работе по форми-рованию требований к внедрению соот-ветствующих норм по Мерам, ожидающим одобрения, на национальном уровне. Подготовка отчёта по результатам прове-дения неформального семинара.	Дальнейшие обсуждения по вопросам, возникающим в связи с ростом туристической деятельности, в том числе по вопросам, обусловленным потенциальным ростом деятель-ности операторов, не являющихся членами МААТО.		
16.	Контроль посещения участков.				Секретариату сле-дует изучить воз-можность применения картографического инструмента к участкам, на которые распро-страняются суще-ствующие правила поведения для посетителей участ-ков.	Анализ хода работы КООС в отношении рекомендаций 3 и 7 Исследования КООС в области туристической деятельности. Секретариату следует предоставить отчёт на XLII КСДА.		

ПРИМЕЧАНИЕ. Упомянутые выше Рабочие группы КСДА не являются постоянными органами и формируются на основе общего согласия в конце каждого Консультативного совещания по Договору об Антарктике.

3. Резолюции

Правила поведения для посетителей участков

Представители,

напоминая о Резолюциях 5 (2005 г.), 2 (2006 г.), 1 (2007 г.), 2 (2008 г.), 4 (2009 г.), 1 (2010 г.), 4 (2011 г.), 4 (2012 г.), 3 (2013 г.), 4 (2014 г.) и 2 (2016 г.), в рамках которых были приняты и обновлены перечни участков, на которые распространяются Правила поведения для посетителей участков (далее по тексту – «Правила поведения»);

полагая, что Правила поведения способствуют совершенствованию положений Руководства для операторов, организующих и осуществляющих туристическую и неправительственную деятельность в Антарктике, приложенного к Рекомендации XVIII-1 (1994 г.);

подтверждая, что в понятие «посетители» не входят учёные, проводящие исследования на этих участках, или лица, занимающиеся официальной правительственной деятельностью;

отмечая, что Правила поведения разработаны применительно к уровню посещаемости и видам деятельности при посещении каждого участка, а также отдавая себе отчёт в необходимости пересмотра Правил поведения в случае любых значительных изменений в уровне посещаемости и видах деятельности при посещении участков;

полагая, что Правила поведения для каждого участка подлежат незамедлительному критическому анализу и пересмотру в случае изменений в уровне посещаемости и видах деятельности при посещении участков или в случае наличия очевидного или вероятного воздействия на окружающую среду;

желая обеспечить поддержание перечня участков, на которые распространяются Правила поведения, и самих Правил поведения в актуальном состоянии;

рекомендуют своим Правительствам:

1. Включить остров Астролаб, мыс Жорж, остров Ронже и мыс Портал в перечень участков, на которые распространяются Правила поведения, прилагаемые к настоящей Резолюции, а также включить Правила поведения для этих конкретных участков в редакции, принятой Консультативным совещанием по Договору об Антарктике, в состав Правил поведения.

2. Секретариату Договора об Антарктике (далее по тексту – «Секретариату») внести соответствующие изменения в информационное наполнение веб-сайта.

3. Своим Правительствам призвать потенциальных посетителей к доскональному изучению и неукоснительному соблюдению соответствующих Правил поведения.

4. Секретариату обеспечить представление Резолюции 2 (2016 г.) на своем сайте, как утратившей силу.

Список Участков, на которые распространяются Правила поведения для посетителей участков

Правила поведения для посетителей участков	Первая редакция	Действующая редакция
1. Остров Пенгуин (62°06' ю.ш., 57°54' з.д.)	2005	2005
2. Остров Барриентос – острова Аитчо (62°24' ю.ш., 59°47' з.д.)	2005	2013
3. Остров Кувервиль (64°41' ю.ш., 62°38' з.д.)	2005	2013
4. Мыс Югла (64°49' ю.ш., 63°30' з.д.)	2005	2013
5. Остров Гудьер, Порт-Локрой (64°49' ю.ш., 63°29' з.д.)	2006	2006
6. Мыс Ханна (62°39' ю.ш., 60°37' з.д.)	2006	2013
7. Бухта Неко (64°50' ю.ш., 62°33' з.д.)	2006	2013
8. Остров Полет (63°35' ю.ш., 55°47' з.д.)	2006	2018
9. Остров Петерманн (65°10' ю.ш., 64°10' з.д.)	2006	2013
10. Остров Плено (65°06' ю.ш., 64°04' з.д.)	2006	2013
11. Мыс Таррет (62°05' ю.ш., 57°55' з.д.)	2006	2006
12. Бухта Янки (62°32' ю.ш., 59°47' з.д.)	2006	2013
13. Утес Браун-Блафф, полуостров Табарин (63°32' ю.ш., 56°55' з.д.)	2007	2018
14. Холм Сноу-Хилл (64°22' ю.ш., 56°59' з.д.)	2007	2007
15. Бухта Шингл, остров Коронейшен (60°39' ю.ш., 45°34' з.д.)	2008	2008
16. Остров Девил, остров Вега (63°48' ю.ш., 57°16,7' з.д.)	2008	2018
17. Бухта Уэйлерс, остров Десепшен (Тейля), Южные Шетландские острова (62°59' ю.ш., 60°34' з.д.)	2008	2018
18. Остров Хаф-Мун, Южные Шетландские острова (60°36' ю.ш., 59°55' з.д.)	2008	2018
19. Мыс Бейли, остров Десепшен (Тейля), Южные Шетландские острова (62°58' ю.ш., 60°30' з.д.)	2009	2013
20. Бухта Телефон, остров Десепшен (Тейля), Южные Шетландские острова (62°55' ю.ш., 60°40' з.д.)	2009	2018
21. Мыс Ройдс, полуостров Росса (77°33'10,7" ю.ш. 166°10'6,5" в.д.)	2009	2009
22. Хижина Уорди, остров Уинтер, острова Арджентайн (65°15' ю.ш., 64°16'з.д.)	2009	2009
23. Остров Стонингтон, залив Маргерит, Антарктический полуостров (68°11' ю.ш., 67°00' з.д.)	2009	2009
24. Остров Хорсшу, Антарктический полуостров (67°49' ю.ш., 67°18' з.д.)	2009	2014
25. Остров Детай, Антарктический полуостров (66°52' ю.ш., 66°48' з.д.)	2009	2009
26. Остров Торгерсен, бухта Артур, юго-западная часть острова Анверс (64°46' ю.ш., 64°04' з.д.)	2010	2013
27. Остров Данко, пролив Эррера, Антарктический полуостров (64°43' ю.ш., 62°36' з.д.)	2010	2013
28. Сиби-Хук, мыс Халлетт, северная часть Земли Виктории, море Росса, участки для посетителей А и В (72°19' ю.ш., 170°13' в.д.)	2010	2010
29. Мыс Дамой, остров Винке, Антарктический полуостров (64°49' ю.ш., 63°31' з.д.)	2010	2013
30. Участок для посетителей «Долина Тейлор», южная часть Земли Виктории (77°37,59' ю.ш., 163°03,42' в.д.)	2011	2011

Правила поведения для посетителей участков	Первая редакция	Действующая редакция
31. Северо-восточный пляж острова Ардли (62°13' ю.ш., 58°54' з.д.)	2011	2011
32. Хижины Моусона и мыс Денисон, Восточная Антарктика (67°01' ю.ш., 142°40' в.д.)	2011	2014
33. Остров Д'Эно, бухта Миккельсен, остров Тринити (63°54' ю.ш., 60°47' з.д.)	2012	2012
34. Порт Шарко, остров Бут (65°04' ю.ш., 64°02' з.д.)	2012	2012
35. Бухта Пендьюлум, остров Десепшен (Тейля), Южные Шетландские острова (62°56' ю.ш., 60°36' з.д.)	2012	2018
36. Бухта Орне, южный рукав бухты Орне, пролив Жерлаш (64°38' ю.ш., 62°33' з.д.)	2013	2013
37. Острова Орне, пролив Жерлаш (64°40' ю.ш., 62°40' з.д.)	2013	2013
38. Мыс Уайлд, остров Элефант (Мордвинова) (61°6' ю.ш., 54°52' з.д.)	2016	2016
39. Острова Ялур, архипелаг Вильгельма (65°14' ю.ш., 64°10' з.д.)	2016	2016
40. Остров Астролаб (63°28' ю.ш., 58°77' з.д.)	2018	2018
41. Мыс Жорж, остров Ронже (64°67' ю.ш., 62°67' з.д.)	2018	2018
42. Мыс Портал (64°30' ю.ш., 61°46' з.д.)	2018	2018

Руководство по методике оценки и управления наследием Антарктики

Представители,

напоминая о требовании Приложения III к Протоколу по охране окружающей среды к Договору об Антарктике (далее по тексту – Протокол), касающихся очистки прошлых и действующих участков хранения отходов на суше, а также покинутых мест осуществления антарктической деятельности;

напоминая также о том, что Статья 8 Приложения V к Протоколу предусматривает, что места или памятники признанной исторической ценности должны быть указаны как Исторические места и памятники (ИМП), которые не должны быть повреждены, удалены или уничтожены;

напоминая о Мере 3 (2003 г.), в рамках которой был пересмотрен и уточнён *Перечень Исторических мест и памятников* (далее по тексту – Перечень), а также последующих Мер, в рамках которых в перечень были добавлены другие ИМП;

напоминая о Резолюции 3 (2009 г.), в которой рекомендовалось Сторонам использовать *Руководство по определению и охране исторических мест и памятников* по вопросам, связанным с обозначением, охраной и сохранением исторических мест, памятников, артефактов и других исторических останков в Антарктике;

желая обеспечить уверенность, что процесс определения ИМП улучшает идентификацию и охрану признанных исторических ценностей Антарктики;

отмечая важность обеспечения последовательности в определении ИМП, необходимости соблюдения надлежащего баланса между вопросами охраны окружающей среды и сохранения наследия при управлении ИМП, а также важность использования всё большего опыта в управлении ценностями наследия Антарктики;

рекомендуют своим Правительствам использовать необязательное *Руководство по методике оценки и управления наследием Антарктики*, прилагаемое к настоящей Резолюции, в качестве дополнительного методического материала по вопросам оценки и управления местами и (или) объектами, представляющими ценности наследия Антарктики.

Руководство по методике оценки и управления наследием Антарктики

1. Введение

Целью настоящего документа является предоставление Сторонам методической помощи и содействия в их работе по оценке и определению необходимости управления местом и (или) объектом, как представляющим культурно-историческую ценность объектом, в том числе необходимости предоставления им статуса Исторического места и памятника (ИМП) как в рамках положений Приложения V, так и применительно к положениям Приложения III к Протоколу по охране окружающей среды к Договору об Антарктике (далее по тексту – Протокол по охране окружающей среды). Более того, документ призван предоставить методические рекомендации в отношении определения наиболее оптимальных мер по управлению местом и (или) объектом наследия в случае принятия решения о необходимости их определения в качестве таковых. Настоящее Руководство носит рекомендательный характер, но вместе с тем в нём поднимаются вопросы, которые так или иначе подлежат рассмотрению Стороной или Сторонами в их стремлении обосновать необходимость предоставления конкретному объекту или месту статуса ИМП или принятия иных мер в отношении их охраны.

Руководство призвано содействовать Комитету по охране окружающей среды (КООС) и Сторонам в реализации следующей генеральной концепции:

«Обеспечить признание, уметь обращаться, сохранить и способствовать популяризации наследия Антарктики в интересах нынешнего и будущих поколений».

В настоящем Руководстве подчёркивается настоятельная необходимость обеспечения правильного баланса между требованиями Протокола по охране окружающей среды в отношении обеспечения охраны окружающей среды Антарктики и желанием обеспечить охрану значимых мест и объектов наследия Антарктики.

Статья 8 Приложения V к Протоколу по охране окружающей среды предусматривает возможность выхода с предложением о предоставлении любому месту или памятнику признанного исторического значения статуса Исторического места и памятника (ИМП), а также запрещает их нарушение, удаление или разрушение в случае предоставления такого статуса.

Резолюция 3 (2009 г.) содержит в своём составе *Руководство по определению и охране Исторических мест и памятников* и рекомендации Сторонам по вопросам определения, охраны и сохранения исторических мест, памятников, артефактов и других остатков исторических объектов в Антарктике. Настоящее Руководство содержит дополнительные расширенные методические рекомендации, направленные на реализацию положений Резолюции 3 (2009 г.).

Все предложения об определении ИМП подлежат рассмотрению КООС и окончательному утверждению Консультативными Сторонами Договора об Антарктике на Консультативном совещании по Договору об Антарктике (КСДА). Какие-либо дополнительные меры не предусматриваются и не оговариваются ни в положениях Протокола по охране окружающей среды, ни в рамках Мер, принятых Сторонами Договора об Антарктике. В настоящем же документе предусматриваются методические рекомендации в отношении потенциальных и актуальных мер по управлению местами и (или) объектами наследия, независимо от того, имеют они статус ИМП или сохраняются в качестве объектов, представляющих общий культурно-исторический интерес.

Данный документ носит исключительно рекомендательный характер и призван содействовать в рассмотрении надлежащим образом и в достаточном объёме всех необходимых аспектов в процессе принятия решения о целесообразности выхода с предложением об определении объекта или места в качестве ИМП. Все места, равно как и все объекты в их пределах, рассматриваемые в контексте необходимости предоставления им статуса ИМП, имеют разные характеристики и особенности, характеризуются разными нагрузками на окружающую среду в прошлом, настоящем и будущем и разными обусловленными этим проблемами по управлению, и все эти особые условия необходимо учитывать в каждом случае рассмотрения вопроса о предоставлении статуса ИМП.

Помимо обеспечения потенциальных инициаторов предложений методическими рекомендациями, долгосрочной целью настоящего Руководства является повышение уровня последовательности и сопоставимости процессов оценки (признавая при этом, что каждый потенциальный ИМП характеризуется своими требованиями и динамикой) и обеспечение надлежащего оформления документации для дальнейшего использования в качестве вспомогательного материала.

Пользоваться настоящим Руководством следует во взаимосвязи с положениями указанных ниже нормативных и основополагающих документов.

- Приложение V к Протоколу по охране окружающей среды (прежде всего Статья 8).
- Приложение III к Протоколу по охране окружающей среды.
- Резолюция 3 (2009 г.) по вопросу принятия Руководства по определению и охране Исторических мест и памятников.
- Резолюция 5 (2001 г.), освещающая вопрос руководящих принципов обращения с историческим наследием со сроком происхождения до 1958 года, и Резолюция 5 (2011 г.), в рамках которой принята новая редакция Руководства по представлению Рабочих документов, содержащих предложения, касающиеся Особо охраняемых районов Антарктики, Особо управляемых районов Антарктики или Исторических мест и памятников.
- Действующий Перечень Исторических мест и памятников. http://ats.aq/documents/recatt/att596_r.pdf.

- Приложение I к Протоколу по охране окружающей среды.

Другие основные материалы и документы по рассматриваемому вопросу представлены в разделе 11.

2. Цель Руководства

Настоящее Руководство является составной частью усилий КООС, направленных на претворение в жизнь генеральной концепции *«Обеспечить признание, уметь обращаться, сохранить и способствовать популяризации наследия Антарктики в интересах нынешнего и будущих поколений».*

Целью методических материалов настоящего Руководства является предоставление рекомендаций и оказание помощи как инициаторам проведения первоначальной оценки места и (или) объекта в отношении необходимости их определения в качестве объектов наследия в контексте положений Приложения III и Приложения V, так и КООС при рассмотрении документов (предложений) в отношении определения новых ИМП. Двуединая цель методических материалов состоит в следующем:

- Цель 1. Предоставление методики принятия решения о целесообразности применения мер по управлению наследием в отношении какого-либо места и (или) объекта, включая решение о заслуженности, необходимости и (или) потребности в предоставлении месту и (или) объекту статуса ИМП.

- Цель 2. Предоставление методики определения надлежащих мер по управлению ИМП и другими местами и (или) объектами наследия.

На рисунке 1 представлена общая схема процесса оценки, описанного в настоящем документе. Процесс оценки включает в себя указанные ниже этапы.

1. Рассмотрение вопроса о наличии у объекта и (или) места ценностных характеристик объекта наследия согласно положениям Резолюции 3 (2009 г.).[1]

2. Принятие решения о необходимости предоставления статуса ИМП, сохранения *ex situ* или оставления на месте по разным причинам и (или) удаления.

3. Для всех мест и (или) объектов со статусом ИМП рассматривается принятие соответствующих мер по управлению, включая дополнительные меры по охране в рамках механизмов Системы Договора об Антарктике.

4. В отношении ИМП и мест и (или) объектов, представляющих иную культурно-историческую ценность, включая объекты с сохранением ex situ, предусматриваются мероприятия информационно-просветительского характера.

---

[1] Примечание. Настоящий документ лишь затрагивает принципы рассмотрения ценностных характеристик объектов наследия и ни в коей мере не является исчерпывающим методическим материалом в отношении всей совокупности данного сложного вопроса с национальным и культурным подтекстом.

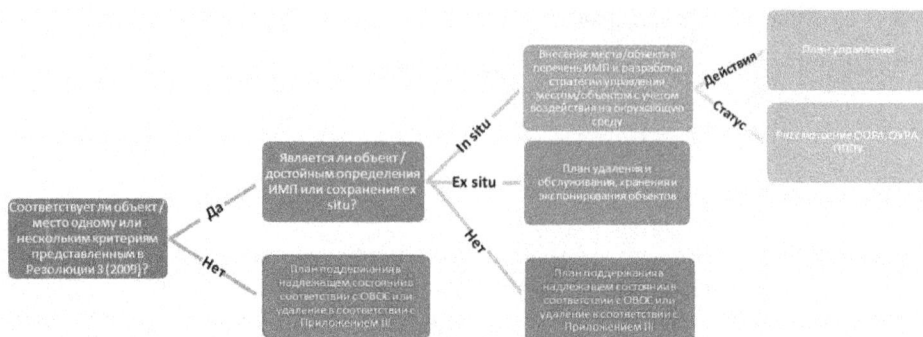

Рисунок 1

3. Объекты наследия и исторические ценности в условиях Антарктики

С точки зрения всемирной истории присутствие человека в Антарктике является чрезвычайно коротким. Со времени первого обнаружения континента в 1820 году следы деятельности человека являются весьма скромными. И на этом фоне исторические факты присутствия человека на земле становятся чрезвычайно заметными и имеющими особое значение.

Уже на первом Консультативном совещании по Договору об Антарктике, состоявшемся в 1961 году, Стороны заявили о своём полном и безусловном признании значимости исторических мест, сооружений и объектов как части культурного наследия всего человечества.

Протокол по охране окружающей среды определяет перечень Исторических мест и памятников(ИМП)[2] в качестве главного механизма охраны исторических ценностей Антарктики. Положения Протокола по охране окружающей среды предусматривают обеспечение защиты мест и памятников, включённых в перечень ИМП, от повреждения, удаления и разрушения.

Резолюция 3 (2009 г.) содержит более подробные методические материалы для Сторон в отношении определения, охраны и сохранения ИМП. В подразделе 4.2 настоящего Руководства представлено расширенное изложение и рассмотрение этих методических материалов. Резолюция 3 (2009 г.) по-прежнему является ключевым документом в вопросе установления соответствия рассматриваемого места критериям предоставления статуса ИМП.

Кроме того, Резолюция 5 (2001 г.) обеспечивает Стороны механизмом временной охраны исторических артефактов и (или) мест со сроком происхождения до 1958 года до момента включения их в перечень ИМП в установленном порядке.

---

[2] Впервые перечень ИМП был внесён на рассмотрение и утверждён на 5-м Консультативном совещании по Договору об Антарктике (КСДА), состоявшемся в 1968 году.

Термины «место» и «памятник» являются основными в нормативных рамках, установленных Протоколом по охране окружающей среды. Определение и толкование этих терминов в значительной степени зависит от национальных особенностей и национальных законодательных основ, и всё же определения и толкования этих терминов, любезно предоставленные Международным комитетом по полярному наследию (IPHC) при ИКОМОС, являются вполне адекватными для обеспечения понимания из значения.

- **Место:** окружающая обстановка, в пределах пространства которой имеются памятники или артефакты и которая имеет непосредственное отношение к памятникам или артефактам

- **Объект и артефакты.** Любой предмет, ввезённый в Антарктику, является объектом (нейтральный термин), при этом объекту может официально придаваться значимость, что делает его артефактом, т.е. придаёт ему ценностную характеристику наследия.

- **Памятник:** любая конструкция, возвышающаяся над поверхностью земли и обладающая ценностью культурного наследия.

- **Мемориалы или памятные объекты.** Мемориалы устанавливаются в память о выдающихся людях, важных событиях или связаны с культурными традициями и содержат мемориальную информацию о достижениях, утратах или жертвенности. Имеются различные виды мемориалов – от памятных табличек и художественных изделий до благотворительных фондов, финансирующих исследовательскую деятельность. К мемориалам могут также относиться исследовательские институты, учреждения, устроенные и функционирующие иждивением общины или религиозные сооружения. Имеющемуся артефакту или сооружению может предоставляться статус мемориала.

4. Определение и проведение оценки объектов наследия и исторических ценностей

4.1 Определение наличия у объекта и (или) места ценностных характеристик объекта наследия согласно положениям Резолюции 3 (2009 г.)

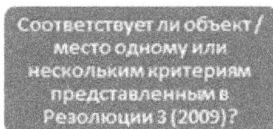

Рисунок 2

Рассмотрение вопроса о предоставлении какому-либо объекту и (или) месту статуса ИМП предполагает проведение Стороной-инициатором предложения предварительной оценки наличия у этого объекта или места ценностных характеристик объекта наследия и необходимости его дальнейшего рассмотрения в соответствии с методическим рекомендациями настоящего документа или же данный объект и (или) место представляют собой некий материальный объект, оставшийся от предшествующей деятельности, и, следовательно, подлежит удалению из Антарктики в соответствии с требованиями Приложения III к Протоколу по охране окружающей среды.

В целом ряде случаев разница между объектами и (или) местами, заслуживающими применения мер по управлению наследием, и объектами, которые по сути можно рассматривать как остаточный бросовый материал, будет очевидной и безусловной. Предполагается, что подавляющее большинство объектов на территории Антарктики относятся к категории последних и, следовательно, подлежат удалению из Антарктики, когда перестают приносить пользу.

В достаточно редких случаях объекту и (или) месту могут быть присущи ценностные характеристики объекта наследия, являющего собой изделие (результат деятельности), место или что-то вроде этого, навевающее ностальгические ощущения традиции или истории, несущее в себе в общем виде информацию о прошлом и являющееся ясным и вполне определённым свидетельством преемственности прошлого, настоящего и будущего.

При проведении такой предварительной оценки большую пользу может принести обращение к соответствующим экспертным знаниям и опыту и проведение консультаций с заинтересованными сторонами. Потенциально полезные источники экспертных знаний и опыта представлены в разделе 11.

Если будет определено, что объект и (или) место заслуживают дальнейшего рассмотрения, Сторонам следует обратиться к Статье 8 Приложения V к Протоколу по охране окружающей среды, в которой даётся очень широкое определение понятия «признанное историческое значение» в качестве одного из критериев предоставления статуса ИМП. При этом, однако, Стороны пришли к согласию о том, что объект или место «признанного исторического значения» должны соответствовать по меньшей мере одному из критериев,[3] перечисленных в Резолюции 3 (2009 г.). Ниже представлено подробное рассмотрение и анализ критериев, перечисленных в Резолюции 3 (2009 г.), в целях оказания методической помощи в проведении оценки. В отношении объектов наследия со сроком происхождения до 1958 года следует учитывать и анализировать положения Резолюции 5 (2001 г.).

Если по результатам оценки будет установлено, что объект и (или) место не требуют рассмотрения в свете обеспечения дальнейшей охраны, их следует считать подпадающими под действие положений Приложения III к Протоколу по охране окружающей среды в отношении очистки территорий и вспомогательных документов, например Руководства по очистке в Антарктике (принятого в рамках Резолюции 2 [2013 г.]).

4.2 Методические рекомендации в отношении критериев оценки, представленных в Резолюции 3 (2009 г.)

В рамках Резолюции 3 (2009 г.) КСДА утвердило набор критериев оценки объекта и (или) места в части, касающейся «признанного исторического значения». В данном

---

[3] См. также Приложение к Резолюции 3 (2009 г.) «Руководство по определению и охране Исторических мест и памятников».

подразделе представлено подробное рассмотрение и анализ этих критериев в целях оказания методической помощи Сторонам в проведении оценки.

1. «В этом месте произошло конкретное событие, имеющее большое значение с точки зрения истории антарктической науки или исследования Антарктики»

Вопрос определения исторической значимости события является и сложным, и остродискуссионным по причине его субъективного характера. В качестве отправного пункта необходимо определиться в тем, что к событиям следует относить те моменты в истории, когда какое-либо действие, решение или природное явление привели к изменению или обозначили ход развития общества; в нашем случае приход человека в Антарктику является одним из поворотных пунктов в ходе развития общества. Как правило, события не занимают долгое время, они представляют собой скоротечные и обособленные моменты. При проведении оценки применительно к данному критерию рекомендуется рассмотреть указанные ниже аспекты.

- Можно ли рассматриваемое событие квалифицировать как единичное обособленное событие, которое также дало толчок последующим событиям или деятельности, и можно ли его считать отправной точкой в истории развития конкретной области деятельности?

- Имеет ли рассматриваемое событие отношение к большому количеству людей или государств?

- Связано ли рассматриваемое событие с конкретным местом или участком?

Примером соответствия данному критерию из действующего перечня ИМП является **Историческое место и памятник № 80 (Палатка Амундсена).**

2. «Это место связано с человеком, сыгравшим важную роль в развитии антарктической науки или исследования Антарктики»

Как правило, к числу исторических личностей следует относить либо лиц, жизнедеятельность которых помогла определить и направить ход истории Антарктики, либо лиц, жизнь которых служит примером человечеству. При проведении оценки применительно к данному критерию рекомендуется рассмотреть указанные ниже аспекты.

- Является ли рассматриваемое лицо автором идеи или материальной ценности, которые были внедрены и до сих пор используются в Антарктике (а возможно и за её пределами) и оказали влияние на ход развития Антарктики?

- Можно ли отнести рассматриваемое лицо к участникам деятельности в Антарктике?

В ходе оценки также следует рассмотреть следующие вопросы:

- продолжительность влияния рассматриваемого лица или группы лиц на ход событий в Антарктике;

- количество людей или государств, которые были связаны с деятельностью рассматриваемого лица или группы лиц;

- связи рассматриваемого лица с сохранившимся до настоящего времени местом, т.е. сохранились ли связи с основным существующим в настоящее время местом жизни и деятельности рассматриваемого лица или рассматриваемое лицо похоронено в каком-либо месте Антарктики.

Примером соответствия данному критерию из действующего перечня ИМП является *Историческое место и памятник № 3 (Пирамида из камней, сооружённая Моусоном).*

3. «Это место связано с проявлением беспримерной стойкости или выдающимся достижением»

По характеру данный критерий аналогичен критерию 1 и здесь следует рассматривать те же аспекты, однако с главным упором на выдающийся пример стойкости и выносливости.

- Подвиг: поступок, требующий большого мужества, мастерства или силы.
- Стойкость, выносливость: способность стойко выдержать неблагоприятные или трудные условия или обстоятельства.

Примером соответствия данному критерию из действующего перечня ИМП является *Историческое место и памятник № 53 (Монумент в память о спасении переживших крушение судна «Endurance»).*

4. «В этом месте осуществлялась (полностью или частично) широкомасштабная деятельность, имевшая большое значение для освоения и изучения Антарктики»

По характеру данный критерий аналогичен критерию 2 и здесь следует рассматривать те же аспекты, однако с главным упором на расширение знаний об Антарктике или окружающем мире. Этому критерию, к примеру, может соответствовать место и (или) объект, связанные с или символизирующие конкретное научное открытие.

Примером соответствия данному критерию из действующего перечня ИМП является *Историческое место и памятник № 42 (Хижины в районе бухты Скоша).*

5. «Материал, из которого изготовлен этот объект, его конструкция или метод сооружения представляют особую ценность с технической, исторической, культурной или архитектурной точек зрения»

Данный критерий предназначен для оценки места или объекта в плане использования передовых методов строительства или новаторских технических решений, нестандартных строительных материалов, в качестве одного из первых примеров использования конкретной технологии строительства или же в качестве исторического примера развития технологий и инженерной мысли. Ниже приведены вопросы, ответы на которые смогут помочь прояснить и обеспечить более глубокое понимание принципов оценки.

- Является ли место значимым благодаря проектному решению, форме, размерам, материалам исполнения, архитектурному стилю, декору, периоду времени, мастерству исполнения или иным архитектурно-конструктивным элементам?

- Является или место примером использования передовых или важных методов строительства или новаторских проектных решений, нестандартных строительных материалов, одним из первых примеров использования конкретной технологии строительства или историческим примером развития технологий и инженерной мысли?

- Сохранило ли место свою целостность и характерные особенности со времени постройки или с более позднего времени проведения существенной модернизации или расширения?

- Является ли место или участок ярким примером своей категории, например в части проектного решения, типа, характерных особенностей, назначения, технологии или периода времени?

Примером соответствия данному критерию из действующего перечня ИМП является **Историческое место и памятник № 83 (База W (станция Детай-Айленд) (остров Детай, фьорд Лальман, Берег Лубе).**

6. «Изучение этого места может раскрыть информацию или дать людям представление о важной человеческой деятельности в Антарктике»

Артефакты и места могут служить прекрасной иллюстрацией технологических процессов, экономического развития, общественного устройства и пр., тем самым позволяя расширить представления как о прошлом, так и о настоящем.

- Способны ли участок или место (в пределах которых находятся артефакты) стать источником сведений научного характера об истории Антарктики?

- Представляют ли объект и (или) место большой реальный или потенциальный интерес для научных работников и (или) археологов?

- Обладают ли объект и (или) место потенциалом для новой стипендиальной программы в какой-либо области исследований?

- Обладают ли объект и (или) место потенциалом для весомого и долговременного вклада в какую-либо область исследований?

- Может ли место, благодаря информационно-просветительской деятельности, способствовать повышению уровня осведомлённости, более глубокому пониманию и оценке Антарктики по достоинству со стороны широкой общественности, в том числе в отношении её успехов в области исследовательской и изыскательской деятельности.

Примером соответствия данному критерию из действующего перечня ИМП является **Историческое место и памятник № 4 (Здание станции Полюс Недоступности).**

7. «Это символ или памятное место для представителей многих стран»

С учётом всех рассмотренных выше критериев было бы целесообразным разобраться в степени актуальности установленных ценностей для более широкого антарктического сообщества. Как уже отмечалось выше, значимость национального наследия следует рассматривать в более широком контексте с учётом его важности в более широких исторических рамках деятельности человечества в Антарктике и (или) актуальности для нескольких государств.

Примером соответствия данному критерию из действующего перечня ИМП является *Историческое место и памятник № 82 (Монумент в честь Договора об Антарктике).*

4.3 Принятие решения о заслуженности предоставления статуса Исторического места и памятника или отсутствии такой необходимости

После проведения оценки различных ценностей наследия в составе места и (или) объекта на соответствие критериям, представленным в Резолюции 3 (2009 г.), у инициаторов предложения должно сложиться чёткое представление о необходимости или отсутствии необходимости сохранения места и (или) объекта.

В случае неясности в отношении необходимости сохранения Стороны, несущие ответственность за место и (или) объект, вынуждены будут рассмотреть вопрос о i) поддержании объекта на территории Антарктики в надлежащем состоянии в других целях с проведением соответствующей оценки воздействия объекта и связанных с ним мероприятий на окружающую среду или ii) удалении объекта с территории континента в соответствии с положениями Приложения III.

В случае принятия решения о необходимости сохранения места и (или) объекта следующим шагом является либо рассмотрение вопроса о выходе с предложением о предоставлении рассматриваемому месту и (или) объекту статуса ИМП в целях охраны их на месте, либо принятие решения об их сохранении ex situ, что, возможно, будет более оптимальным вариантом.

5. Рассмотрение вопроса о сохранении на месте (*in situ*) или *ex situ* (вне места)

5.1 Схема сравнения методик принятия решения о сохранении на месте и *ex situ*

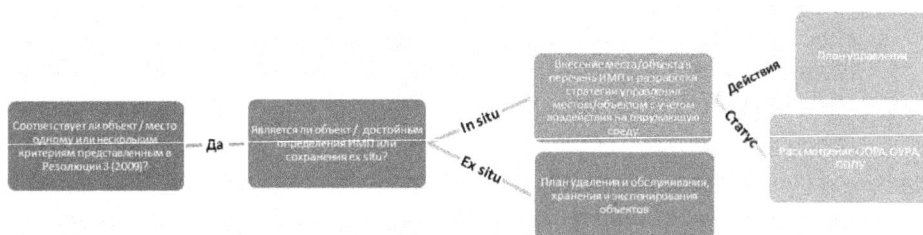

Рисунок 3

Если будет установлено, что объект или место имеет ценность наследия и (или) историческую ценность, следующим этапом является выработка надлежащего подхода к сохранению и определение необходимых мер по охране. В первую очередь необходимо определить, что является наиболее оптимальным для сохранения ценности – поддержание её в надлежащем состоянии на месте в Антарктике, перемещение её на другое место в Антарктике или поддержание её в надлежащем состоянии иными способами за пределами Антарктики.

Надлежащее рассмотрение вопроса о потенциальном воздействии на окружающую среду абсолютно необходимо при принятии решения о сохранения объекта как на месте, так и *ex situ,* т.е. в обоих случаях необходимо строго соблюдать природоохранные принципы, предусмотренные положениями Статьи 3 (2) Протокола по охране окружающей среды. В целом ряде случаев может быть целесообразным проведение оценки воздействия на окружающую среду (ОВОС) в соответствии с положениями Статьи 8 Протокола по охране окружающей среды (и Приложения I к нему). Материалы с примерами по ОВОС в отношении ИМП представлены в разделе 12 «Источники информации».

Как правило, представляется естественным сохранение относящихся к рассматриваемому месту стационарных объектов (например инфраструктуры) на месте, хотя в некоторых случаях может оказаться более уместным и целесообразным вывоз и воссоздание таких объектов *ex situ* (например путем перемещения их музей).

В то же время сохранение любого передвижного объекта может осуществляться как на месте, так и *ex situ*. Оба подхода имеют свои преимущества и недостатки.

- *Актуальность окружающей обстановки.* Значимость объекта можно в полной мере осознать и оценить по достоинству только в условиях его естественной окружающей обстановки (например холод, оторванность от мира, просторы дикой природы).

- *Заинтересованность и энтузиазм в отношении охраны на местах.* Как правило, за объектами наследия, принадлежащими или принятыми под опеку в качестве «своих», обеспечивается надлежащий уход со стороны осуществляющих деятельность в районе (например сотрудниками близлежащей исследовательской станции).

- *Расходование средств и ресурсов на длительное поддержание объектов в надлежащем состоянии.* Наряду с возможной кратковременной экономией ресурсов при оставлении объекта на месте, с течением времени поддержание объекта в надлежащем состоянии является, как правило, дорогостоящим мероприятием (затраты на материально-техническое обеспечение и меры по сохранению).

- *Отсутствие широкой аудитории.* Возможности для посещения мест и объектов в удалённых районах не идут ни в какое сравнение с возможностями более легкодоступных участков.

- *Заинтересованность в охране (и, следовательно, в уходе) на местах может уступать интересу, проявляемому со стороны.* На местах никто или почти никто не готов поддерживать объекты наследия в надлежащем состоянии только по причине неослабевающего интереса к ним со стороны посетителей.

Ниже представлены соображения, которые могут служить направляющим ориентиром в процессе принятия решения о наиболее целесообразном варианте сохранения стационарных и передвижных объектов: *ex situ* или на месте.

- Сохранение *ex situ* представляется уместным и целесообразным для объектов, подверженных риску естественной деградации.

- Сохранение *ex situ* также является уместным и целесообразным, если представляется очевидным, что с течением времени поддержание объектов в надлежащем состоянии будет обходиться слишком дорого или представлять большие трудности.

- При выборе варианта сохранения между *ex situ* и *in situ* следует оценить, насколько важным является предоставление возможности увидеть и оценить объект по достоинству большому числу людей.

- Сохранение *ex situ* представляется уместным и целесообразным в случае расположения объектов в крайне экологически уязвимой окружающей среде, где вопрос охраны окружающей среды является более приоритетным. Сохранение на месте представляется уместным и целесообразным, если удаление объектов сопряжено с высоким риском их повреждения.

- На принятие решения будет оказывать влияние наличие возможностей (как в плане материально-технического, так и финансового обеспечения) поддержания объектов в надлежащем состоянии.

- В случае невозможности надлежащего представления объекта в контексте окружающей его обстановки и утраты объектом своей ценности при удалении его из окружающей обстановки рассмотрение вопроса его охраны на месте представляется более целесообразным по сравнению с сохранением *ex situ*.

- Если результаты соответствующей оценки свидетельствуют о надлежащей представленности ценностей рассматриваемого объекта в составе уже имеющихся ИМП Антарктики, представляется целесообразным рассмотрение вопроса о его сохранении *ex situ*. Вместе с тем, если объект и (или) место относятся к разряду репрезентативных (например являются примерами существенных элементов важного класса объектов) или редких объектов (представляющих, к примеру, необычные аспекты истории или наследия Антарктики), а также в случае отсутствия подобных объектов и (или) мест в составе перечня ИМП, представляется более целесообразным рассмотрение вопроса о сохранении их на месте.

В тех случаях, когда существованию объектов наследия огромной значимости угрожает опасность, следует сделать их копии на случай недоступности оригинала. Несоответствующую оригинальной окружающую обстановку объекта при сохранении *ex situ* можно частично восполнить при помощи различных спецэффектов для создания впечатления её оригинальности.

Удаление объектов для сохранения *ex situ* подлежит обязательному согласованию всеми Сторонами, которые могут ассоциировать себя с ними или проявлять интерес к этим доступным объектам, а также должно производиться по итогам оценки и на основании рекомендаций экспертов в области сохранения объектов культурно-исторического наследия. Данное требование является крайне важным, так как оно сопряжено с возможными правовыми и иными вопросами, связанными с происхождением или правом собственности в отношении объекта или артефакта.

5.2 Документация

Если будет установлено, что сохранение объекта *ex situ* представляется наиболее целесообразным, рекомендуется обеспечить подготовку максимально подробной документации на участок (место) для архивного хранения. Тщательно выполненная документация является залогом правильного восприятия научными работниками и широкой общественностью какого-либо места, впоследствии кардинально изменившего свой облик или вообще исчезнувшего.

Новые технологии открыли широкие возможности в области документирования объектов исторического наследия. Киносъёмка, 3D-сканирование, фотографирование, запись интервью и хранение архивных записей – все эти методы можно использовать для регистрации информации.

Современные технологии обеспечивают возможность создания виртуальной реальности, благодаря которой, в частности, можно избежать воздействия на окружающую среду и «добраться» в недоступные места.

6. Порядок принятия решения о выходе с предложением о предоставлении объекту статуса Исторического места и памятника

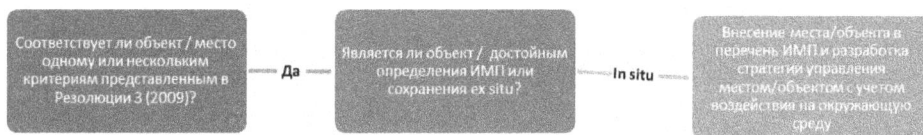

Рисунок 3

После того, как будет установлено, что место и (или) объект соответствуют одному или нескольким критериям, представленным в Резолюции 3 (2009 г.), принимается решение в отношении целесообразности управления объектом наследия в рамках мер по управлению деятельностью национальной программы или уместности выхода с предложением о предоставлении ему статуса ИМП. Значимость ценности (по степени соответствия ИМП-критериям Резолюции 3 [2009 г.]) уже, вероятно, обеспечит прочную основу для принятия такого решения. Некоторые детали порядка проведения оценки и принятия решения о выходе с предложением о предоставлении объекту статуса ИМП представлены ниже.

Статья 8 (2) Приложения V к Протоколу по охране окружающей среды предусматривает возможность для любой Стороны выйти с предложением о включении какого-либо места или памятника признанного исторического значения в перечень Исторических мест и памятников с последующим утверждением КСДА.

При определении и принятии решения о выходе с предложением о предоставлении какому-либо объекту или месту статуса ИМП рекомендуется следовать указанному ниже порядку.

- **Этап 1.** Проведение оценки места и (или) объекта, см также разделы 3 и 4.

- **Этап 2.** Принятие решения о целесообразности выхода с предложением о предоставлении объекту статуса ИМП.

- **Этап 3.** Проведение консультаций с возможными заинтересованными Сторонами в отношении места и (или) памятника в соответствии с положениями Резолюции 4 (1996 г.), которые были вновь подтверждены в Резолюции 3 (2009 г.), предусматривающими необходимость обеспечения тесного взаимодействия Стороны-инициатора предложения о предоставлении статуса ИМП со Стороной-создателем предлагаемого ИМП и другими Сторонами в зависимости от обстоятельств.

- **Этап 4.** Разработка модели управления во взаимодействии с заинтересованными Сторонами.

- **Этап 5.** Подготовка и представление предложения на рассмотрение КООС. В состав предложения следует включить указанную ниже информацию в формате, без труда переносимом в формат перечня ИМП.[4]

Введение

- *Название ИМП*

- *Сторона-инициатор предложения:* укажите всех инициаторов предложения.

- *Сторона, принимающая на себя обязательства по управлению:* укажите название страны/стран, твёрдо заявляющих о своей приверженности выполнению обязательств (с указаниям подхода к управлению объектом/местом).

- *Тип:* здание (хижина, станция, остатки других зданий, пр.), место, другие остатки (пирамида из камней, сооружённая экспедицией, палатка, маяк, пр.) или памятник/памятный знак (табличка, бюст).

Описание и документация места

- *Местонахождение места:* укажите название и координаты (если известны) места/объекта. Дайте описание материалов, конструкции, функционального использования, назначения. Дайте описание природных особенностей и местного / культурного ландшафта.

---

[4] Перечисленные позиции в существенной степени основаны на требованиях, предусмотренных Резолюцией 3 (2009 г.).

Представьте фотографии места, памятника и их расположения в окружающем ландшафте.

Исторические и культурные особенности

- *Дайте описание исторического контекста:* общие сведения о рассматриваемом месте. Было бы также целесообразным привести информацию, ясно указывающую на соответствие объекта/места конкретному из главных критериев оценки (согласно Резолюции 3 [2009 г.]).

Управление

- *Дайте описание планируемых мероприятий по управлению и (или) мониторингу рассматриваемого объекта/места – см. также разделы 6 и 7, п. 5 Приложения к Резолюции 3 (2009 г.),* а также укажите меры, предусматриваемые для сведения к минимуму возможного воздействия мероприятий по управлению ИМП на окружающую среду.

- **Этап 6.** Реализация модели управления во взаимодействии с заинтересованными Сторонами (см. также раздел 7).

7. Определение мер по управлению ИМП

7.1 Методы управления

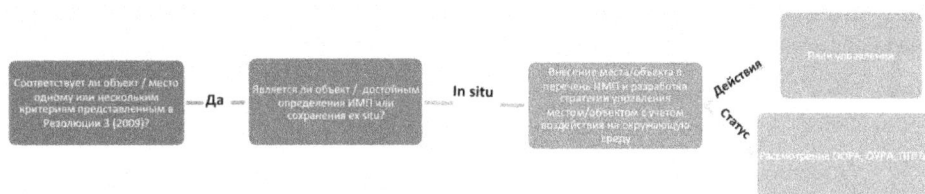

Рисунок 4

После установления целесообразности сохранения места и (или) объекта на месте в качестве ИМП, рекомендуется проведение оценки особо сложных и чувствительных аспектов объекта наряду с рассмотрением имеющихся вариантов по его управлению. При рассмотрении подходов к управлению следует также учитывать требования Приложения I в отношении проведения ОВОС, а также требования к проведению мониторинга и принятию мер по снижению уровня воздействия на окружающую среду. Эти элементы являются важной основой разработки любого плана управления и (или) сохранения объекта или места.

Принцип минимального вмешательства является главной целью в вопросе сохранения всемирного наследия. Необходимо принять решение по вопросу выбора подхода к управлению рассматриваемым местом и (или) объектом между принципом невмешательства и принципом активного управления (предполагающим некоторое вмешательство), один из которых и станет руководством к действию; при этом следует обеспечить правильный баланс между необходимостью охраны ИМП и соблюдением природоохранных принципов Протокола по охране окружающей среды.

В некоторых случаях представляется целесообразным использовать применительно месту, даже признанного значения, мер управления, основанных на принципе контролируемой деградации, согласно которому допускается естественное разрушение объекта в условиях лишь ограниченного объёма деятельности по сохранению. Вместе с тем, требования охраны труда, здоровья и окружающей среды практически не оставляют никакой возможности для использования этого принципа, и, как правило, необходимо проведение минимальных работ по обслуживанию с тем, чтобы место не представляло опасности как для людей, так и для диких животных.

Активное управление требует участия людей в управлении значимым местом в плане изменения окружающей обстановки таким образом, чтобы сохранить, раскрыть и упрочить его культурные и природные ценности наследия. Деятельность по сохранению не ограничивается физическим вмешательством, поскольку включает в себя интерпретацию и устойчивое использование мест. Она может сводиться лишь к поддержанию статус-кво с вмешательством только по мере необходимости, чтобы устранить негативные последствия роста и разрушения, а может в равной степени осуществляться путём крупномасштабного вмешательства; она может быть как активной, так и реагирующей (ответной). Значимое место неизбежно подвержено изменениям, хотя бы даже под влиянием времени, и эти изменения могут оказывать как нейтральное, так и благоприятное воздействие на ценности наследия. Снижение значимости объекта (в любой степени) наносит только вред.

Ниже представлены вопросы, рекомендуемые для рассмотрения при определения уровня и характера необходимых мер по управлению:

- Определение характера текущего использования объекта и (или) места и рассмотрение вопроса о целесообразности изменения характера их использования.

- Рассмотрение вопроса о состоянии объекта и необходимости выполнения ремонтных работ. Ремонтные работы выходят за рамки обычного объёма обслуживания и включают в себя устранение дефектов, вызванных естественным разрушением, повреждением или эксплуатацией, и в большинстве случаев направлены на сохранение значимости здания или места. Как правило, ремонтные работы следует выполнять с минимальными изменениями или без каких-либо изменений в конструктивных элементах и с использованием аналогичных материалов, а также, по возможности, с применением первоначальных методов производства работ. Использование экспертных знаний и опыта при выполнении данных работ представляется весьма полезным.

- Определение мер, необходимых для сохранения или восстановления объекта. Под восстановлением понимается возвращение объекта в его прежнее положение или состояние. Сосредоточенность на сохранении подразумевает использование максимально возможного количества первоначальных материалов по возможности без каких-либо изменений. Любой ремонт или дополнения не должны удалять, изменять или вносить капитальные изменения в оригинальную конструкцию. Использование экспертных знаний и опыта при выполнении данных работ представляется весьма полезным.

- Рассмотрение вопроса о возможном воздействии на окружающую среду в случае ухудшения состояния объекта.

- Определение потребностей в обслуживании.

- Определение затрат на осуществление различных рекомендуемых мер.

- Определение имеющихся ресурсов для сохранения объекта, как сейчас, так и в будущем.

- Рассмотрение вопроса о мероприятиях в области образовательной и информационно-просветительская деятельности. Более подробные рекомендации и примеры приведены в разделе 9.

7.2 Вспомогательные инструменты управления

При рассмотрении вопроса о наиболее уместных и целесообразных мерах по управлению и (или) поддержанию места и (или) объекта исторического наследия в надлежащем состоянии следует помнить о наличии ряда официальных инструментов, рассмотрение которых представляется целесообразным; при этом часть этих инструментов имеет официальный статус в рамках Системы Договора об Антарктике и обеспечивает различную степень охраны.

7.2.1 Планы управления

План управления может стать полезным руководством по сохранению и управлению местом или объектом исторического наследия. В рамках такого плана предоставляется возможность определения принципов и мер, необходимых для сохранения ценностей места и (или) объекта с целью их дальнейшего использования и развития. План управления позволяет также заложить важную основу обеспечения минимально возможного воздействия мер по управлению местом или объектом наследия на окружающую среду. Каждый план будет иметь свои отличия и при этом должен иметь целевую направленность в отношении конкретного места и (или) объекта с учётом типа и размера объекта, ценностных характеристик наследия и потребностей в охране. План управления по сохранению будет служить ориентиром в вопросе управления изменениями в отношении места или объекта наследия без ущерба для значимости этого наследия.

7.2.2 Правила поведения для посетителей участков (ПППУ)

Начиная с 2005 года, в качестве инструмента управления Стороны Договора об Антарктике используют разработанные Правила поведения для посетителей участков. Данными правилами предусматриваются конкретные инструкции в отношении осуществления деятельности на наиболее часто посещаемых участках Антарктики. Они содержат практические инструкции и рекомендации для туристических операторов и гидов по вопросам организации и осуществления посещений этих участков с учётом их экологических ценностей и уязвимости окружающей среды. ПППУ разработаны с учётом уровня посещаемости и видов деятельности при посещении каждого конкретного участка и подлежат пересмотру в случае существенных изменений в уровне посещаемости и видах деятельности при посещении участков. В отношении объектов наследия и культурно-исторических ценностей, вне зависимости от наличия или отсутствия статуса ИМП, находящихся в часто посещаемых районах, представляется уместным и целесообразным разработка конкретных ПППУ в целях осуществления мер по управлению деятельностью при посещении данных районов для снижения вероятности негативного воздействия, нанесения ущерба или разрушения.

Характерными примерами таких ПППУ являются:

*   ПППУ № 8 «Остров Полет»[5]
*   ПППУ № 14 «Холм Сноу-Хилл»[6]
*   ПППУ № 17 «Бухта Уэйлерс»[7]

7.2.3 Особо охраняемые районы Антарктики (ООРА)

Статья 3 (1) Приложения V к Протоколу по охране окружающей среды предусматривает возможность определения любого района в качестве ООРА в целях охраны, в том числе, выдающихся исторических ценностей. В соответствии с положениями Статьи 8 Приложения V места и памятники, определённые в качестве ООРА, подлежат также включению в перечень Исторических мест и памятников. Разработка и принятие официального Плана управления местом, определённым в качестве ООРА, а также возможность доступа в район только при наличии соответствующего разрешения существенно повышают эффективность предусматриваемых мер по управлению. Данный подход к управлению представляется особенно уместным в тех случаях, когда имеется настоятельная необходимость в регулировании, ограничении и контроле антропогенного давления.

Руководство по методике определения ООРА уже имеется.

*   ООРА № 155 «Мыс Эванс» (полуостров Росса)[8]

---

[5] *https://www.ats.aq/devAS/ats_other_template.aspx?lang=r&id=c0ed3255-ee8c-4839-b1d5-e105957f7c74*

[6] *https://www.ats.aq/devAS/ats_other_template.aspx?lang=r&id=98fdfcd3-4883-49d6-9ef1-b60f2d1e005d*

[7] *https://www.ats.aq/devAS/ats_other_template.aspx?lang=r&id=e36c1a8f-3ae7-4187-9b24-194c8cf5e780*

[8] *http://www.ats.aq/documents/recatt%5Catt572_r.pdf*

- ООРА № 158 «Мыс Хат» (полуостров Росса)[9]
- ООРА № 162 «Хижины Моусона на мысе Денисон» (бухта Коммонуэлт, берег Георга V, Восточная Антарктида)[10]

7.2.4 Особо управляемые районы Антарктики (ОУРА)

Статья 3 (1) Приложения V к Протоколу по охране окружающей среды предусматривает возможность определения любого района в качестве ОУРА в целях охраны, в том числе, выдающихся исторических ценностей. В соответствии с положениями Статьи 8 Приложения V места и памятники, определённые в качестве ОУРА, подлежат также включению в перечень Исторических мест и памятников. Разработка и принятие официального Плана управления местом, определённым в качестве ОУРА, существенно повышают эффективность предусматриваемых мер по управлению. Данный подход к управлению представляется особенно уместным в случае одновременного осуществления ряда различных видов деятельности с несовпадающими интересами, что требует координации усилий в целях обеспечения надлежащего контроля за деятельностью, чтобы не подвергать опасности исторические ценности района.

Руководство по методике определения ОУРА уже имеется.

- ОУРА № 4 «Остров Десепшен (Тейля)»[11]
- ОУРА № 5 «Южнополярная станция Амундсен-Скотт» (Южный полюс)[12]

8. Экологические вопросы

На протяжении всего процесса оценки места и (или) объекта в контексте потенциального объекта наследия настоятельно необходимо учитывать вопросы охраны окружающей среды; более того, экологические вопросы должны быть на переднем плане при рассмотрении вариантов принятия мер в отношении места и (или) объекта.

Как уже отмечалось, на протяжении всего процесса оценки объекта необходимо производить оценку воздействия предлагаемых мер и решений на окружающую среду, и вполне вероятно, что на определённом этапе процесса оценки объекта Сторона-инициатор сочтёт необходимым проведение ОВОС. Помимо того, что проведение ОВОС может являться официальным требованием в отношении целого ряда мер, рассматриваемых в настоящем Руководстве, она может также являться полезным инструментом.

Совершенно очевидно, что воздействие на животный мир (и на экосистему в целом) подлежит серьёзному рассмотрению при любых возможных вариантах. Мероприятия по очистке, которые станут основным направлением работы в отношении большинства

[9] *http://www.ats.aq/documents/recatt%5Catt574_r.pdf*

[10] *http://www.ats.aq/documents/recatt/att549_r.pdf*

[11] *http://www.ats.aq/documents/recatt/Att512_r.pdf*

[12] *http://www.ats.aq/documents/recatt/Att357_r.pdf*

участков деятельности человека, и безусловно мероприятия по сохранение *ex situ* (сопряжённые с вывозом объектов с участка) требуют проведения тщательной оценки воздействия на окружающую среду и соответствующего планирования.

Между тем, для различных вариантов сохранения объектов также потребуется в той или иной степени проведение оценки воздействия на окружающую среду, при этом, к примеру, в отношении варианта естественного разрушения такая оценка должна быть особенно тщательной.

Решение по вопросу, на каком этапе оценки и в какой степени требуется проведение ОВОС, будет приниматься в каждом конкретном случае отдельно, однако оно должно приниматься в обстановке постоянного и неустанного внимания к вопросам воздействия на окружающую среду.

При инициировании и проведении ОВОС следует учитывать и руководствоваться положениями Приложения I к Протоколу по охране окружающей среды и Руководства по оценке воздействий на окружающую среду Антарктики (принятого в рамках Резолюции 1 [2016 г.]).

Если и когда ОВОС, как часть процесса оценки, приведшего к выходу с предложением о предоставлении статуса ИМП, будет завершена, было бы целесообразным проинформировать КООС в Рабочем документе, представляющем предложение вниманию КООС, о результатах и выводах ОВОС.

9. Мероприятия в области образовательной и информационно-просветительской деятельности

Независимо от вида охраны, признанного необходимым для конкретных мест и (или) объектов, настоятельно рекомендуется рассмотрение соответствующих методов проведения образовательной и информационно-просветительской деятельности. Учитывая, что ежегодно Антарктику посещают лишь около 40 000 туристов, совершенно очевидно, что наследие Антарктики, как сегодня, так и в дальнейшем, не будет доступно широкой общественности. Наряду с тем, что охрана наследия сама по себе является важной задачей, ценность наследия несколько уменьшается, если его нельзя увидеть. Отчасти именно поэтому в ряде случаев следует серьёзно отнестись к вопросам сохранения *ex situ,* что позволит широкой общественности увидеть объекты наследия Антарктики в музеях или при помощи иных способов публичного показа. Кроме того, учитывая тот факт, что большинство людей не смогут насладиться наследием в месте его расположения, именно для таких объектов следует предусматривать широкий круг образовательных и информационно-просветительских мероприятий. Существует много способов, позволяющих частично решить вопрос отсутствия возможности у каждого человека посетить Антарктику и увидеть всё своими глазами.

Ряд технических средств, упомянутых в подразделе 5.2, сегодня упрощают эту задачу; подробная информация об ИМП размещена в открытом доступе в Интернете и все желающие могут ознакомиться с фотографиями, документальными фильмами или цифровыми картами, а также не следует забывать и о традиционных публикациях по теме. Следует свести воедино документальные сведения о месте, архивные материалы и интервью.

Представляется целесообразным включение инициаторами предложений мероприятий в области образовательной и информационно-просветительской деятельности в соответствующие планы управления, сделав их неотъемлемой частью деятельности по управлению местом и (или) объектом наследия. Сторонам рекомендуется рассмотреть вопрос о проведении информационно-просветительских мероприятий в своих странах, особенно для детской аудитории, чтобы обеспечить максимально широкую возможность приобщиться к наследию Антарктики и оценить его по достоинству. Центральной задачей деятельности по управлению являются постоянные усилия, направленные на информирование и воодушевление широкой общественности особыми ценностями, присущими объектам наследия Антарктики. Данный смысловой акцент очень важен в деле приобщения широкой общественности к наследию Антарктики.

10. Термины и акронимы

КСДА: Консультативное совещание по Договору об Антарктике

КООС: Комитет по охране окружающей среды

ИМП: Историческое место и памятник

Мемориалы или памятные объекты: мемориалы устанавливаются в память о выдающихся людях, важных событиях или связаны с культурными традициями и содержат мемориальную информацию о достижениях, утратах или жертвенности. Имеются различные виды мемориалов – от памятных табличек и художественных изделий до благотворительных фондов, финансирующих исследовательскую деятельность. К мемориалам могут также относиться исследовательские институты, учреждения, устроенные и функционирующие иждивением общины или религиозные сооружения. Имеющемуся артефакту или сооружению может предоставляться статус мемориала.

Памятник: любая конструкция, возвышающаяся над поверхностью земли и обладающая ценностью культурного наследия.

Объект и артефакты: любой предмет, ввезённый в Антарктику, является объектом (нейтральный термин), при этом объекту может официально придаваться значимость, что делает его артефактом, т.е. придаёт ему ценностную характеристику наследия.

Место: окружающая обстановка, в пределах пространства которой имеются памятники и которая имеет непосредственное отношение к памятникам.

11. Ссылки

11.1 Решения КСДА

- Резолюция 4 (1996 г.): *https://www.ats.aq/devAS/info_measures_listitem.aspx?lang=e&id=237*

- Резолюция 3 (2009 г.): *https://www.ats.aq/devAS/info_measures_listitem.aspx?lang=e&id=444*

- Мера 3 (2003 г.): *https://www.ats.aq/devAS/info_measures_listitem.aspx?lang=e&id=296*

- Резолюция 1 (2016 г) *http://www.ats.aq/documents/recatt/Att605_r.pdf*

- Резолюция 2 (2013 г.) *Руководство по очистке в Антарктике: https://www.ats.aq/documents/recatt/att540_r.pdf*

11.2 Документы КСДА и КООС

- XXXIII КСДА, Рабочий документ WP 47 (Аргентина): Предложение об обсуждении вопросов, касающихся управления Историческими местами и памятниками

- XXXIV КСДА, Рабочий документ WP 27 (Аргентина): Отчет о неофициальном обсуждении исторических мест и памятников

- XXXV КСДА, Рабочий документ WP 46 (Аргентина): Заключительный отчёт о неформальных дискуссиях об Исторических местах и памятниках

- XXXIX КСДА, Рабочий документ WP 12 (Великобритания): Управление антарктическим наследием: исторические базы Великобритании на Антарктическом полуострове

- XXXIX КСДА, Рабочий документ WP 30 (Норвегия): Рассмотрение концепций сохранения исторического наследия Антарктики

- XXXIII КСДА, Информационный документ IP 22 (Аргентина): Additional information for the discussion of aspects related to the management of Historic Sites and Monuments *[Дополнительная информация для обсуждения аспектов, касающихся управления Историческими местами и памятниками]*

12. Источники информации

12.1 Организации

- Международный совет по сохранению памятников и исторических мест (ИКОМОС): *www.icomos.org/en*
  - ICOMOS Australia. Burra Charter, 2013. *[ИКОМОС. Австралия, Хартия Бурра, 2013 г.] http://australia.icomos.org/publications/burra-charter-practice-notes/*

- ICOMOS. The Nara Document on Authenticity, 1994. *[ИКОМОС. Нарский документ о подлинности, 1994 г.] https://www.icomos.org/charters/nara-e.pdf*
- ICOMOS. Xi'an Declaration, 2005. *[ИКОМОС. Сианьская декларация, 2005 г.] https://www.icomos.org/xian2005/xian-declaration.pdf*
- ICOMOS. Charter for the Protection and Management of Archaeological Heritage, 1990. *[ИКОМОС. Хартия по охране и управлению археологическим наследием, 1990 г.] http://wp.icahm.icomos.org/wp-content/uploads/2017/01/1990-Lausanne-Charter-for-Protection-and-Management-of-Archaeological-Heritage.pdf*

- Международный комитет по полярному наследию (IPHC) при ИКОМОС

  - ICOMOS. IPHC Statutes. *[ИКОМОС. Устав IPHC.] http://www.polarheritage.com/content/library/71.pdf*

12.2 Международные соглашения

- Конвенция об охране подводного культурного наследия, ЮНЕСКО, 2001 г. *http://www.unesco.org/new/ru/culture/themes/underwater-cultural-heritage/2001-convention/*
- Конвенция об охране всемирного культурного и природного наследия, ЮНЕСКО, 1972 г.

12.3 Работы общего характера по культурно-историческому наследию

- Logan, W., M.C. Craith, and U. Kockel, eds. 2015. A Companion to Heritage Studies. Chichester. Wiley-Blackwell.

12.4 Тематические исследования

- New Zealand. 2015. Ross Sea Heritage Restoration Project, Historic Huts at Cape Adare *[Новая Зеландия, 2015 г., Проект по восстановлению объектов наследия в районе моря Росса, исторические хижины на мысе Адэр].*
- Russia. 2016. Restoration of the Buromsky Island Cemetery (HSM 9) within the programme of the Russian Antarctic Expedition activities *[Российская Федерация, 2016 г., Проведение восстановительных работ на кладбище на о-ве Буромского в рамках программы Российской антарктической экспедиции].*

12.5 Оценка воздействия на окружающую среду

- New Zealand. 2009. IEE. Removal of artefacts from historic sites in Antarctica for the purpose of restoration and protection *[Новая Зеландия, 2012 г., ПООС в отношении деятельности по вывозу артефактов из исторических мест Антарктики в целях восстановления и сохранения].*
- New Zealand. 2012. Initial Environmental Assessment Ross Sea Heritage Restoration *[Новая Зеландия, 2012 г. Первоначальная оценка окружающей среды в отношении деятельности по восстановлению объектов наследия в районе моря Росса].*

Пересмотренное Руководство по представлению Рабочих документов, содержащих предложения, касающиеся Особо охраняемых районов Антарктики, Особо управляемых районов Антарктики или Исторических мест и памятников

Представители,

отмечая, что в Приложении V к Протоколу по охране окружающей среды к Договору об Антарктике для Консультативного совещания по Договору об Антарктике (далее по тексту –«КСДА») предусматривается право определения Особо охраняемых районов Антарктики (далее по тексту – «ООРА») или Особо управляемых районов Антарктики (далее по тексту – «ОУРА»), утверждения или изменения Планов управления этими Районами или определения Исторических мест и памятников (далее по тексту – «ИМП») в рамках принятия меры в соответствии со Статьёй IX(1) Договора об Антарктике;

осознавая необходимость обеспечения ясности в отношении фактического статуса каждого ООРА и ОУРА и их Планов управления, а также каждого ИМП;

напоминая о Резолюции 1 (2008 г.), в которой рекомендуется использование принятого в её рамках Руководства по представлению Рабочих документов, содержащих предложения, касающиеся Особо охраняемых районов Антарктики, Особо управляемых районов Антарктики или Исторических мест и памятников (далее по тексту – «Руководство») лицами, участвующими в подготовке таких Рабочих документов;

напоминая о Резолюции 5 (2011 г.), в рамках которой была принята пересмотренная редакция Руководства в целях содействия сбору информации, способствующей проведению оценки и дальнейшему развитию системы формирования охраняемых районов Антарктики, и Резолюции 5 (2016 г.), в рамках которой была принята новая редакция Руководства в целях использования дополнительных инструментов, способствующих определению охраняемых районов в пределах систематических эколого-географических рамок;

отмечая Резолюцию А (2018 г.), которой рекомендуется использование Руководства по методике оценки и управления наследием Антарктики, содержащего методические материалы в отношении информации, необходимой для предоставления объектам статуса ИМП;

имея намерение уточнить шаблон В Руководства в целях отражения дополнительных ориентиров в отношении оценки наследия Антарктики;

рекомендуют своим Правительствам

1. Использовать уточнённую редакцию Руководства по представлению Рабочих документов, содержащих предложения, касающиеся Особо охраняемых районов Антарктики, Особо управляемых районов Антарктики или Исторических мест и памятников, прилагаемую к данной Резолюции, лицам, участвующим в подготовке таких Рабочих документов;

2. Секретариату Договора об Антарктике обеспечить представление Резолюции 5 (2016 г.) на своём веб-сайте, как утратившей силу.

Руководство по представлению Рабочих документов, содержащих предложения, касающиеся Особо охраняемых районов Антарктики, Особо управляемых районов Антарктики или Исторических мест и памятников

А. Рабочие документы по ООРА или ОУРА

Рекомендуется составлять Рабочий документ из двух частей:

(i) **СОПРОВОДИТЕЛЬНАЯ ЗАПИСКА** с указанием предполагаемых последствий данного предложения и истории соответствующего ООРА или ОУРА (в качестве ориентира приведён Шаблон А). **Эта сопроводительная записка НЕ является частью Меры,** принимаемой КСДА, поэтому она не будет опубликована ни в Заключительном отчёте, ни на сайте СДА. Она предназначена только для содействия в рассмотрении предложения и подготовке проектов Мер Консультативным совещанием.

и

(ii) **ПЛАН УПРАВЛЕНИЯ,** составленный как окончательный вариант в том виде, в каком он должен публиковаться. **Этот план будет приложен к Мере и опубликован** в Заключительном отчёте и на сайте СДА.

Целесообразно составлять план в виде *окончательного* варианта, готового к публикации. Конечно, когда он впервые направляется на рассмотрение КООС, это только проект, который может быть скорректирован Комитетом или Консультативным совещанием. Однако вариант, принятый КСДА, должен быть представлен в окончательном виде готовым к публикации и не должен требовать дополнительного редактирования Секретариатом, за исключением вставки перекрёстных ссылок на другие документы, принятые на том же совещании.

Например, в окончательном варианте плана не должно быть выражений типа:

- «данный *предлагаемый* район»;
- «настоящий *проект* плана»;
- «настоящий план, *если он будет принят,* ...»;
- отчётов о дискуссиях, состоявшихся в рамках КООС или КСДА, или о межсессионной работе (за исключением случаев, когда это касается важной информации, например, о процессе консультаций или деятельности, осуществлявшейся на территории Района с момента последнего пересмотра);

- мнений отдельных делегаций по поводу исходного проекта или промежуточных вариантов плана;
- ссылок на другие охраняемые районы, обозначенные так, как их обозначали до вступления в силу Приложения V.

Если предложение касается ООРА, следует использовать «Руководство по подготовке Планов управления Особо охраняемыми районами Антарктики». (Действующий вариант этого Руководства прилагается к Резолюции 2 [2011 г.] и включён в состав Справочника КООС.)

Существует несколько высококачественных планов управления, например План управления ООРА № 109 «Остров Муэ», которые могут использоваться в качестве образца для подготовки новых и пересмотренных планов.

В. Рабочие документы по Историческим местам и памятникам (ИМП)

У ИМП нет планов управления, за исключением тех случаев, когда они также определены в качестве ООРА или ОУРА. Вся важная информация об ИМП включается в текст Меры. Оставшаяся часть Рабочего документа не прилагается к Мере; если в официальные документы желательно включить какую-либо дополнительную справочную информацию, её можно приложить к отчёту КООС для последующего включения в Заключительный отчёт КСДА. Для обеспечения наличия всей необходимой информации, которая должна войти в Меру, при подготовке Рабочего документа рекомендуется использовать в качестве ориентира приведённый далее Шаблон В.

С. Представление проектов Мер по ООРА, ОУРА и ИМП Консультативному совещанию

Если в Секретариат для последующего направления Консультативному совещанию поступает проект Меры, которая вводит в действие рекомендации КООС относительно ООРА, ОУРА или ИМП, Секретариат также должен направлять Консультативному совещанию копии сопроводительной записки к первоначальному Рабочему документу, в котором было сформулировано данное предложение, со всеми поправками, внесёнными Комитетом.

При этом соблюдается следующий порядок действий:

- Автор предложения готовит и представляет Рабочий документ, в состав которого входят проект Плана управления и пояснительная сопроводительная записка.
- Секретариат готовит проект Меры до начала КСДА.

- Проект Плана управления обсуждается Комитетом, и в него вносятся поправки (это делает автор предложения в сотрудничестве с Секретариатом).

- Если КООС рекомендует принять План управления, то Председатель КООС передаёт (согласованный) План управления вместе с (согласованной) сопроводительной запиской Председателю Рабочей группы по правовым и институциональным вопросам.

- Рабочая группа по правовым и институциональным вопросам рассматривает проект Меры.

- Секретариат официально выносит на обсуждение проект Меры вместе с согласованной сопроводительной запиской.

- КСДА рассматривает его и принимает решение.

ШАБЛОН А. СОПРОВОДИТЕЛЬНАЯ ЗАПИСКА К РАБОЧЕМУ ДОКУМЕНТУ ПО ООРА ИЛИ ОУРА

Убедитесь в том, что в сопроводительной записке указана следующая информация:

1) Предлагается ли новый ООРА? Да/Нет

2) Предлагается ли новый ОУРА? Да/Нет

3) Относится ли предложение к существующему ООРА или ОУРА?

Если да, следует перечислить все Рекомендации, Меры, Резолюции и Решения, относящиеся к данному ООРА/ОУРА, включая все предшествующие определения этого района в качестве ООР, УОНИ или другой охраняемой территории:

В частности, укажите дату и соответствующую Рекомендацию/Меру, касающиеся нижеперечисленного:

- Первое определение:

- Первое принятие плана управления:

- Пересмотры плана управления:

- Действующий план управления:

- Продления сроков действия плана управления:

- Переименование и изменение нумерации района как ... на основании Решения 1 (2002 г.).

(Примечание: эту информацию можно найти на сайте СДА в базе данных документов совещаний, если вести поиск по названию района. При том, что СДА делает всё возможное для обеспечения полноты и точности информации, содержащейся в базе данных, иногда в ней могут встречаться ошибки или пропуски. Лучше всех знают историю того или иного охраняемого района те, кто вносил предложения о его изменении, поэтому к ним обращена просьба сообщать Секретариату о любых несоответствиях между историей регулирования района в том виде, в каком она им известна, и информацией, содержащейся в базе данных СДА.)

4) Если предложение содержит пересмотр существующего плана управления, укажите виды изменений:

   (i) Существенные или незначительные?

   (ii) Есть ли изменения границ или координат?

   (iii) Есть ли изменения в картах? Если да, содержатся ли изменения только в подписях или также и в графике?

   (iv) Есть ли изменения в описании района, которые важны для определения его местоположения или границ?

   (v) Есть ли изменения, затрагивающие какой-либо другой ООРА, ОУРА или ИМП в пределах этого района или прилегающий к нему? В частности, следует объяснить слияние с любым существующим районом или участком, включение в состав данного района любого существующего района или участка или упразднение любого существующего района или участка.

   (vi) Прочее: краткий обзор других изменений с указанием пунктов плана управления, в которых они присутствуют (это особенно удобно, если план объёмный).

5) Если предлагается новый ООРА или ОУРА, включает ли он в себя морскую территорию? Да/Нет

6) Если да, должно ли предложение быть предварительно одобрено АНТКОМ в соответствии с Решением 9 (2005 г.)? Да/Нет

7) Если да, было ли получено предварительное одобрение АНТКОМ? Да/Нет (Если да, следует указать соответствующий пункт соответствующего Заключительного отчёта АНТКОМ).

8) Если предложение относится к ООРА, какова основная причина его определения (т. е. согласно какой части Статьи 3.2 Приложения V)?

9) Если применимо, определён ли основной Экологический домен, к которому относится ООРА или ОУРА (см. «Анализ экологических доменов Антарктического континента», приложенный к Резолюции 3 [2008 г.])? Да/Нет (Если да, следует указать основной Экологический домен).

10) Если применимо, определён ли Заповедный биогеографический регион Антарктики, к которому относится ООРА или ОУРА (см. «Заповедные биогеографические регионы Антарктики», приложенные к Резолюции 6 [2012 г.])? Да/Нет (Если да, следует указать основной Заповедный биогеографический регион Антарктики).

11) Если применимо, определены ли Ключевые орнитологические территории Антарктики (Резолюция 5 [2015 г.]), к которым относятся ООРА или ОУРА (см. «Ключевые орнитологически етерритории в Антарктике 2015 г.: Краткийобзор», приложенный к Информационному документу IP27 XXXVIII КСДА, и полный отчёт на сайте: *http://www.era.gs/resources/iba/*)? Да/Нет (Если да, следует указать Ключевые орнитологические территории).

Описанный выше формат можно использовать в качестве шаблона или контрольного вопросника для составления сопроводительной записки, который обеспечит включение всей необходимой информации.

ШАБЛОН В. СОПРОВОДИТЕЛЬНАЯ ЗАПИСКА К РАБОЧЕМУ ДОКУМЕНТУ ПО ИСТОРИЧЕСКОМУ МЕСТУ ИЛИ ПАМЯТНИКУ

Убедитесь в том, что в сопроводительной записке указана следующая информация:

1) Был ли данный участок или памятник определён в качестве Исторического места или памятника на каком-либо предыдущем КСДА? Да/Нет (Если да, следует дать список соответствующих Рекомендаций и Мер).

2) Если это предложение об определении нового Исторического места или памятника, дайте следующую информацию с формулировкой, которая предназначается для включения в Меру:

Введение

(i) Название предлагаемого ИМП, которое подлежит включению в список, приложенный к Мере 2 (2003 г.).

(ii) *Сторона – инициатор предложения:* укажите всех инициаторов предложения.

(iii) Сторона, принимающая на себя обязательства по управлению: укажите название страны/стран, твёрдо заявляющих о своей приверженности выполнению обязательств (с указаниям подхода к управлению объектом/местом).

(iv) *Тип:* здание (хижина, станция, остатки других зданий, пр.), место, другие остатки (пирамида из камней. сооружённая экспедицией, палатка, маяк, пр.) или памятник/памятный знак (табличка, бюст).

Описание и документация места

(v) Местонахождение места: укажите название и координаты (если известны) места/объекта. Дайте описание материалов, конструкции, функционального использования, назначения. Дайте описание природных особенностей и местного / культурного ландшафта. Представьте фотографии места, памятника и их расположения в окружающем ландшафте.

Исторические и культурные особенности

(vi) *Дайте описание исторического контекста: общие сведения о рассматриваемом месте. Было бы также целесообразно привести информацию, ясно указывающую на соответствие объекта/места конкретному из главных критериев оценки (согласно Резолюции 3 [2009 г.]).*

Административно-финансовые вопросы

(vii) *Дайте описание планируемых мероприятий по управлению и (или) мониторингу рассматриваемого объекта/места – см. также разделы 6 и 7, п. 5 Приложения к Резолюции 3 (2009 г.),* а также укажите меры, предусматриваемые для сведения к минимуму возможного воздействия мероприятий по управлению ИМП на окружающую среду. Наличие официального плана управления не всегда является целесообразным, однако данный аспект может быть упомянут в предложении.

3) Если это предложение о пересмотре существующего определения ИМП, следует перечислить соответствующие прошлые Рекомендации и Меры.

Описанный выше формат можно использовать в качестве шаблона или контрольного вопросника для составления сопроводительной записки, который обеспечит включение всей необходимой информации.

Руководство по экологическим аспектам использования дистанционно пилотируемых авиационных систем (ДПАС) в Антарктике

Представители,

напоминая о требовании Статьи 3 Протокола по охране окружающей среды к Договору об Антарктике (далее по тексту – Протокол) в отношении необходимости сведения к минимуму отрицательного воздействия на окружающую среду Антарктики, зависимые от неё и связанные с ней экосистемы при планировании и осуществлении деятельности в районе действия Договора об Антарктике;

признавая факт всё более широкого применения дистанционно пилотируемых авиационных систем (ДПАС) в районе действия Договора об Антарктике и целого ряда преимуществ использования данных средств при осуществлении научно-исследовательской и другой деятельности, а также потенциал использования этих средств в целях уменьшения воздействия на окружающую среду в ряде случаев;

также признавая факт потенциальной возможности воздействия ДПАС на окружающую среду и целесообразности принятия методического Руководства по экологическим аспектам использования ДПАС, основанного на принципе осторожности, в целях содействия сведению к минимуму этих воздействий и выполнению пользователями обязательств, предусмотренных Протоколом;

приветствуя разработку на основе проведения широких консультаций, в том числе с Научным комитетом по антарктическим исследованиям (СКАР) и Советом управляющих национальных антарктических программ (КОМНАП), Руководства по экологическим аспектам использования дистанционно пилотируемых авиационных систем (ДПАС) в Антарктике (далее по тексту – Руководство по экологическим аспектам использования ДПАС), которые Стороны могут применять и использовать, сообразно обстоятельствам;

рекомендуют своим Правительствам:

1. Одобрить необязательное Руководство по экологическим аспектам использования ДПАС, прилагаемое к настоящей Резолюции, в качестве имеющегося на сегодняшний день методического материала при планировании и осуществлении деятельности с использованием ДПАС в Антарктике в соответствующих случаях.

2. Учитывать при необходимости Руководство по экологическим аспектам использования ДПАС при проведении оценки воздействия деятельности с использованием ДПАС на окружающую среду Антарктики.

3. Настоятельно рекомендовать всем законным пользователям ДПАС тщательно изучить Руководство по экологическим аспектам использования ДПАС и обеспечить планирование и осуществление деятельности с использованием ДПАС в строгом соответствии с его требованиями.

4. Призвать СКАР и научное сообщество к развитию исследований по изучению воздействия ДПАС на окружающую среду в целях решения имеющихся на сегодняшний день неопределённостей.

5. Настоятельно рекомендовать Комитету по охране окружающей среды продолжить работу по доработке данного Руководства по мере дальнейшего развития технологии и углубления научного понимания потенциального воздействия ДПАС на окружающую среду.

Руководства по экологическим аспектам использования дистанционно пилотируемых авиационных систем (ДПАС)[1] в Антарктике[2]

Введение

Использование дистанционно пилотируемых авиационных систем (ДПАС) в ряде случаев может способствовать снижению или предотвращению воздействия на окружающую среду, неминуемого в других случаях. Их использование может также обеспечивать больший уровень безопасности осуществляемой деятельности и требовать меньших усилий в сфере материально-технического обеспечения.

Данное Руководство по экологическим аспектам использования пилотируемых авиационных систем ДПАС в Антарктике призвано способствовать выполнению требований Оценки воздействия на окружающую среду (ОВОС) и оказанию методической помощи, основанной на передовой практике, в принятии решений в отношении использования ДПАС.

Системный сбой и (или) потеря ДПВС могут привести к загрязнению окружающей среды Антарктики. Кратковременное и длительное воздействие ДПАС, включая производимый шум и причинение визуального беспокойства животному миру Антарктики, на сегодняшний день не вполне изучены, и по-прежнему сохраняется существенная неопределённость в отношении возможной степени воздействия ДПАС на окружающую среду. Следовательно, в отношении использования ДПАС в Антарктике следует придерживаться подхода, основанного на принципе «осторожности», при этом ориентируясь на максимально возможное использование целого ряда потенциальных преимуществ технологии ДПАС при осуществлении научно-исследовательской деятельности, деятельности по материально-техническому обеспечению и других видов деятельности.

Считается, что в ряде случаев для решения конкретных научных или иных задач, в отношении которых была проведена соответствующая оценка в процессе ОВОС или выдачи разрешения, полёты следует намеренно производить в максимально возможной близости к исследуемой фауне или флоре. В настоящее время отсутствует глубокое научное понимание воздействия ДПАС на животных Антарктики, и знания

---

[1] Согласно определению Международной организации гражданской авиации (ИКАО) (2015 г.) дистанционно пилотируемая авиационная система (ДПАС) — это «дистанционно пилотируемое воздушное судно, связанные с ним пункты дистанционного пилотирования, необходимые линии управления и контроля и любые другие элементы, указанные в утвержденном проекте типа». Дистанционно пилотируемое воздушное судно (ДПВС) — это «беспилотное воздушное судно, пилотируемое с пункта дистанционного пилотирования». ДПАС относятся к тому же классу, что и беспилотные авиационные системы (UAS), и их часто также называют беспилотными летательными аппаратами (БПЛА), беспилотными авиационными комплексами или просто беспилотниками или дронами. В данном Руководстве термин «ДПАС» используется применительно ко всем типам систем управления беспилотными летательными аппаратами, а термин «ДПВС» используется применительно к самому воздушному судну.

[2] Данное Руководство прежде всего распространяется на малогабаритные и среднегабаритные ДПАС (массой ≤25 кг). Несмотря на то, что целый ряд принципов и рекомендаций применимы также и к крупногабаритным ДПАС (массой >25 кг), их лётная эксплуатация может быть сопряжена с возможными дополнительными рисками, требующими принятия конкретных мер по управлению, подлежащих рассмотрению при проведении соответствующей ОВОС планируемой деятельности.

в отношении физиологического воздействия или отдалённых демографических последствий являются весьма ограниченными. Степень воздействия ДПАС на различные виды животных существенно различается, и при этом может зависеть от целого ряда факторов (период размножения, местные условия и пр.). Поведенческие реакции или их отсутствие не всегда являются адекватным показателем степени беспокойства, причиняемого животному миру. Необходимость производства полётов ДПАС вблизи или над животными должна быть достаточно обоснованной и учитывать возможное причинение беспокойства, оценка которого осуществляется в процессе ОВОС или выдачи разрешения.

КОМНАП разработал Руководство по лётной эксплуатации ДПАС в Антарктике, а также ряд полномочных органов разработали практические руководства по использованию ДПАС в рамках соответствующих национальных программ. Пользователям ДПАС следует обращаться к этим руководствам для получения необходимой дополнительной информации, в частности связанной с лётной эксплуатацией и вопросами обеспечения безопасности полётов (см. Приложение 1).

Планирование на подготовительном этапе и Оценка воздействия на окружающую среду (ОВОС)

1. Требования Мадридского Протокола и Приложений к нему

1.1 Осуществление любых предлагаемых видов деятельности в районе действия Договора об Антарктике подлежит регулированию в соответствии с положениями Приложения I к Мадридскому протоколу[3] по вопросам предварительного проведения оценки воздействия этих видов деятельности на окружающую среду Антарктики.

1.2 Полёты или посадки воздушных судов, причиняющие беспокойство скоплениям птиц и тюленей в Антарктике запрещены, кроме как в соответствии с разрешением, выданным соответствующим органом в соответствии с положениями Приложения II к Мадридскому протоколу.[4]

1.3 Положениями Приложения III[5] предусматривается вывоз отходов, включая аккумуляторные батареи, топливо, изделия из пластмассы и пр. с территории Антарктики, и соблюдение данного требования должно предусматриваться в планах действий в чрезвычайных ситуациях при потере или повреждении ДПАС, разрабатываемых при проведении Оценки воздействия на окружающую среду (ОВОС).

1.4 Для доступа на территорию Особо охраняемого района Антарктики (ООРА)[6] требуется разрешение, выданное полномочным национальным органом; при

---

[3] В соответствии с положениями Статьи 8 Протокола.

[4] В соответствии с положениями Статьи 3 Протокола. Такое разрешение выдаётся только при определённых условиях.

[5] В соответствии с положениями Статьи 2 Приложения III к Протоколу.

[6] В соответствии с положениями Приложением V к Протоколу.

этом к использованию ДПАС на территории ООРА или Особо управляемых районов Антарктики (ОУРА) могут предъявляться особые требования, а именно: любое планируемое использование ДПАС в пределах ООРА или ОУРА, включая полёты над этими районами, должно осуществляться с соблюдением требований Плана управления соответствующим ООРА или ОУРА.

2. Общие положения

2.1 При планировании использования ДПАС в Антарктике представляется целесообразным использование (в качестве дополнительного материала к настоящему Руководству) действующих документов, указанных в Приложении 1 и представляющих собой, в частности, рекомендации, директивные материалы, кодексы поведения и руководства, разработанные Сторонами Договора об Антарктике, СКАР и КОМНАП, а также недавно опубликованные научные работы, представленные в Приложении 2.

2.2 Следует провести анализ экологических преимуществ и недостатков использования ДПАС и альтернативных методов, рассмотреть экологические характеристики ДПАС, изучить ценности, представленные в районе предлагаемого использования ДПАС, и оценить как преимущества использования ДПАС, так и их негативное воздействие на окружающую среду.

2.3 На подготовительном этапе следует выполнить тщательное предполётное планирование с обстоятельной оценкой особенностей района полётов, рельефа местности, погодных условий и любых опасностей, которые могут оказать влияние на экологически безопасное производство полётов. При наличии возможности следует выполнять имитационные полёты с использованием компьютерных программ.

2.4 Следует нанести планы полётов на карту, подготовить планы действий при лётных происшествиях или неисправностях оборудования, включая запасные посадочные площадки и планы действий по изъятию ДПВС в случае лётной катастрофы.

2.5 В рамках проведения оценки воздействия на окружающую среду и планирования полётов следует выполнить оценку особенностей и динамики ценностей участков, которым может быть нанесён ущерб, включая определение имеющихся видов флоры и фауны, их распространённость и (или) численность и места их расположения. В необходимых случаях с целью сведения к минимуму возможного причинения беспокойства следует внести коррективы в планы полётов, включая временные рамки для исключения чувствительных периодов размножения (по всем имеющимся видам, а не только в отношении исследуемых видов).

2.6 Следует определить все расположенные вблизи места планируемого производства полётов особо охраняемые районы (например, ООРА, ОУРА, Исторические места и памятники (ИМП) и все особые зоны на территории этих районов) или места, на которые распространяется действие Правил поведения для посетителей участков в рамках Договора об Антарктике, и обеспечить соблюдение требований по ограничению полётов над ними в соответствии с положениями соответствующих Планов управления и Правил поведения для посетителей участков.

2.7 При проведении ОВОС следует тщательно проанализировать альтернативные варианты осуществления деятельности и возможные нештатные ситуации перед планированием производства полётов над экологически уязвимыми районами (например, над колониями животных или над участками с обширным растительным покровом, которые могут быть повреждены вытаптыванием) или районами, в которых изъятие потерпевшего аварию ДПВС будет затруднительным или невозможным, при этом принимая во внимание тот факт, что данные районы также представляют особый интерес в отношении наблюдательных полётов.

2.8 При планировании производства полётов ДПАС с катеров или судов следует иметь в виду повышенную опасность столкновения ДПВС с птицами, которые часто сопровождают морские суда.

2.9 В случае параллельного использовании нескольких ДПАС в одном и том же районе или многократного использования ДПАС в течение длительного периода при проведении ОВОС следует учитывать возможное кумулятивное воздействие на окружающую среду.

3. Требования к ДПАС

3.1 Для сведения к минимуму воздействия на окружающую среду следует тщательно подбирать тип планируемых к использованию ДПАС и устройств наблюдения в строгом соответствии с целями и задачами планируемого производства полётов, а также в которых используется наилучшая доступная технология. Следует провести лётные испытания ДПАС за пределами Антарктики для проверки правильности выбора (например, возможностей устройств наблюдения на различных высотах с выбором (по возможности) устройств наблюдения или объективов, позволяющих обеспечивать возможно большее расстояние до животных).

3.2 Следует выбирать модели ДПАС с наименьшим уровнем шума, форма, габариты и цветовое решение которых не вызывают ощущения опасности, например ДПАС, не имеющие сходства с местными хищниками, в целях сведения к минимуму уровня стресса для видов-жертв и (или) предотвращения нападения со стороны видов, обитающих на исследуемой территории.

3.3 Перед использованием следует убедиться в исправности и надёжности ДПАС для уменьшения вероятности отказа и потери летательного аппарата. Рекомендуется использование ДПАС с функцией «возвращение домой» (Return To Home, RTH). Следует убедиться в достаточном резерве мощности или запасе топлива для выполнения полётного задания. При использовании

ДПАС с электродвигателями внимательно следите за ёмкостью и эксплуатационными характеристиками аккумуляторной батареи, которые могут варьироваться в зависимости от условий окружающей среды. При использовании ДПАС с двигателем внутреннего сгорания следует убедиться в отсутствии утечек топлива, надёжном закрытии крышки заливной горловины топливного бака; при этом следует использовать наиболее оптимальные методы обращения с топливом и заправки топливом с обеспечением наличия необходимых средств борьбы с разливами топлива.

3.4 Для снижения риска интродукции неместных видов ДПАС всё сопутствующее оборудование и контейнеры для переноски подлежат очистке от почвы, растительности, семян, пропагул или беспозвоночных. Для снижения риска переноса видов между районами Антарктики ДПАС и сопутствующее оборудование подлежат тщательной очистке по окончании использования и перед использованием на другом участке.

4. Требования к операторам

4.1 К производству полётов на участках Антарктики должны допускаться только прошедшие курс подготовки и имеющие опыт пилоты.

4.2 Перед производством полётов в Антарктике пилот должен выполнить тренировочные полёты ДПАС того же типа, модели и с аналогичной полезной нагрузкой, которые предусматриваются для использования в Антарктике.

4.3 Группа управления полётом должна состоять из пилота и как минимум одного наблюдателя. Перед производством полётов пилоты должны надлежащим образом изучить все экологические требования, представленные в разделе 1, и все особенности участка производства полётов, включая его чувствительные стороны и опасности.

Действия на месте производства полётов и при выполнении полётов

5. Общие положения

5.1 При производстве полётов пилотами и всеми назначенными наблюдателями должно всегда обеспечиваться наличие визуального контакта с ДПВС, если только разрешением, выданным полномочным органом, не предусматриваются полёты за пределами прямой видимости.

5.2 Пилоты и все назначенные наблюдатели должны сохранять бдительность во время полётов и поддерживать надёжную связь друг с другом на всём протяжении полёта, наблюдая за перемещением животных в район производства полётов.

5.3 Количество и длительность полётов должны быть минимально необходимыми для выполнения поставленных задач.

6. Полёты над и вблизи животных

6.1 Следует тщательно выбирать взлётно-посадочные площадки для ДПАС с учётом рельефа местности и других факторов (например, преобладающее направление ветра), которые могут повлиять на обеспечение оптимального удаления от животных. По возможности следует располагать площадки для взлёта и посадки ДПАС вне поля зрения животных (с учётом требования к производству полётов в пределах прямой видимости), а также с подветренной стороны от скоплений диких животных и на максимально возможном удалении от животных.

6.2 Следует принимать во внимание уровень шума, производимого при запуске и во время полёта ДПАС, для принятия решения о размещении площадки для запуска и посадки и высоте полёта с учетом влияния ветровой обстановки на уровень шума.

6.3 По возможности следует обеспечивать набор необходимой высоты полёта до пролёта над дикими животными.

6.4 По возможности следует осуществлять полёты ДПАС в периоды дневного времени и в сезоны, являющиеся наиболее благоприятными для сведения к минимуму причинения беспокойства исследуемым видам.

6.5 При производстве полётов в пределах прямой видимости пилоты и все назначенные наблюдатели должны контролировать наличие, близость и поведение хищников, которые могут напасть на животных или их детёнышей в пределах воздушного пространства производства полётов или атаковать ДПВС, создавая угрозу столкновения. При обнаружении близости хищников, уровень причиняемого беспокойства которым, судя по поведенческим реакциям, превышает условно допустимый согласно условиям разрешения на осуществляемую деятельность, следует изменить параметры полёта или прекратить полёты.

6.6 По возможности следует не допускать ненужных или резких манёвров ДПВС над дикими животными, а также полётов непосредственно на животных или снижения над животными, а также по возможности следует выполнять полёты по схеме квадрата (прямоугольника), позволяющей обеспечить выполнение полётного задания.

При производстве полётов над или вблизи животных высота полёта должна быть максимально приемлемой, но не менее необходимой. При необходимости выполнения полётов ДПВС вблизи диких животных следует соблюдать практику причинения минимального беспокойства животным, всегда выдерживая полётное расстояние до них, обеспечивающее принцип обеспечения предосторожности и не вызывающее признаков какого-либо беспокойства. Реакции животных на ДПВС существенно варьируются, например, в зависимости от их вида, временного отрезка размножения, высоты полёта, приближения в режиме горизонтального полёта или вертикального снижения.

6.7 При полётах над несколькими видами животных следует использовать параметры полёта, обеспечивающие наибольшую предосторожность, а в случае наблюдения признаков беспокойства животных на любом удалении ДПАС следует увеличить это расстояние.

Пилоты и все назначенные наблюдатели должны обеспечивать особую осторожность при полётах вблизи скал, на которых могут гнездиться птицы, и по возможности выдерживать надлежащее расстояние по горизонтали.

6.8 При производстве полётов в пределах прямой видимости пилоты и все назначенные наблюдатели должны контролировать и сообщать друг другу о наблюдаемых признаках беспокойства животных. Следует иметь в виду, что внешние поведенческие признаки беспокойства не всегда являются адекватным показателем уровня стресса, испытываемого животными, что также следует учитывать на этапе проведения ОВОС и на этапе планирования деятельности. Если наблюдения свидетельствуют об уровне беспокойства, превышающем условно допустимый, согласно условиям разрешения на осуществляемую деятельность, пилоты должны соблюдать подход, основанный на принципе «осторожности», путём увеличения удаления ДПВС от животных при обеспечении безопасность полёта, или прекращения полёта, если признаки беспокойства по-прежнему имеют место.

6.9 При планировании полётов за пределами прямой видимости над скоплениями животных следует рассмотреть вопрос о целесообразности размещения наблюдателя вблизи животных для наблюдения за изменениями в поведении и информирования о них пилота.

7. Производство полётов над экосистемами суши и пресноводными экосистемами

7.1 Пилоты и наблюдатели должны обеспечивать сведение к минимуму нарушений уязвимых геологических или геоморфологических особенностей (например, участков геотермальной активности, хрупких элементов поверхности, таких как корки или осадочные отложения), а также ущерба почвам, рекам, озёрам и растительности в районе производства полётов ДПАС и осуществлять свою деятельность, в том числе передвижение в пешем порядке по участку таким образом, чтобы в максимально возможной степени избегать уязвимых участков.

7.2 При необходимости совершения вынужденной посадки и (или) изъятия ДПВС из незнакомого района пилот и (или) наблюдатель должны принимать особые меры предосторожности для сведения к минимуму беспокойства или нарушения возможно уязвимых особенностей участка, таких как животный мир, растительность или почвы.

8. Антропогенное воздействие

8.1 В пределах возможного следует избегать производства полётов ДПАС над Историческими местами или памятниками (ИМП) для сведения к минимуму вероятности потери ДПВС на этих участках. В случае необходимости изъятия потерпевшего аварию ДПВС с территории ИМП следует уведомить об этом соответствующий полномочный орган и не предпринимать каких-либо действий до получения от него соответствующих указаний.

8.2 Операторы, использующие ДПАС, должны осознавать, что множество людей ценят Антарктику за её удалённость, изолированность, эстетические ценности и ценности дикой природы. Следует уважать право других людей познавать и наслаждаться этими ценностями и по возможности приспосабливать производство полётов (например, время, длительность, дальность) таким образом, чтобы исключить или минимизировать вторжение в природу.

Послеполётные действия и отчётность

9. Действия

9.1 В случае незапланированной вынужденной посадки или падения и принимая во внимание обязательства по вывозу отходов из Антарктики в соответствии с Мадридским протоколом (см. пункт 1.3), ДПВС подлежит изъятию при соблюдении указанных ниже условий:

- Данное действие не сопряжено с опасностью.

- Подвергается опасности жизнь человека, животный мир или значимые ценности окружающей среды: в этом случае следует уведомить полномочный орган и, в случае необходимости, предпринять соответствующие меры согласно порядку действий в чрезвычайных ситуациях для устранения данной опасности.

- Воздействие на окружающую среду при изъятии ДПВС не будет превышать ущерба от оставления его *in situ.*

- ДПВС не находится на территории ООРА, для которого у вас нет Разрешения на посещение, кроме случаев, когда ДПВС представляет существенную опасность для ценностей ООРА. В этом случае следует уведомить об этом полномочный орган и предпринять соответствующие действия согласно порядку действий в чрезвычайных ситуациях для устранения данной опасности.

9.2 При невозможности изъятия потерпевшего аварию ДПВС уведомите соответствующий полномочный орган, сообщив при этом подробную информацию о последнем известном местонахождении (координаты GPS) и о потенциальном воздействии на окружающую среду.

10. Отчётность и доработка данного Руководства

10.1 Наблюдения за поведенческими реакциями животных должны осуществляться и документироваться до, во время и после полётов специально назначенным наблюдателем, а не пилотом, который должен концентрировать своё внимание на ДПВС и управлении полётом.

10.2 Послеполётная отчётность должна осуществляться в соответствии с требованиями, предусмотренными в документе по ОВОС и (или) разрешении на деятельность. Следует указывать подробную информацию о любых воздействиях на окружающую среду и представлять свои соображения о возможности предотвращения этих воздействий в будущем. По возможности следует использовать стандартную форму отчётности (например, см. формы, предусмотренные в Руководстве по лётной эксплуатации ДПАС, разработанном КОМНАП) и обеспечивать доступность этой информации для последующей доработки методических материалов по экологическим аспектам использования ДПАС.

10.3 Операторам, использующим ДПАС, предлагается провести дальнейшие исследования воздействия ДПАС на окружающую среду в целях содействия сведению к минимуму имеющихся неопределённостей и регулярно анализировать и публиковать свои наблюдения для возможности доработки и уточнения настоящего методического Руководства по экологическим аспектам использования ДПАС в Антарктике.

Приложение 1

Некоторые документы, имеющие отношение к Руководству по экологическим аспектам использования пилотируемых авиационных систем (ДПАС) в Антарктике

Стороны Договора об Антарктике, Резолюция 2 (2004 г.) *Руководство по осуществлению воздушных операций вблизи скоплений птиц в Антарктике.*

Стороны Договора об Антарктике, Комитет по охране окружающей среды *Руководство по неместным видам* (редакция 2017 г.).

КОМНАП (Совет управляющих национальных антарктических программ), 2017 г. Antarctic Remotely Piloted Aircraft Systems (RPAS) Operator's Handbook *[Руководство по лётной эксплуатации дистанционно-пилотируемых авиационных систем (ДПАС) в Антарктике].* Редакция 7, 27 ноября 2017 г.

МААТО (Международная ассоциация антарктических туристических операторов), 2016 г. IAATO Policies on the use of Unmanned Aerial Vehicles (UAVs) in Antarctica: update for the 2016/17 season *[Принципы и правила МААТО в отношении использования беспилотных летательных аппаратов (БПЛА) в Антарктике, уточнённая редакция на сезон 2016/17 г.].* Информационный документ IP 120, XXXVIII КСДА, состоявшееся в Сантьяго, Чили, 23 мая – 1 июня 2016 г.

ИКАО (Международная организация гражданской авиации) 2015 г. *Руководство по дистанционно пилотируемым авиационным системам (ДПАС)*, первая редакция. Документ 10019 Международной организации гражданской авиации. Монреаль, Канада.

СКАР *Кодекс поведения при осуществлении наземных научных полевых исследований в Антарктике* (2009 г.).

СКАР *Кодекс поведения при осуществлении деятельности на наземных участках геотермальной активности в Антарктике* (2016 г.).

Некоторые рецензируемые научные публикации по экологическим аспектам использования дистанционно пилотируемых авиационных систем (ДПАС)

Acevedo-Whitehouse, K. Rocha-Gosselin, A. & Gendron, D. 2010. A novel non-invasive tool for disease surveillance of freeranging whales and its relevance to conservation programs. *Animal Conservation* 13: 217–225.

Borrelle, S.B. & Fletcher, A.T. 2017. Will drones reduce investigator disturbance to surface-nesting seabirds? *Marine Ornithology* 45: 89–94.

Christiansen F, Rojano-Doñate L, Madsen PT and Bejder L. 2016. Noise levels of multi-rotor Unmanned Aerial Vehicles with implications for potential underwater impacts on marine mammals. *Frontiers in Marine Science* 3: 277. doi: *10.3389/fmars.2016.00277*

Erbe, C., Parsons, M., Duncan, A., Osterrieder, S.K. & Allen, K. 2017. Aerial and underwater sound of unmanned aerial vehicles (UAV). *Journal of Unmanned Vehicle Systems* 5: 92–101. *dx.doi.org/10.1139/juvs-2016-0018*

Goebel M.E., Perryman W.L., Hinke J.T., Krause D.J., Hann N.A., Gardner S. & LeRoi D.J. 2015. A small unmanned aerial system for estimating abundance and size of Antarctic predators. *Polar Biology 38*: 619-630 doi:*10.1007/s00300-014-1625-4*

Hodgson, J.C. & Koh, L.P. 2016. Best practice for minimising unmanned aerial vehicle disturbance to wildlife in biological field research. *Current Biology* 26: R404-R405 doi:*http://dx.doi.org/10.1016/j.cub.2016.04.001*

Korczak-Abshire, M., Kidawa, A., Zmarz, A., Storvold, R., Karlsen, S.R., Rodzewicz, M., Chwedorzewska, K., & Znoj, A. 2016. Preliminary study on nesting Adélie penguins disturbance by unmanned aerial vehicles. *CCAMLR Science 23*: 1-16.

McClelland, G.T.W., Bond, A.L., Sardana, A. & Glass, T. 2016. Rapid population estimate of a surface-nesting seabird on a remote island using a low-cost unmanned aerial vehicle. *Marine Ornithology* 44: 215–220.

McEvoy, J.F., Hall, G.P. & McDonald, P.G. 2016. Evaluation of unmanned aerial vehicle shape, flight path and camera type for waterfowl surveys: disturbance effects and species recognition. *PeerJ* 4: e1831. doi: *10.7717/peerj.1831*

Moreland, E.E., Cameron, M.F., Angliss, R.P. & Boveng, P.L. 2015. Evaluation of a ship-based unoccupied aircraft system (UAS) for surveys of spotted and ribbon seals in the Bering Sea pack ice. *Journal of Unmanned Vehicle Systems* 3: 114–22. *dx.doi.org/10.1139/juvs-2015-0012*

Mulero-Pázmány, M., Jenni-Eiermann, S., Strebel, N., Sattler, T., Negro, J.J. & Tablado, Z. 2017. Unmanned aircraft systems as a new source of disturbance for wildlife: A systematic review. *PLoS ONE* 12 (6): e0178448. doi:*10.1371/journal.pone.0178448*

Mustafa, O., Esefeld, J., Grämer, H., Maercker, J., Rümmler, M-C., Senf, M., Pfeifer, C., & Peter, H-U. 2017. Monitoring penguin colonies in the Antarctic using remote sensing data. Umweltbundesamt, Dessau-Roßlau.

Pomeroy, P., O'Connor, L. & Davies, P. 2015. Assessing use of and reaction to unmanned aerial systems in gray and harbor seals during breeding and molt in the UK. *Journal of Unmanned Vehicle Systems* 3: 102–13. *dx.doi.org/10.1139/juvs-2015-0013*

Rümmler, M-C., Mustafa, O., Maercker, J., Peter, H-U. & Esefeld, J. 2016. Measuring the influence of unmanned aerial vehicles on Adélie penguins. *Polar Biology* **39** (7): 1329–34. doi:*10.1007/s00300-015-1838-1.*

Smith, C.E., Sykora-Bodie, S.T., Bloodworth, B., Pack, S.M., Spradlin, T.R. & LeBoeuf, N.R. 2016. Assessment of known impacts of unmanned aerial systems (UAS) on marine mammals: data gaps and recommendations for researchers in the United States. *Journal of Unmanned Vehicle Systems* 4: 1–14. *dx.doi.org/10.1139/juvs-2015-0017.*

Vas, E., Lescroël, A., Duriez, O., Boguszewski, G. & Grémillet, D. 2015 Approaching birds with drones: first experiments and ethical guidelines. *Biology Letters* 11: 20140754. *dx.doi.org/10.1098/rsbl.2014.0754.*

Weimerskirch, H., Prudor, A. & Schull, Q. 2017. Flights of drones over sub-Antarctic seabirds show species and status-specific behavioural and physiological responses. *Polar Biology* (online). DOI *10.1007/s00300-017-2187-z.*

Экологический кодекс поведения при осуществлении наземных научных полевых исследований в Антарктике, разработанный СКАР

Представители,

напоминая о требовании Статьи 3 Протокола по охране окружающей среды к Договору об Антарктике (далее по тексту – Протокол) в отношении необходимости сведения к минимуму отрицательного воздействия на окружающую среду Антарктики и зависимые от неё и связанные с ней экосистемы при планировании и осуществлении деятельности в районе действия Договора об Антарктике;

признавая разнообразие земной окружающей среды, в том числе её природную и научную ценность;

принимая во внимание вероятность подверженности данной среды риску воздействия исследовательской деятельности, включая опасность интродукции неместных видов, переноса местных видов с одного участка на другой или случайного загрязнения посторонними веществами;

приветствуя разработку Научным комитетом по антарктическим исследованиям (СКАР) на основе проведения широких консультаций, в том числе с Советом управляющих национальных антарктических программ (КОМНАП), Экологического кодекса поведения при осуществлении наземных научных полевых исследований в Антарктике, разработанного СКАР (далее по тексту – Кодекс поведения), возможность применения и использования которого Сторонами будет способствовать надлежащему выполнению ими своих обязательств в отношении требований Протокола;

рекомендуют своим Правительствам:

1. Одобрить добровольный Кодекс поведения, вобравший в себя передовую практику в отношении планирования и осуществления соответствующей деятельности на наземных участках окружающей среды в Антарктике.

2. Способствовать применению Кодекса поведения при проведении оценки воздействия на окружающую среду предлагаемых исследований наземных участков окружающей среды и настоятельно рекомендовать научным работникам досконально изучить и строго соблюдать положения Кодекса поведения при проведении исследований наземных участков окружающей среды.

Экологический кодекс поведения при осуществлении наземных научных полевых исследований в Антарктике, разработанный СКАР

История вопроса

Данный Кодекс поведения (КП), разработанный Научным комитетом по антарктическим исследованиям (СКАР), содержит рекомендации для учёных, осуществляющих полевые научные исследования окружающей среды суши Антарктики. Вопрос о необходимости разработки данного КП был поднят на IX заседании КООС (Отчёт IX заседания КООС, п. 132). Данный КП был утверждён на XXX Заседании делегатов СКАР, состоявшемся в Москве в 2008 году. СКАР представил КП вниманию XII заседания КООС (2009 г.) в рамках Информационного документа IP 04. В 2017 году под руководством СКАР был проведён критический анализ КП с участием экспертов и широких кругов научного сообщества СКАР, и новая редакция Кодекса поведения была представлена вниманию XX заседания КООС (Рабочий документ WP 018). В межсессионный период 2017/18 г. были проведены дальнейшие консультации, в том числе с участием КОМНАП.

Данный КП берёт своё начало с обсуждения КООС вопросов предотвращения интродукции пропагул[1] неместных видов, инициированного в 2006 году. Со времени упомянутого обсуждения КП был расширен с включением в него вопросов подготовки и проведения полевых научных исследований окружающей среды суши Антарктики, направленных на сведение к минимуму воздействия на окружающую среду, в том числе и в отношении интродукции неместных видов.

Введение

Антарктика отличается многими уникальными геологическими, палеонтологическими, гляциологическими и биологическими особенностями. Этот ландшафт и его биологические сообщества часто имеют ограниченные возможности для естественного восстановления после внешнего вмешательства. Многим из этих образований может быть легко нанесён необратимый ущерб. Данный КП содержит рекомендации в отношении того, как учёные и сопутствующий персонал могут осуществлять научные полевые исследования и одновременно обеспечивать охрану окружающей среды Антарктики для будущих поколений без ущерба для будущих научных исследований. Соблюдение таких протоколов обеспечит минимально возможное влияние человеческого присутствия. Всем участникам научных

---

[1] Пропагула: средство распространения, например семя, спора, яйцо, живое насекомое (в том числе микробы в нестерильной почве).

исследований в Антарктике следует надлежащим образом ознакомиться с настоящим КП, а планирование, подготовка и проведение полевых научных исследований должны обеспечивать минимально возможное воздействие на окружающую среду.

Протокол по охране окружающей среды к Договору об Антарктике (также известный как Мадридский протокол или Природоохранный протокол) содержит основные правила и постулаты по охране окружающей среды и управлению окружающей средой в Антарктике. Изменение климата и возрастающая нагрузка со стороны человеческой деятельности наводят на мысль о необходимости выработки комплексных рекомендаций по охране уникальных особенностей Антарктики. КП дополняет соответствующие разделы Протокола и содержит рекомендации для исследователей, проводящих полевые исследования окружающей среды суши (в том числе лимнологические, наземные, прибрежные/литоральные, гляциологические, биологические, палеонтологические, социологические, исторические, археологические, климатические и геологические исследования). «Полевая» деятельность определяется в данном случае как любая научная деятельность, которая осуществляется в естественной среде независимо от её длительности.

Всем странам, осуществляющим полевые научные исследования окружающей среды суши Антарктики, предлагается включить данный КП в свои рабочие процедуры и обеспечить соблюдение данного КП основным и вспомогательным персоналом, участвующим в полевых научных исследованиях.

Всему персоналу, осуществляющему научные исследования, рекомендуется соблюдать настоящий КП в максимально возможной степени при условии, что это не повлияет на безопасность экспедиции.

Общие основные принципы

Вероятность интродукции пропагул неместных видов в экосистемы Антарктики (и Субантарктики) учёными, осуществляющими научные исследования в Антарктике, существенно выше по сравнению с туристами, посещающими Антарктику, так как первые, ввиду характера своих исследований, зачастую посещают высокогорные или северные полярные среды обитания. Кроме того, учёные, изучающие Антарктику, также перемещаются между Заповедными биогеографическими регионами Антарктики (ЗБРА),[2][3][4] которые могут существенно отличаться по своему биоразнообразию и георазнообразию. Во время проведения исследований в этих средах обитания учёные, изучающие Антарктику, могут непреднамеренно принести с собой пропагулы и/или почву на одежде, оборудовании или ящиках из-под

[2] Terauds A, Chown SL, Morgan F, Peat HJ, Watts DJ, Keys H, Convey P & Bergstrom DM (2012) Conservation biogeography of the Antarctic. *Diversity and Distributions* 18:726-741.

[3] Terauds A & Lee JR (2016) Antarctic biogeography revisited: updating the Antarctic Conservation Biogeographic Regions. *Diversity and Distributions* 22:836-840.

[4] Резолюция 6 (2012 г.), XXXV КСДА, Хобарт; Резолюция 3 (2017 г.), XL КСДА, Пекин.

оборудования. В случае переноса этих объектов в Антарктику или их переноса между ЗБРА без соответствующей очистки/стерилизации с целью удаления или уничтожения пропагул создаётся возможность переноса таких материалов в Антарктику и по её территории. Перед ввозом в Антарктику или перемещением между районами Антарктики оборудование подлежит тщательной очистке.

Последствия переноса человеком таксонов между районами могут варьироваться от изменения генетической структуры популяций до локальных изменений биоразнообразия и последующего влияния на динамику сообщества. В частности, человек может принести с собой определённые виды (или их пропагулы) из районов за пределами Антарктики, и такие виды в большинстве случаев считаются неместными. Однако, учитывая различия между районами, межрегиональный перенос местных видов также должен быть сведён к минимуму. Такое случайное перемещение местной биоты может негативно отразиться на научных исследованиях молекулярной адаптации, региональной эволюции и биогеографии, а также уменьшить самоценность, которой Антарктика обладает как система с очень ограниченным антропогенным влиянием.

Действия, осуществляемые до входа на участок полевых научных исследований

Заблаговременно и максимально подробно доложить о запланированной деятельности в соответствующий государственный орган для оценки воздействия, которое может быть оказано на окружающую среду участка (участков), полевых научных исследований в соответствии с требованиями Приложения I к Протоколу по охране окружающей среды к Договору об Антарктике.

До начала выполнения любой научной деятельности необходимо рассмотреть и ясно определить масштабы запланированной деятельности, включая её район, продолжительность и интенсивность.

Необходимо знать о кумулятивном воздействии деятельности как самой по себе, так и в сочетании с другими видами деятельности, осуществляемыми в районе. Требуется рассмотреть альтернативные способы осуществления деятельности с меньшим воздействием на окружающую среду и возможность повторного использования существующих объектов во всех возможных случаях.

Для того, чтобы свести к минимуму воздействие полевых научных исследований на окружающую среду, необходимо:

(i) Выбирать места, расположенные максимально близко к научно-исследовательским станциям, и использовать существующие пути передвижения.

(ii)   Ограничить количество посетителей на участки полевых научных исследований, разрешив доступ в такие районы только персоналу, необходимому для проведения таких полевых научных исследований.

(iii) По мере возможности избегать вторжения в районы, которые особенно уязвимы к вмешательству, например участки с растительностью, места гнездования, участки со структурной почвой и водоёмы.

(iv)   По мере возможности повторно использовать существующие участки.

(v)   Рассмотреть способность предотвращения экологической катастрофы или инцидента и оперативного и эффективного принятия ответных мер.

Всё, что ввозится или вносится на территорию проведения полевых научных исследований, подлежит предварительной очистке, а по завершении работ возвращается в главное здание станции для соответствующей очистки в тех случаях, когда это практически возможно и безопасно осуществить.

Требуется принять меры предосторожности для предотвращения интродукции неместных видов или химического загрязнения, а также переноса материалов между районами:

(i)   Тщательно очищать всё оборудование и одежду, включая обувь.

(ii)   Избегать ввоза ненужной упаковки и материалов на территорию. Следует обратить внимание на то, что в Антарктике запрещено использование некоторых материалов в качестве упаковки, таких как гранулированный полистирол.

Во время нахождения на участке полевых научных исследований

Особую осторожность следует соблюдать в районах с уязвимыми биологическими, геологическими, палеонтологическими, историческими, археологическими и геоморфологическими особенностями, такими как колонии птиц и тюленей, места ночёвки животных, покрытые растительностью участки, пресноводные озёра и пруды, песчаные дюны, каменистые осыпи, речные террасы, пласты ископаемых остатков, малостабильные или экологически уязвимые формы рельефа (например, структурная почва, рыхлые или слабоуплотнённые отложения, биологические почвенные корки, котловины выветривания, водонасыщенные почвы в летние периоды таяния и т. д.), пирамиды с ледяным ядром и ветрогранники.

Избегать ненужного нарушения флоры и фауны Антарктики. Избегать районов, в которых весьма вероятно причинение беспокойства животному миру, особенно в сезон размножения.

Для сведения к минимуму воздействия на окружающую среду размеры отбираемых образцов (геологических, палеонтологических, биологических, льда и пр.) должны быть минимально возможными. Отбор образцов следует осуществлять только в соответствии с оценкой воздействия на окружающую среду, выполненной для этой деятельности, и, если требуется, разрешениями, выданными надлежащим государственным органом.

Необходимо регистрировать (желательно с использованием технологии GPS), а также сообщать об этом соответствующим государственным органам, местонахождения каких-либо разливов, лагерных стоянок, земляных ям, мест бурения, участков отбора проб, мест проведения экспериментов и любых других видов воздействия для помощи будущим исследователям.

Минимизировать воздействие на окружающую среду при передвижении по району:

(i)   Придерживаться существующих установленных трасс.

(ii)   Избегать передвижения по покрытым растительностью участкам, руслам водотоков, берегам озёр и хрупким горным пластам, формам рельефа и почвенным образованиям.

(iii)   По мере возможности ограничить использование наземного транспорта поверхностями, покрытыми снегом и льдом, или специально выделенными маршрутами.

(iv)   Там, где это практически возможно, использовать утверждённые вертолётные площадки и следить за тем, чтобы указатели для вертолётных площадок были чётко видны с воздуха.

(v)   Минимизировать нарушение жизни живой природы, соблюдая рекомендации КСДА для воздушных операций вблизи мест скопления птиц.[5]

(vi)   Восстанавливать любые нарушенные деятельностью места при условии, что такое восстановление не приведёт к какому-либо дальнейшему воздействию на окружающую среду.

(vii)   Водоросли и беспозвоночные обитают под камнями. Поэтому перемещение валунов и камней должно сводиться к минимуму, необходимому для выполнения соответствующей работы.

(viii) Сооружение пирамид из камней категорически не допускается.

Управление участками полевых научных исследований

Минимизировать воздействие на окружающую среду участков полевых научных исследований:

(i)   Участок должен иметь размер не более того, что требуется для предлагаемой научной деятельности.

(ii)   Поддерживать чистоту участков во время их использования.

(iii)   Избегать деятельности, которая может привести к рассеиванию инородных материалов в окружающей среде. В частности, следует избегать использования

---

[5] Резолюция 2 КСДА (2004 г.) XXVII Консультативного совещания по Договору об Антарктике – г. Кейптаун.

аэрозольной краски, деревянных указательных вех и пр. Если возможно, резку пилой или распаковочные работы следует производить внутри палатки или хижины.

(iv) Закреплять оборудование, чтобы защитить его от уноса ветром или кражи любопытными птицами (например, поморниками, пингвинами).

(v) По мере возможности следует принять все предупредительные меры, чтобы обеспечить сбор и удаление отходов жизнедеятельности человека и бытовых сточных вод.

После завершения работ необходимо восстановить участки в максимально возможной степени, не создавая дополнительного воздействия на окружающую среду. Следует помнить о том, что для участков может потребоваться последующий мониторинг на предмет их соответствия Протоколу по охране окружающей среды к Договору об Антарктике.

В связи с важностью предотвращения интродукции инородных материалов и загрязняющих веществ в окружающую среду необходимо:

(i) Избегать материалов, подверженных разрушению при низких температурах (например, предметов из полиэтиленовой пластмассы).

(ii) Соблюдать осторожность при работе с топливом, химическими веществами и изотопами (стабильными или радиоактивными) во избежание проливов или непреднамеренного попадания в окружающую среду. Следует учитывать рекомендации, приведённые в Руководстве по очистке, составленном КООС.[6]

(iii) Топливо и химические вещества необходимо хранить и использовать в работе в соответствующих контейнерах.

(iv) При работе с топливом или другими жидкостями необходимо по мере возможности использовать поддоны, а также соблюдать особую осторожность при работе с топливом в условиях сильного ветра.

Докладывать о любой экологической катастрофе или экологическом инциденте соответствующему государственному органу.

Если планируется установить оборудование на участке на более длительный срок:

(i) До начала любой установки обеспечить проведение оценки воздействия на окружающую среду в соответствии с требованиями Приложения I к Протоколу по охране окружающей среды к Договору об Антарктике.

(ii) Чётко идентифицировать любое оборудование по стране, наименованию основной исследовательской организации, году возведения (установки) и длительности использования.

(iii) Убедиться, что сооружения можно демонтировать и удалить, как только в них отпадёт необходимость, за исключением случаев, когда это сделать

---

[6] Руководство по очистке, составленное Комитетом по охране окружающей среды *(http://www.ats.aq/documents/recatt/att540_r.pdf)*.

невозможно или когда их демонтаж приведёт к ещё большему воздействию на окружающую среду, или если будет установлена их пригодность и целесообразность для долгосрочного мониторинга и/или исследований.

Не перемещать материалы и не собирать образцы любого рода, за исключением случаев, когда это делается на основании соответствующей Оценки воздействия на окружающую среду и любых требуемых разрешений.

При проведении исследований с живыми животными необходимо соблюдать требования национального законодательства и разработанного *SCAR's Code of Conduct for the Use of Animals for Scientific Purposes in Antarctica* [СКАР Кодекса поведения при использовании животных в научных целях в Антарктике].

Полевые лагеря

Перед ввозом в Антарктику или переносом между участками требуется выполнить очистку лагерного и научного оборудования.

Для минимизации экологических последствий полевых лагерей необходимо:

(i) При наличии возможности и только в том случае, если это безопасно, разбивку лагерей следует производить на территориях, постоянно покрытых снегом, или на ледниках.

(ii) Размещать лагерь максимально далеко (насколько это практически возможно) от берегов озёр, русел водотоков, сопутствующих конусов выноса и покрытых растительностью участков во избежание их повреждения или загрязнения.

(iii) Принимать особые меры предосторожности, чтобы предотвратить доступ животных к пищевым продуктам или отходам.

(iv) По мере возможности повторно использовать лагерные стоянки.

(v) Соблюдать чистоту на территории лагеря и по возможности производить восстановительные работы по окончании его использования без нанесения какого-либо дополнительного ущерба окружающей среде.

(vi) Использовать солнечную и ветровую энергию в максимально возможной степени с целью минимального использования топлива.

Необходимо обеспечить постоянное надёжное крепление оборудования, вспомогательных материалов и запасов во избежание их уноса сильным ветром. Следует помнить о том, что в некоторых местах могут неожиданно начаться сильные катабатические ветры.

При выполнении работ на территории ООРА или ОУРА следует иметь в виду, что в соответствующем Плане управления могут предусматриваться дополнительные требования к размещению полевых лагерей. Необходимо соблюдать все условия, указанные в разрешении на въезд, которое требуется для доступа в ООРА. Отчёты о посещениях установленной формы[7] подлежат представлению в соответствующий орган государственной власти в возможно короткие сроки.

Особые требования и правила для соответствующих мест осуществления деятельности

Озёра и водотоки

Необходимо выбирать такое пробоотборное оборудование, которое оказывает минимальное деструктивное воздействие на водную или прибрежную окружающую среду. Следует соблюдать осторожность при сборе образцов и проб и избегать сбора лишних или ненужных образцов. Необходимо минимизировать кумулятивное воздействие в случае повторного отбора проб и образцов в одном месте в течение длительного периода времени или в течение нескольких полевых сезонов. Следует минимизировать использование драг, тралов и коробчатых пробоотборников.

Водные экосистемы в Антарктике обычно очень бедны питательными веществами (за исключением тех, на которые влияет животный мир) и поэтому чувствительны к антропогенному загрязнению. По мере возможности следует принимать меры по сведению к минимуму попадания бытовых отходов в окружающую среду.

Необходимо избегать передвижения в водотоках и ложах озёр или слишком близко от их берегов, так как это может привести к нарушению биоты и повлиять на устойчивость береговых откосов и характер течения вод. Если необходимо пересечь какой-либо водоток или водоём, требуется использовать установленные места пересечения (при наличии), в противном случае следует по мере возможности выбирать каменистые поверхности.

Следует минимизировать использование транспортных средств на озере. Если для проведения научных исследований требуется доступ к водоёму, следует во всех возможных случаях использовать безмоторные лодки.

Необходимо следить за тем, чтобы пробоотборное оборудование было привязано или иным образом закреплено и не загрязняло водоём.

Прежде чем использовать пробоотборное оборудование в другом водоёме, требуется очистить его во избежание перекрёстного загрязнения. В качестве альтернативы можно использовать индивидуальное оборудование для каждого участка.

Во время наблюдения за водотоками необходимо по мере возможности использовать наклонные желоба вместо запруд, чтобы свести к минимуму любое возможное воздействие исследования на окружающую среду.

В максимально возможной степени требуется избегать использования трассеров со стабильными изотопами на уровне всей экосистемы – лучше использовать их

---

[7] См. Приложение 2 к Руководству по подготовке Планов управления Особо охраняемыми районами Антарктики Комитета по охране окружающей среды. Резолюция 2 – XXXIV КСДА, XIV заседание КООС – г. Буэнос-Айрес (2011 г.).

в закрытых сосудах. Следует рассмотреть использование природных трассеров в экспериментах. Трассеры с радиоактивными изотопами следует использовать только в закрытых сосудах или в экспериментах, проводимых за пределами полевого участка. Запрещается выброс отходов трассеров со стабильными или радиоактивными изотопами в экосистемы. Требуется регистрировать использование всех трассеров (место, тип трассера, количество) и передавать эту информацию в соответствующий государственный орган.

Во избежание интродукции загрязняющих веществ или нарушения стратификации водоёма и его отложений требуется:

(i)   Не плавать и не нырять в озёрах, за исключением случаев, когда это требуется в научных целях.

(ii)   Удалять всю ненужную воду и отложения с участка, даже на озёрах с постоянным ледяным покровом, а не выбрасывать их обратно в озеро.

(iii) Следить за тем, чтобы ничто не оставалось вмороженным в озерный лёд, который может отступить.

(iv)   Рассмотреть возможность использования дистанционно-управляемого подводного аппарата в качестве инструмента для исследований в воде и подо льдом в озёрах и прибрежных/литоральных средах обитания.

Свободные ото льда участки

Растительность суши включает в себя крайне медленно растущие виды и нестойкие формы растений. Повреждения из-за вытаптывания могут остаться видимыми на долгие годы или даже десятилетия, а также повлиять на многие наземные беспозвоночные виды, живущие в почве и питающиеся почвенными водорослями.

В интенсивно эксплуатируемых районах по мере возможности необходимо использовать существующие тропы во избежание нарушения больших зон растительности и/или почвы или поверхностного материала. В менее эксплуатируемых районах следует оценить, какой из способов передвижения – тропы или рассеянный характер движения – окажет наименьшее воздействие, и пользоваться таким способом. Часто полезным руководством может служить знание местных особенностей.

При перемещении между участками требуется, насколько это практически возможно, очищать всё оборудование и обувь во избежание переноса почвы и пропагул между участками.

При отборе образцов и проб на покрытых растительностью участках следует по возможности производить восстановительные работы без нанесения какого-либо дополнительного ущерба окружающей среде.

По мере возможности необходимо ограничить использование механического оборудования для сбора проб.

При отборе проб в пустынных районах извлечённый материал необходимо помещать на подстилки, чтобы минимизировать степень повреждения пустынной корки. Необходимо выполнить обратную засыпку углублений и в максимально возможной степени уложить на место материалы пустынной корки на поверхности почвы, чтобы восстановить внешний вид участка.

Запрещается нарушать или удалять скальные породы, минералы, кости ископаемых животных, метеориты или ветрогранники, за исключением случаев, когда это необходимо для разрешённого исследования.

Конкретные правила и требования к проведению научной деятельности на участках геотермальной активности представлены в *Кодексе поведения при осуществлении деятельности на наземных участках геотермальной активности в Антарктике, разработанном СКАР*.

Ледники и ледяные поля

Следует помнить о том, что использование воды в бурах, использующих горячую воду, а также использование других буровых растворов может нарушить изотопный и химический состав ледникового льда.

Учитывая связь гидрологических систем под ледниками и ледниковыми покровами с другими системами окружающей среды и возможность загрязнения водотока ниже по течению, требуется принять меры предосторожности при использовании химических жидкостей для бурения скважины к основанию ледникового покрова. Такие же меры предосторожности необходимо предпринимать при сквозном бурении шельфовых ледников до находящегося под ними океана. Дополнительная информация в отношении правил и требований к проведению исследований подледниковой водной среды представлена в *Кодексе поведения при проведении исследований подледниковой водной среды, разработанном СКАР*.

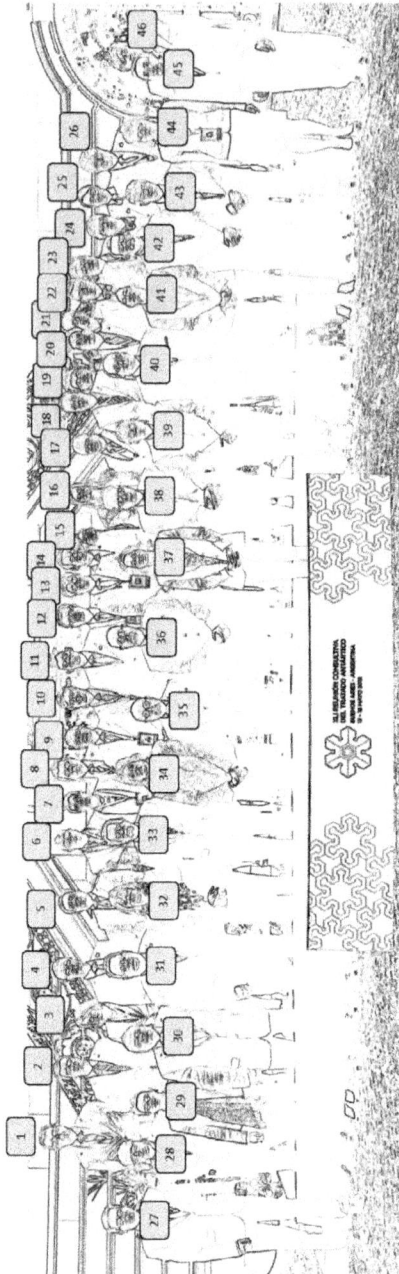

1 Йорден Плинтер (Нидерланды); 2 Конрад Марчиняк (Польша); 3 Джейн Фрэнсис (Великобритания); 4 Алексей Гайдашов (Беларусь); 5 Рикардо Монтенегро Корал (Колумбия); 6 Мбулело Томи Дополо (ЮАР); 7 Кармен Подгореан (Румыния); 8 Дэймон Стэнуэлл-Смит (МААТО); 9 Хулио Мендес Олаве (Чили); 10 Дэвид Эгнью (АНТКОМ); 11 Джеймс Ларсен (Австралия); 12 Бранислав Хитка (Словацкая Республика); 13 Жозе Каэтану Шавьер (Португалия); 14 Майк Спарроу (ВМО); 15 Клэр Кристиан (АСОК); 16 Эми Лоренсон (Новая Зеландия); 17 Василий Титушкин (Российская Федерация); 18 Тильман Хохмюллер (Германия); 19 Чон-Сик Хван (Республика Корея); 20 Фэн Цинху (Китай); 21 Рольф Карман (Швеция); 22 Иван Гарсес Бурбано (Эквадор); 23 Петер Мадденс (Бельгия); 24 Мишель Роган-Финнемор (КОМНАП); 25 Дэвид Тейллефер (Канада); 26 Христо Пимпирев (Болгария); 27 Мартин Смолек (Чешская Республика); 28 Дидье Ортолланд (Франция); 29 Инам Илькнур (Турция); 30 Эудженио Сгро (Италия); 31 Эван Т. Блум (США); 32 Джейн Рамбл (Великобритания); 33 Максимо Гоуланд (Аргентина); 34 Мария Тереса Кралликас (Предеседатель КСДА); 35 Хорхе Феури (Министерство иностранных дел); 36 Альберт Льюберас (АТS); 37 Сеголен Руаяль (Франция); 38 Альберто Фахардо (Уругвай); 39 Мутхалагу Равичандран (Индия); 40 Франсиско Агилера Аранда (Испания); 41 Анникен Рамберг Крутнес (Норвегия); 42 Родригу Мендеш Карлуш де Алмейда (Бразилия); 43 Стивен Чаун (СКАР); 44 Лииса Валсенто (Финляндия); 45 Ацуси Ивасаки (Япония); 46 Хуан А. Баррето (Секретариат ПС). Отсутствуют: Карлос Эдуардо Мартинес (Венесуэла); пос. Роберто Семинарио (Перу); Дмитрий Чеберкус (Украина).

1 Jorden Plinter (Netherlands); 2 Konrad Marciniak (Poland); 3 Jane Francis (United Kingdom); 4 Aliaksei Haidashou (Belarus); 5 Ricardo Montenegro Coral (Colombia); 6 Mbulelo Tomie Dopolo (South Africa); 7 Carmen Podgorean (Romania); 8 Damon Stanwell-Smith (IAATO); 9 Julio Mendez Olave (Chile); 10 David Agnew (CCAMLR); 11 James Larsen (Australia); 12 Branislav Hitka (Slovak Republic); 13 José Carlos Caetano Xavier (Portugal); 14 Mike Sparrow (WMO); 15 Claire Christian (ASOC); 16 Amy Laurenson (New Zealand); 17 Vasily Titushkin (Russian Federation); 18 Tilman Hochmüller (Germany); 19 Jun-Shik Hwang (Republic of Korea); 20 Feng Qinghu (China); 21 Rolf Carman (Sweden); 22 Iván Garcés Burbano (Ecuador); 23 Peter Maddens (Belgium); 24 Michelle Rogan-Finnemore (COMNAP); 25 David Taillefer (Canada); 26 Christo Pimpirev (Bulgaria); 27 Martin Smolek (Czech Republic); 28 Didier Ortolland (France); 29 Inam Ilknur (Turkey); 30 Eugenio Sgrò (Italy); 31 Evan T. Bloom (United States); 32 Jane Rumble (United Kingdom); 33 Maximo Gowland (Argentina); 34 María Teresa Krallikas (ATCM Chair); 35 Jorge Faurie (Ministry of Foreign Affairs); 36 Albert Lluberas (ATS); 37 Ségolène Royal (France); 38 Alberto Fajardo (Uruguay); 39 Muthalagu Ravichandran (India); 40 Francisco Aguilera Aranda (Spain); 41 Anniken Ramberg Krutnes (Norway); 42 Rodrigo Mendes Carlos de Almeida (Brazil); 43 Steven Chown (SCAR); 44 Liisa Valjento (Finland); 45 Atsushi Iwasaki (Japan); 46 Juan A. Barreto (HC Secretariat). Absents: Carlos Eduardo Martinez (Venezuela); Emb. Roberto Seminario (Peru); Dmytro Cheberkus (Ukraine).

www.ingramcontent.com/pod-product-compliance
Lightning Source LLC
Chambersburg PA
CBHW051752200326
41597CB00025B/4523